国家社会科学基金项目（编号：15XSH019）
四川省科技厅重点研发项目（编号：2020YFS0348）
成都医学院学术著作出版基金资助（编号：ZZJJ-2001）

|国|研|文|库|

冰毒依赖研究
——基于青少年的戒毒与危害

景璐石 —— 著

光明日报出版社

图书在版编目（CIP）数据

冰毒依赖研究：基于青少年的戒毒与危害 / 景璐石著. -- 北京：光明日报出版社，2021.6
ISBN 978-7-5194-6115-7

Ⅰ.①冰… Ⅱ.①景… Ⅲ.①青少年—戒毒—研究 Ⅳ.①D669.8②R163.4

中国版本图书馆 CIP 数据核字（2021）第 086328 号

冰毒依赖研究：基于青少年的戒毒与危害
BINGDU YILAI YANJIU: JIYU QINGSHAONIAN DE JIEDU YU WEIHAI

著　　者：景璐石

责任编辑：朱　宁　　　　　　责任校对：云　爽
封面设计：中联华文　　　　　责任印制：曹　净

出版发行：光明日报出版社
地　　址：北京市西城区永安路 106 号，100050
电　　话：010-63169890（咨询），010-63131930（邮购）
传　　真：010-63131930
网　　址：http://book.gmw.cn
E-mail：zhuning@gmw.cn
法律顾问：北京德恒律师事务所龚柳方律师

印　　刷：三河市华东印刷有限公司
装　　订：三河市华东印刷有限公司

本书如有破损、缺页、装订错误，请与本社联系调换，电话：010-63131930

开　　本：170mm×240mm
字　　数：277 千字　　　　　　印　　张：17.5
版　　次：2021 年 6 月第 1 版　　印　　次：2021 年 6 月第 1 次印刷
书　　号：ISBN 978-7-5194-6115-7
定　　价：95.00 元

版权所有　　翻印必究

前　言

　　我从来不认为自己在心理学领域有任何特殊的知识和成就，我只是芸芸众生之中的一名普通高校教师，一名以研究应用心理学为职业赖以谋生的人，这一点和其他心理学研究者并无二致。研究初期由于方便取样，我的研究对象主要是高校大学生和住院病人，因为我们学校和附属医院就有足够的研究样本。2004年的军队大裁军，我校由一所军队院校转制为地方高校，部分工作人员选择成为国家公务人员，原本同一教研室的老师成了监狱干警。由于他的引荐，我有幸进入四川省未成年人劳动教养所，开始了犯罪心理学的研究。我多年来一直致力于青少年犯罪心理的系列研究，并对关押学员进行了系列人性关怀和心理辅导。2010年成功获批一项教育部课题，有了大额经费的资助，我便开始了深层次生理心理学的实验研究，对犯罪青少年认知执行功能进行了全方位的研究，2013年年初顺利结题。也正是这一年年底，2013年12月28日全国人民代表大会常务委员会通过了《关于废止有关劳动教养法律规定的决定》。"劳动教养所"转制为"强制隔离戒毒所"，其中的关押人员便由"犯罪人员"改为"强制隔离戒毒人员"，这一改变，也使得我的研究对象自然而然地发生了转换，自此我开始了"冰毒依赖青少年"的相关研究，2015年获批国家社科基金资助（编号：15XSH019）。满怀着这份喜悦与兴奋，我与我的科研团队开始了紧锣密鼓的研究工作。

　　转瞬之间，课题进入结题阶段，整理全程的研究成果，很是惊喜与感动。惊喜的是我们不仅完成了课题核心内容的研究，而且还进行了扩展性、延伸性的研究；感动的是我的科研团队通力合作和竭尽所能，才有了这本著作的全部内容。这本著作共分八章，第一章为导论，主要介绍研究背景、研究目的、研究内容和研究框架。第二、三章为课题的核心内容，主要进行了"冰毒依赖青少年执行功能特征研究"和"冰毒依赖青少年执行功能的干预研究"。第四章为课题的延伸性研究，针对冰毒依赖青少年执行功能特征进行了神经生理学方面的相关研究，将执行功能与生物原胺类神经递质进行了相关分析，得出了有价值的临床结论。第五、六、七章为课题的扩展性研究，为了更加全面地了解冰毒对青少年的影响，我们进行了生理学、心理学以及社会学领域的相关研究，虽然还不甚全面深入，但为进一步研究奠定了基础。第八章为冰毒依赖青少年情商的相关研究，这一研究是在认知基础上的情绪研究，是对青少年心理现象全面认识的重要研究，为以后的知、情、意全面研究提供了实证基础。

完成这一著作并非易事，很多人都为本著作的完成给予了无私的帮助，在此我深表感谢。如果由于我的疏忽而没有对他们一一表达我的谢意，我希望能够得到他们的谅解。首先，我要感谢曾经的同事，现在工作于戒毒系统的干警——徐科，可以说没有他的引荐与自始至终的帮助与支持，就没有我现在的研究领域，也没有这本书的问世。其次，我要感谢四川省成都强制隔离戒毒所、四川省女子强制隔离戒毒所的领导和干警们：张敏、付卫东、吴正君、徐涛、蒋宪君、顾荣莉、孟婕、鞠涛、袁宏、武宾宾、周嗣金、谢群、张泽华、王玲慧、王洪倩、朱小琦等，正是他们的大力支持和竭尽所能，才使得课题能顺利进行。再次，我要感谢我的研究生：王小亚、李辛茹、钟琭葭、樊瑞利、江永燕、马欣蔚、汤煜尧、吉鹈卉，还有参与该课题的本科生们：许雪峰、杨德娇、王雅芝、常鹏、胡玉婷、冉一斐、兰欣梅、徐悦、易森、于浩天、赵小河、陈林、蒲玉梅、沈海燕、唐放、胡丁千、李文艳、陆怡梅、孙静、张群、何锦欣、高茂林、谢亿、张维鹏、文尚宇等，正是这些年轻有为、精力充沛的学生们的参与，才使得该课题呈现紧锣密鼓的节奏。有太多的人值得提及，是他们的鼓励让我坚定地完成这项课题和相关工作。最后，我要特别感谢我的家人：我的父母、我的爱人、我的女儿和我的亲人们，当我工作到心身疲惫之时，他们给予了我无限的支持。

景璐石
2020 年 9 月 6 日于成都

目 录
CONTENTS

第一章　导论 ……………………………………………………………… 1
   第一节　研究背景 …………………………………………………… 1
   第二节　研究目的与意义 …………………………………………… 5
   第三节　研究内容 …………………………………………………… 6

第二章　冰毒依赖青少年执行功能特征研究 …………………………… 14
   第一节　文献回顾：冰毒所致人类执行功能损伤的研究综述 …… 14
   第二节　冰毒依赖青少年执行功能特征研究 ……………………… 23

第三章　冰毒依赖青少年执行功能的干预研究 ………………………… 58
   第一节　文献回顾：生物反馈技术的发展及在物质依赖障碍中的应用
　　　　　　　　…………………………………………………………… 58
   第二节　生物反馈疗法改善青少年冰毒依赖者执行功能的研究 … 72

第四章　冰毒依赖青少年执行功能特征的相关性研究 ………………… 105
   第一节　文献回顾：毒品滥用对机体生物原胺类神经递质变化的
　　　　　　　影响研究 ……………………………………………… 105
   第二节　冰毒依赖青少年执行功能特征与生物原胺类神经递质
　　　　　　　相关性研究 …………………………………………… 113

第五章　冰毒依赖青少年的生理学相关研究 ………………… 150
第一节　冰毒依赖对青少年生命体征的影响研究 …………… 150
第二节　冰毒依赖对机体血常规及血液生化指标的影响研究 …… 159
第三节　冰毒依赖对青少年性激素水平的影响研究 ………… 164

第六章　冰毒依赖青少年心理学相关研究 …………………… 174
第一节　冰毒依赖青少年心理健康与家庭教养方式的相关性研究 … 174
第二节　冰毒依赖者心理健康与应对方式、社会支持的相关性研究 ………………………………………………… 181
第三节　音乐治疗对戒毒青少年的心理干预研究 …………… 189
第四节　作业疗法对戒毒青少年的心理干预研究 …………… 201

第七章　冰毒依赖青少年社会学相关研究 …………………… 215
第一节　冰毒依赖青少年家庭功能特征分析 ………………… 215
第二节　冰毒依赖青少年家庭教养方式及家庭关怀度分析 …… 222
第三节　冰毒依赖青少年吸毒行为与社会支持、应对方式相关性研究 ………………………………………………… 232

第八章　冰毒依赖青少年情商的相关研究 …………………… 242
第一节　冰毒依赖对青少年情商的影响研究 ………………… 242
第二节　冰毒依赖青少年情绪面孔识别的实验研究 ………… 252
第三节　冰毒依赖青少年情绪识别与情绪智力的相关性研究 … 261

第一章

导 论

第一节 研究背景

冰毒又称甲基苯丙胺（methamphetamine，MA），属于苯丙胺类兴奋剂（amphetamine type stimulants，ATS），是一种人工化学合成的精神活性物质，可以直接作用于人的中枢神经系统，使其产生兴奋，导致神经毒性和认知神经受损，故受国际禁毒公约和我国相关法律法规管制。2014年据《中国禁毒报告》显示[1]，截至2013年年底，全国累计登记吸毒人员共247.5万名，滥用冰毒人员84.7万名，占吸毒人员总数的34.2%。而在吸毒人员中，35岁以下的青少年已占72.2%，最小的吸毒者年龄不到10岁。青少年已经成为冰毒滥用的主要人群。研究表明，冰毒对人类大脑具有很强的神经毒性作用，可引起多方面的认知执行功能障碍。认知执行功能是指个体在认知过程中，为保证完成特定目的而对认知系统进行统一和协调的一种调控机制，包括注意、工作记忆、计划决策、任务执行等过程[2]。认知执行功能主要涉及额叶皮层与其他皮层及皮层下脑区的动态交互作用，是一种控制其他认知活动的元认知过程。冰毒滥用所造成的执行功能损伤，包括从基本运动功能到更复杂、更高级的功能，例如计划能力、组织能力、解决能力、决策能力等执行功能[3]。绝大多数戒毒人员在戒断治疗成功后因受到负性情绪、人格特征和欣快渴求等因素的影响往往存在复吸与重复性戒断的现象。而执行功能在克服毒瘾带来的吸毒冲动，抵御与毒品相关的刺激所引起的激活等心理活动中也扮演着重要角色。

随着认知神经科学的发展，冰毒滥用导致认知执行功能损害的相关研究受到广泛关注。国外学者Rebecca D等人有研究发现[4]，冰毒依赖组在威斯康星卡片分类测验（WCST）、Stroop色词干扰测验、言语流畅性测验等神经心理学测试中成绩比正常对照组差。国外还有学者对门诊病人进行了研究，研究发现低剂量地使用冰毒可以提高持续性注意和信息加工速度[5][6]。而George king的研究却发现短期冰毒滥用都会导致注意力、专注力的缺陷[7]。导致这种差异的原因可能是被试量较少，且没有排除其他药物的干扰[8]。此外，冰毒滥用的执行功能受损还表现在行为控制能力减退而导致的行为异常，如冰毒滥用相关的攻击行为、觅药行为、高危性行为等[9]。对于毒品成瘾者来说，即使意识上了解吸食毒品带来的损伤，但是仍然无法抑制使用毒品的冲动，这就是说对吸毒行为抑制不能。临床上多用Stroop任务来考察毒品滥用者的抑制能力。有研究显示，当冰毒依赖者尿检呈阳性即药物还在体内时，其抑制能力明显降低[10]。但抑制能力的损害是可逆的，随着戒断时间的延长，抑制能力可以恢复正常[11][12]。此外，冰毒滥用不仅会损害吸食者的注意力，且损害程度高于阿片类毒品，随着戒断时间的延长可以恢复[5]。国内研究者王欣等2010年通过给成年雄性SD大鼠注射冰毒，结果发现冰毒短期神经毒性对空间学习记忆功能影响不明显，而长期毒性使空间学习记忆功能下降。国内外研究均表明冰毒滥用可造成滥用者语言、记忆、思维等认知功能损害，控制和辨认能力下降，容易发生各种暴力和违法犯罪行为。

目前还没有发现对冰毒依赖明确有效的治疗方法，但研究者对冰毒依赖的药物治疗进行了有意义的探索，如通过多巴胺转运蛋白抑制剂、自由基清除剂、神经营养因子、钙通道阻滞剂、人参及疫苗等来重建或加强前额叶对脑边缘系统的控制作用，改善某种特殊的认知功能来减少复发。由于药物治疗容易引起不良反应及药物依赖性，研究者正在努力探索一种安全有效的治疗方法。国外研究提示，脑电生物反馈对于酒依赖、兴奋剂依赖等均有一定的治疗作用。在Peniston和Kulkosky的一项成人慢性酒依赖治疗的随机对照研究中[13]，脑电反馈组的10名酒依赖患者完成了15次每次30分钟的α-δ反馈治疗，此外两组中一组为传统的酒依赖治疗对照组（包括戒酒、小组心理治疗、抗抑郁剂治疗）10人，一组为非酒依赖对照组10人。结果发现，完成反馈后13个月的随访显示了反馈组具有持续预防酒依赖复发的优势。对于可卡因依赖者的脑波反馈治疗也较为成功[14]。然而更多的研究者认为，生物反馈治疗尤其是对那些既有物质依赖，又存在注意力和行为问题的青少年更有效[15]。我国目前用生物反馈技术（包括脑电生物反馈）治疗相关物质依赖障碍的研究并不多[16]，而且物质依赖障碍的治疗缺乏相应独特而有效的治疗方法[17]。对于甲基苯丙胺依赖障碍来说，由于目前尚没有切实有效药物干预措施，对兴奋剂依赖的治疗需要依赖其他的认知或行为治疗，或者与其他生物行为治疗相结合的方法。另有国内文献显示，生物反馈辅助药物治疗对患者的认知功能有一定的改善，提示生物反馈治疗是一种安全有效的改善认知功能的治疗方法[18]。

综上所述，国内外研究者在冰毒依赖者的认知功能方面做了许多有意义的探索和研究，得到相对一致的结论，即冰毒依赖可造成认知执行功能的损害。对于冰毒依赖的治疗，目前国际上仍然缺乏明确有效的治疗方法，虽然药物治疗已取得了较大的突破，但是药物治疗可致药物依赖性及不良反应，所以生物反馈治疗药物依赖便成为国内外研究者一种安全有效的探索治疗方法，更何况这种治疗可改善患者的认知执行功能，因此，通过观察冰毒依赖者执行功能的改善来判定生物反馈治疗效果具有一定的理论和实践意义。

参考文献

［1］中国国家禁毒委员会办公室. 中国禁毒报告［R］. 北京：中国国家禁毒委员会办公室，2014：1-10.

［2］李敏，李向东，黄智玉，等. 抑郁症患者执行控制功能的事件相关电位研究［J］. 中国行为医学科学，2003，12（1）：28-29.

［3］SEOG J K, KYOON L, JAEUK H, et al. Frontal Glucose Hypometabolism in Abstinent Methamphetamine Users［J］. Neuropsychopharmacology, 2005, 30: 1383-1391.

［4］REBECCA D C, NATANIA A C, BARBARA J M. An Evidence Based Review of Acute and Long Term Effects of Cannabis Use on Executive Cognitive Functions［J］. Addict Med, 2011, 5（1）: 1-8.

［5］KAREN D E, LUKE C, MERVYN L, et al. Profile of Executive and Memory Function Assiciated with Amphetamine and Opiate Dependence［J］. Neuropsychopharmacology, 2006, 31（5）: 1036-1047.

［6］JOHNSON B A, ROACHE J D, AIT D N, et al. Effects of topiramate on methamphetamine inducde changes in attentional and perceptual-motor skills of cognition in recently abstinent methamphetamine dependent individuals［J］. Prog Neuropsychopharmacol Biol Psychiatry, 2007, 3: 123-130.

［7］GEORGE K, DANIEL A, CHRISTINE C. Neuropsychological deficits in adolescent methamphetamine abusers［J］. Psychopharmacology（Berl）, 2010, 212（2）: 243-249.

［8］CARLL H, CAROLINE B M, RAS S, et al. Is Cognitive Functioning Impaired in Meth Amphetamine Users?. A Critical Review［J］. Neuropsychopharmacology, 2012, 37: 586-608.

［9］任其欢, 赵敏. 甲基苯丙胺滥用对执行功能影响的研究进展［J］. 精神医学杂志, 2013, 26（1）: 68-70.

［10］SIMON S L, RICHARDSON K, DACEY J, et al. A comparison of patterns of methamphetamine and cocaine use［J］. Addict Dis, 2002, 21: 35-44.

［11］ELLEN A, EVELINE A, WERY P, et al. Executive control deficits in substance denpendent indiciduals: A comparison of alcohol, cocaine, and methamphetamine, and of men and women［J］. Chin Exp Neuropsychol, 2009, 31（6）: 706-719.

［12］SALO R, NORDAHL T E, GALLOWAY G P, et al. Drug abstinence and cognitive control in methamphetamine - dependent individuals［J］. Subst Abuse Treat, 2009, 37（3）: 292-297.

［13］PENISTON E G, KULKOSKY P J. Alpha-theta brainwave training and beta endorphin levels in alcoholics［J］. Alcohol Clin Exp Res, 1989, 13（2）: 271-279.

［14］SCOTT W C, KAISER D, OTHMER S, et al. Effects of an EEG biofeedback protocol on a mixed substance abusing population [J]. Am J Drug Alcohol Abuse, 2005, 31 (3): 455-469.

[15] TRUDEAU D L. Applicability of brain wave biofeedback to substance use disorder in adolescents [J]. Child Adolesc Psychiatr Clin NAm, 2005, 14 (1): 125-136.

[16] 范成路, 赵敏, 杜江, 等. 生物反馈结合线索暴露治疗降低海洛因依赖者药物线索反应 [J]. 中国心理卫生杂志, 2009, 23 (12): 856-860.

[17] GRABOWSKI J, SHEARER J, MERRILL J, et al. Agonist-like, replacement pharmacotherapy for stimulant abuse and dependence [J]. Addict Behav, 2004, 29 (7): 1439-1464.

[18] 刘冠君. 脑电生物反馈治疗对改善强迫症认知功能的研究 [J]. 现代诊断与治疗, 2012, 23 (1): 15-17.

第二节 研究目的与意义

一、研究意义

联合国禁毒署预测，冰毒已成为21世纪全球范围滥用最为广泛的毒品。冰毒对人类大脑具有很强的神经毒性作用，可引起多方面的认知功能障碍，甚者可导致严重的精神障碍。冰毒作为新型毒品，吸食者多为青少年，因此本研究着重对青少年冰毒依赖者执行功能进行多维度、全方位的研究，使得在心理社会因素研究比较深入的基础上，补充丰富了毒品成瘾者成因的神经心理学因素。另外，本研究将借鉴前人的理论研究，对冰毒依赖者进行生物反馈结合线索暴露治疗，以降低冰毒依赖者对药物线索渴求及环境诱发的心理生物反应，进而改善其认知执行功能。为临床治疗冰毒依赖造成的执行功能损害提供一定的实践依据，同时也为预防病毒依赖者回归社会后复吸提供一定的帮助。

二、研究目的

1. 通过对冰毒依赖青少年执行功能进行多维度、全方位的研究，使得在心理社会因素研究比较深入的基础上，补充丰富青少年冰毒依赖成因的神经心理学因素，从而对冰毒依赖青少年从生理、心理和社会多层面进行剖析，为预防和干预青少年吸毒行为提供理论和实践依据。

2. 本着违法青少年认知、行为可以改变的原则，对他们适时地进行生物反馈结合线索暴露疗法，并通过跟踪研究，揭示执行功能的改善对吸食毒品行为的调控作用，从而使冰毒依赖青少年得到真正意义的健康回归，为预防复吸也起到一定的作用。

第三节　研究内容

一、研究内容

本研究在实施过程中，围绕课题的核心研究内容，主要进行了横向研究、纵向研究和补充研究。另外在进行核心内容研究的同时，根据研究兴趣和实际情况的需要，还进行了系列相关性研究，主要包括生理学、心理学、社会学方面的内容，同时针对情商方面也做了有意义的调查研究。

（一）核心内容

1. 横向研究：冰毒依赖青少年执行功能特征研究

本研究依据 Miyake 的理论，将执行功能分为抑制、刷新和转换三个成分，并通过与健康人员进行对照研究，分析冰毒依赖者的执行功能是否存在缺损，并探讨引起成瘾者执行功能缺损的心理行为学相关因素。为青少年戒毒提供一定的理论和实践依据。具体方法是，选取成都市强制隔离戒毒所冰毒依赖青少年作为实验组。招募与实验组年龄相匹配的正常人员作为对照组。所有的研究对象均应符合入组标准。采用自编一般信息问卷收集被试的戒毒时间、吸毒时间等基本信息。采用成套认知执行功能测验（包括 Stroop 测验、威斯康星卡片分类测验/WCST、数字转换任务测验、N-back 测验、河内塔/Tower of Hanoi 测验）对被试进行执行功能施测。结果发现，通过实验组与对照组的执行功能差异性分析可知，青少年冰毒依赖者的 Stroop 测验、数字转换任务测验、威斯康星卡片分类测验、N-back 测验和河内塔任务的成绩与健康对照组相比，差异均具有统计学意义，说明冰毒依赖青少年的抑制能力、转换能力、刷新能力均不同程度受到损伤。通过执行功能的相关性因素分析可知，戒毒时间与抑制、转换和刷新能力无相关性，吸毒时间与转换和刷新能力呈显著正相关。这说明戒毒时间对青少年抑制、转换和刷新能力的影响不大，但青少年吸毒时间越长，转换和刷新能力越强，与预期结果相反，尚需进一步研究。

2. 纵向研究：冰毒依赖青少年执行功能的干预研究

本研究的目的主要是观察生物反馈疗法对青少年冰毒依赖者心理生理反应的调节效果，并探讨生物反馈疗法对青少年冰毒依赖者执行功能的改善程度，为预防青少年冰毒依赖者回归社会后复吸提供一定的帮助。具体方法是，本研究选取强制隔离戒毒所处于康复戒毒期的青少年冰毒依赖者，采用自制一般信息调查表收集研究对象的基本情况及其药物使用情况。根据入组标准和排除标准，选取青少年冰毒依赖者为研究组。将研究组随机分为治疗组和对照组。同时，招募年龄、性别相匹配的健康青少年为健康组。实验方法与步骤。（1）对健康组、治疗组和对照组实施成套执行功能的测试包括：威斯康星卡片分类测验（WCST）、数字转换任务实验（MOS）、河内塔测验（TOH）。（2）选用便携式生物反馈仪（Biofeedback 2000^{x-pert}）中的多参数模块、脑电模块、肌电模块和呼吸模块，采集治疗组和对照组的肌电、皮温、脑电等生理指标。（3）对治疗组实施放松训练，每周 2 次，每次 15 分钟，2 周完成。然后进行 SMR-β 脑电反馈训练，共实施 4 次，每周 2 次，2 次间隔 3 天，每次 20 分钟/人，3 周完成。（4）治疗组完成治疗后，再次进行成套执行功能测试和生理指标的采集。研究结果发现，生物反馈疗法对青少年冰毒依赖者的转换能力、概念形成、认知转移、抽象概括能力等执行功能有一定的改善效果；通过生物反馈治疗，青少年冰毒依赖者的肌电有明显的升高，其 β、SMR、α、θ 脑电频率均有所增加，由此可以推测，生物反馈治疗提高了青少年冰毒依赖者的交感神经兴奋性。另外还发现，青少年冰毒依赖者的 θ 脑电波明显增多，这可能与冰毒滥用导致的大脑结构和功能受损有关。

3. 补充研究：冰毒依赖青少年执行功能特征的相关性研究

本研究通过进行冰毒依赖青少年与健康青少年的执行功能及体内的生物原胺类神经递质的对照，分析冰毒依赖青少年的执行功能的损害情况以及生物原胺类神经递质的改变情况，探讨导致执行功能的损害及生物原胺类神经递质的改变的相关因素以及生物学机制，为当前青少年戒毒提供一定的理论和实证依据。主要方法是，在两所强制隔离戒毒所选取女性冰毒依赖青少年和男性冰毒依赖青少年为实验组，同时在某学校招募与实验组年龄、性别相匹配的不同性别的正常青少年作为对照组。使用自编的信息问卷收集相关人口学信息，使用成套执行功能测验范式（N-back 测验、Stroop 测验、威斯康星卡片分类测验、数字转换任务测验、河内塔测验）对被试进行测试，采用高效液相色谱—荧光检测法检测其血液生物原胺类神经递质（多巴胺、5-羟色胺、肾上腺素、去甲肾上腺素）的含量。通过进行冰毒依赖青少年与健康青少年的执行功能及体内的生物原胺类神经递质的对照，来分析冰毒依赖青少年的执行功能的损害情况以及生物原胺类神经递质的改变情况，探讨导致执行功能的损害及生物原胺类神经递质的改变的相关因素以及生物学机制。结果发现，冰毒依赖青少年的执行功能均不同程度受到损伤。吸毒时间越长，受损情况越严重，而戒毒时间越长，执行功能恢复越好。对于不同性别而言，吸毒对于女性执行功能的损伤更为严重。另外还发现，吸食冰毒可以大幅度提升血液中生物原胺类神经递质的含量，其含量的变化与吸食时间密切相关。对于不同性别而言，冰毒对于男性 5-羟色胺、肾上腺素含量的影响更大。冰毒依赖青少年执行功能特点与血液中神经递质含量密切相关。

（二）相关研究

1. 冰毒依赖青少年的生理学相关研究

首先，通过冰毒依赖青少年与健康青少年的对照分析，对冰毒依赖青少年生命体征的特征及其影响因素进行了研究。具体方法是，根据入选标准选取不同性别冰毒依赖青少年作为实验组，并在某医学院选取健康志愿者作为对照组，两组在人数、年龄相匹配，分别进行生命体征（血压、心率、呼吸、体温）的数据收集。结果发现，冰毒依赖青少年的心率明显高于正常青少年。冰毒依赖女性青少年年龄越小，收缩压越高；冰毒依赖女性青少年每日吸食剂量越多，心率越快。而冰毒依赖男性青少年生命体征不受年龄、每日剂量、每日吸毒次数的影响。说明冰毒对机体生命体征造成了一定程度的伤害。

其次，通过冰毒依赖青少年与健康青少年的对照分析，对冰毒依赖者血常规及血生化进行研究，具体方法是，采用 XN-1000 分析仪测定外周血血液指标，采用 7600 Series 全自动生化分析仪测定血清生化指标。检测项目包括红细胞计数、白细胞计数、血小板计数、总蛋白（TP）、谷草转氨酶（AST）、谷丙转氨酶（ALT）、总胆红素（TBIL）等项目。结果发现，冰毒依赖者与健康者比较，血液中红细胞计数、总胆汁酸含量差异有显著统计学意义，血小板计数、淋巴细胞计数、平均血红蛋白量、血红蛋白、总蛋白、总胆红素、球蛋白差异有非常显著的统计学意义。表明冰毒依赖者机体较健康者有不同程度的损害，提示我们应重视冰毒依赖者因吸毒造成的健康疾病的治疗。

再次，通过冰毒依赖青少年与健康青少年的对照分析，对冰毒依赖青少年性激素分泌特点及其相关因素进行研究。具体方法是，按照纳入因素和排除因素在成都市男子、女子戒毒所抽取青少年作为实验组，在成都市某大学抽取在年龄和性别方面相匹配的青少年为健康对照组。采用生物素双抗体夹心酶联免疫吸附法（ELISA）测定样品血清雌二醇（E2）、孕酮（PROG）、睾酮（T）的水平。结果发现，实验组性激素水平较正常对照组性激素水平低，其差异均有显著统计学差异；对照组男性雄激素、实验组女性孕激素、实验组女性雌激素与年龄存在显著负相关，实验组男性雄激素、对照组女性孕激素、对照组女性雌激素与年龄相关性不显著。表明长期吸食冰毒会显著影响青少年性激素水平，严重影响青少年的生长发育，应该尽早对冰毒依赖的青少年采取强制戒毒措施。

2. 冰毒依赖青少年心理学相关研究

首先，为了探讨青少年冰毒依赖者的心理健康状况、家庭教养方式特点及两者的关系，采用症状自评量表（SCL-90）、家庭教养方式评价量表（EMBU）对冰毒依赖者和健康志愿者进行问卷调查。结果发现，冰毒依赖组 SCL-90 总分及大部分因子得分明显高于健康对照组，说明青少年冰毒依赖者的心理健康水平较低；在家庭教养方面，两组在 FF1，FF2，FF5，MF1，MF3，MF4 因子上差异有统计学意义；冰毒依赖组 SCL-90 各因子及总分与 FF2，FF3，FF5，FF6，MF2，MF4 因子呈显著正相关，说明父母多采取消极的家庭教养方式，其心理健康水平与家庭教养方式密切相关，应引起家庭的重视。

其次，进一步分析青少年戒毒人员心理健康状况，并探索音乐治疗对青少年戒毒人员的心理干预作用。具体方法是，从四川某强制隔离戒毒所随机选取青少年戒毒人员作为被试，并将其随机分为实验组和对照组，实验组接受6次音乐治疗，对照组不做任何处理。戒毒人员在实验前后分别进行《症状自评量表》《陈会昌气质量表》的问卷测量。结果发现，青少年戒毒人员SCL-90评定结果在躯体化、强迫症状、抑郁、焦虑、敌对、偏执、精神病性与全国青年常模比较差异显著；青少年戒毒人员的SCL-90的人际关系敏感、抑郁、偏执和精神病性因子得分在音乐治疗干预前后差异显著，说明青少年戒毒人员存在一定的心理问题。青少年戒毒人员音乐治疗效果与其教育程度和年龄具有显著的相关性，说明音乐治疗效果受教育程度与年龄的影响。经过音乐治疗，青少年戒毒人员的抑郁、敌对、偏执、恐怖、强迫因子具有一定程度的改善，说明音乐治疗能够有效地改善青少年戒毒人员的心理健康状况。

再次，为了青少年戒毒人员心理健康，探讨作业疗法对青少年戒毒人员的心理干预作用。具体方法是，在成都市某强制隔离戒毒所随机匹配选取青少年戒毒人员为实验对象，随机分为实验组和对照组，进行为期1个月（8次）的作业治疗（绘画），采用量表有症状自评量表、功能失调性态度问卷、陈会昌气质量表以及自编一般信息调查表。结果发现，在SCL-90前后测结果中，实验组除躯体化因子得分不存在显著差异外，其余各因子得分均存在显著性差异。功能失调性态度问卷前后测结果中，实验组的完美化、寻求赞许、自主性态度、总分4个因子均存在显著性差异。青少年戒毒人员气质类型与SCL-90测试结果变化的关系中，胆汁质与精神病性、其他2个因子均存在显著负相关，抑郁质与精神病性存在显著负相关。在青少年戒毒人员气质类型与功能失调性态度差异的关系中，黏液质与吸引和排斥存在显著负相关，抑郁质与吸引和排斥、认知哲学2个因子均存在显著负相关。说明青少年戒毒人员存在一定的心理问题，需要得到心理帮助；作业治疗（绘画）对青少年戒毒人员的心理干预有一定效果；作业治疗可以矫正青少年戒毒人员的不良认知，提高其心理健康水平。

3. 冰毒依赖青少年社会学相关研究

首先，对青少年冰毒依赖者的家庭功能特点进行了调查研究。具体方法是，以某强制隔离戒毒所冰毒依赖青少年作为戒毒组，以健康志愿者作为对照组，两组在年龄、民族上相匹配，采用自编一般信息问卷、父母教养方式量表、家庭关怀度指数、领悟社会支持量表对两组被试进行施测。结果发现，两组在被试的文化程度、父母是否健在、父母是否离异及是否为独生子女因素上的差异均有统计学意义。戒毒组父母教养方式在情感温暖、理解、惩罚、严厉，拒绝、否认因子方面与对照组相比差异有统计学意义；戒毒组的家庭关怀度、家庭内支持得分明显低于对照组，且差异存在统计学意义。说明对于青少年来说，家庭结构不完整，父母教养方式不良，家庭关怀欠缺均是引起吸毒的主要原因，所以，在对青少年进行毒品管制的同时，加强父母的责任感也至关重要。

其次，分析青少年冰毒依赖者父母教育方式和家庭关怀度的特点，为从家庭因素方面来预防、治疗冰毒依赖者提供依据。具体方法是，以某戒毒所青少年作为戒毒组，抽取在校大学生作为对照组，与观察组在性别、年龄、地区上匹配。采用父母教养方式评价量表、家庭关怀度指数和自编的一般情况问卷进行问卷调查。结果发现，相比对照组，戒毒组的父母亲表现出更少的情感温暖、理解，更多的拒绝、否认、惩罚和严厉。戒毒组在适应度、合作度、成才度、情感度和亲密度、家庭关怀度方面得分均低于对照组。说明青少年冰毒依赖者父母教养方式和家庭关怀度与正常家庭存在较大差异，其家庭缺少情感温暖，同时存在严厉惩罚的负性教育，改善其家庭的人文环境有利于吸毒青少年的心理回归。

再次，探讨冰毒依赖青少年社会支持、应对方式的特点，并且分析吸毒行为与社会支持、应对方式之间的相关性。具体方法是，从某强制戒毒所抽取冰毒依赖者为冰毒依赖组，并抽取与冰毒依赖组年龄、民族、性别相匹配的正常青少年为健康对照组，运用一般信息调查问卷、领悟社会支持量表（PSSS）、特质应对方式问卷（TCSQ）进行测评。结果发现，冰毒依赖组的家庭内、外的支持得分低于健康对照组，冰毒依赖组消极应对方式得分高于健康对照组。说明冰毒依赖青少年获得的社会支持较低，社会和家庭应给吸毒者更多的关心和帮助。在处理应激事件上，冰毒依赖青少年更多采取消极应对的方式。

4. 冰毒依赖青少年情商的相关研究

首先，通过对照研究分析冰毒依赖青少年情商的特点及其影响因素。具体方法是，采用巴昂情绪智力量表对冰毒依赖青少年和普通青少年进行问卷调查。结果发现，实验组女性情商维度中压力管理、一般心境及总情商在年龄上呈显著正相关，其情商因子中情绪自我意识、自我实现、移情、问题解决、现实检验、压力容忍、幸福感与年龄呈显著正相关。实验组男性情商维度中压力管理、一般心境、适应成分及总情商在年龄上有显著正相关，其情商因子中压力容忍、幸福感与年龄呈显著正相关。实验组男性在自我实现、自尊、人际成分、移情、责任感、适应成分、现实检验、压力管理、冲动控制、一般心境、幸福感的得分上低于对照组男性的得分；实验组女性在自我实现、自尊、问题解决、灵活性得分上低于对照组女性，实验组女性在表达情绪、移情、人际关系、责任感、适应成分、现实检验、压力管理、冲动控制、总情商得分上高于实验组男性的得分。说明冰毒依赖青少年与普通青少年情商随年龄的增长而增长；冰毒依赖青少年情商受冰毒危害大，其中男性受影响程度大于女性。

其次，通过对照实验分析冰毒依赖青少年情绪面孔识别能力的特点及其影响因素。具体方法是，使用情绪面孔识别功能实验，对青少年冰毒依赖者（实验组）与健康志愿者（对照组）进行一般信息调查和情绪识别功能实验。结果发现，实验组男性和女性两组对于正性、中性、负性情绪面孔的判断准确性和反应时上无显著差异；对照组男性对于正性、中性、负性情绪面孔的判断反应时均显著慢于对照组女性，两组在正性、中性、负性情绪的判断准确率上则无显著差异；实验组男性对于正性、负性情绪的判断准确率显著低于对照组男性，反应时显著慢于对照组男性，两组对于中性情绪的判断准确率和反应时差异不显著；实验组女性对于中性、负性情绪的判断准确率显著低于对照组女性，对于正性、负性情绪的判断反应时显著慢于对照组女性，而两组对于正性情绪的判断准确率和对中性情绪的判断反应时差异不显著。说明冰毒依赖损害了青少年情绪面孔识别能力，其正性、负性情绪识别能力均存在加工缺陷。冰毒依赖青少年情绪面孔识别能力不受年龄、文化程度和吸毒时间的影响。

再次，对青少年冰毒戒断者情绪识别功能及情绪智力的特征进行探讨，并分析其情绪识别功能与情绪智力之间的相关性。具体方法是，采用自编一般信息调查问卷、情绪识别功能实验、巴昂情绪智力测验量表对青少年冰毒戒断者与健康志愿者各进行施测。结果发现青少年冰毒依赖者的正性情绪正确反应数目和负性情绪正确反应数目均低于健康志愿者，差异均具有统计学意义；两组情绪智力总分比较差异无统计学意义，但责任感和冲动控制差异均有统计学意义；情绪智力维度中的个体成分、一般心境、压力管理以及适应成分与情绪识别功能存在显著相关。说明青少年冰毒依赖者情绪识别功能受损，其冲动控制能力较弱，对行为的后果缺乏责任感，情绪智力对情绪识别功能有一定的影响。

第二章

冰毒依赖青少年执行功能特征研究

第一节 文献回顾：冰毒所致人类执行功能损伤的研究综述

冰毒又名甲基苯丙胺（methamphetamine，MA），属于苯丙胺类兴奋剂，是新型毒品的一种，具有极强的精神依赖性。长期滥用冰毒不仅会引发艾滋病感染、丙肝感染和高危行为等公共卫生问题，而且会导致大脑的病理变化，造成执行功能的损伤。执行功能是个体对自己的思想和行为进行有意识控制的心理过程，执行功能在克服抵制吸毒冲动、抑制毒品相关刺激等活动中起着重要作用。本文就冰毒对执行功能的影响做一综述。

一、冰毒及其流行病学特征

（一）冰毒的概念

冰毒是一种具有极高精神依赖性的新型毒品，因其外形为纯白色晶体，类似冰状，所以被称为冰毒，属于苯丙胺类兴奋剂[1][2]。苯丙胺类兴奋剂包括苯丙胺和效力更强的冰毒。苯丙胺类兴奋剂来源于麻黄中提取出的麻黄碱，麻黄碱又称麻黄素，是一种生物碱，存在于多种植物中，主要从麻黄科植物中提取，现在可以用简单的工艺人工合成，麻黄碱为拟肾上腺素药，有兴奋交感神经、收缩血管、松弛支气管平滑肌中枢兴奋作用[3]。1893年，日本化学家以麻黄碱为本体对其化学结构进行改造，得到去氧麻黄碱，又名冰毒。

冰毒作为一种人工化学合成的精神活性物质可以直接作用在中枢神经系统，导致神经毒性和认知神经受损，故受国际禁毒公约和我国相关法律法规管制[4][5]。

(二) 冰毒依赖者的流行病学特征

冰毒初期被用于治疗感冒，它可以减轻鼻腔黏膜水肿和充血，以此缓解感冒症状，当时购买冰毒吸入剂是不需要处方的。但在治疗过程中，冰毒食欲抑制和中枢兴奋的副作用被逐级发现，这些副作用反而使它的使用范围越来越广。例如，它的中枢兴奋作用被用来治疗嗜睡症、多动症；其食欲抑制作用被用于减肥。尔后，科学家还发现冰毒能够消除疲劳、提高精神兴奋度。此消息一发出，立刻引起了军方的重视，并把冰毒用于第二次世界大战中，用来提高士兵的战斗力。日本等国在各地建立工厂，大批量合法生产，冰毒至此广泛扩散开来。随着扩散其吸食方式也在不断更新，主要通过烫吸、口服、静脉注射和鼻吸等方式进入体内。20世纪80年代，冰毒盐酸盐开始流行，它可以通过吸烟的方式吸食，这种吸食方式加剧了冰毒的扩散。

2012年，联合国毒品与犯罪办公室报告显示：在违禁药品中，苯丙胺类兴奋剂已成为世界上仅次于大麻的第二大类滥用毒品。截止到2014年，全球使用苯丙胺类兴奋剂的人数已达3440万，占世界总人口的0.3%~1.3%[6]。2011年毒品滥用和精神卫生服务管理局的调查显示，一生中使用过冰毒的12岁以上的美国居民已接近1000万。而2012年美国物质滥用和精神卫生服务管理局显示，一生中使用过冰毒的12岁以上公民已达1200万[7]。在我国，毒品滥用日益严峻，在过去的10年中，合成毒品滥用人数已由10.83万名增加了10倍，达到了108.4万名[8]。我国累计登记在册的105万吸毒人员中，35岁以下的青少年已占72.2%。青少年已经成为冰毒滥用的主要人群，冰毒滥用已经成为一个严重的公众健康问题和社会问题。

大量研究发现，冰毒滥用者不仅存在兴奋、抑郁、狂躁、易怒等情绪状态，而且往往会出现恐慌、错觉、幻觉、猜疑等精神病症状，严重者还可发生自伤自残，甚至意外死亡[9][10][11]。此外，冰毒对大脑神经系统具有严重的神经毒性作用，会导致多种认知功能障碍，如记忆力、计划能力、控制情绪能力、决策能力、组织能力和解决问题能力等执行功能[12]。绝大多数戒毒人员在戒断治疗成功后因受到负性情绪、人格特征和欣快渴求等因素的影响往往存在复吸与重复性戒断的现象,而执行功能在克服抵制吸毒冲动中起着重要作用。

二、冰毒对执行功能的影响

(一)执行功能的定义与结构

执行功能(Executive function)是目前心理学研究的一个热点,但由于其含义相当广泛,至今仍没有一个统一明确的定义。许多学者对执行功能的本质和功能进行了探究,并对执行功能的本质进行了多种表述。国内学者周晓林指出执行功能是人们对自己的行为、思想进行有意识控制的心理活动过程,是个体在完成复杂的认知目标时,对多种认知过程进行协调以优化的方式实现特定目标的控制机制,执行功能的根本目的是产生有序有目的性的行为。Funabashi[13]把执行功能看成一种较高级的认知功能,认为执行功能是人们在实现某一具体目标时,能够以灵活和优化的方式控制复杂认知操作过程的神经机制。

在执行功能的研究初期,研究者认为执行功能是单一中央执行功能结构,甚至将执行功能等同于额叶皮层的功能,后来的一系列研究证明执行功能是可以分为多种成分的。1991年,Levin等人[14]认为执行功能主要包括概念形成、计划、策略、语义联想、去抑制、持续性等成分。1997年,Pennington[15]将执行功能分为抑制、转换规则、记忆刷新成分。1998年,Hughes认为执行功能包括工作记忆、注意灵活性和抑制控制三个成分。2000年,Miyake等人[16]在前人研究的基础上首次采用潜变量分析的方法对大学生进行研究,发现了转换、抑制和刷新相互独立的三种执行功能。之后,Collette等人[17]在Miyake的研究基础上采用神经成像将执行功能划分为四种成分:双任务协调、转换过程、抑制过程和刷新过程。2005年,国内学者陈天勇[18]同样用潜变量分析法对142名18~85岁的健康人进行分析,验证了Miyake的研究的正确性。2006年,Helen等人以51名小学生为被试,对他们进行记忆刷新、抑制控制和任务转换三种执行功能实验,结果发现任务转换和抑制控制是执行功能的两个主要成分。到目前为止,Miyake的三成分综合模型的有效性已得到多个研究的支持,也是文献中提出最多的模型。

对于执行功能的多个方面,其评估方法采用了不同的实验范式,图片完成亚测验和韦氏成人智力量表相似性测验常用于评估抽象概括能力;数字符号测验、连线测验 A 和 Stroop 测验等常用于信息处理速度评估;连线测验 B、威斯康星卡片分类测验和加利福尼亚卡片分类测验常用来评估推理和转换能力;数字广度测验和 N-back 范式常常用来评估工作记忆能力;色词干扰 Stroop 测验或昼与夜 Stroop 测验常用于评估抑制能力;伦敦测验和迷宫测验等常用于评估解决问题能力[19][20]。

(二) 冰毒对抑制控制能力的影响

抑制控制能力主要是指个体对自身优势反应的抑制能力,这种优势反应不仅包括行为上的反应,而且包括心理上的反应,也就是说个体在面临某些任务时,必须抑制优势反应的倾向[21]。对于毒品成瘾者来说,即使意识上了解吸食毒品带来的损伤,但是仍然无法抑制使用毒品的冲动,这就是说对吸毒行为抑制不能。许多神经心理学研究发现,冰毒滥用或依赖可导致抑制功能的损害,当尿检呈阳性即药物还在体内时,其抑制能力明显降低[22][23]。但抑制能力的损害是可逆的,随着戒断时间的延长,抑制能力可以恢复正常[24][25][26]。

(三) 冰毒对工作记忆的影响

工作记忆是指在进行认知信息加工的过程中,保持与当前任务相关信息的系统或机制,是多种认知活动的基础[27]。研究者认为执行功能与工作记忆的实际容量是密切相关的。如果工作记忆容量较大,则能有效地完成相关的执行任务,并能有效地监控和调节相应行为;如果工作记忆容量不足,则不能完成或不能很好地完成相关的执行任务,并出现行为失调[28][29]。很多研究发现,冰毒滥用对工作记忆有影响。研究发现低剂量的使用可以促进工作记忆,但高剂量的使用会损害工作记忆,且对工作记忆的受损程度高于可卡因和酒精[30][31][32][33]。还有研究发现滥用冰毒还会损伤视觉记忆能力及与工作记忆相关的听觉言语学习回顾能力[31][32]。而国内学者杨曦等人用短时数字记忆、数字工作记忆广度范式考察冰毒滥用人员的工作记忆时发现,毒品依赖者并没有对数字工作记忆广度造成影响[33]。这与以往的研究相矛盾,可能原因是相对于 N-back 范式,数字工作记忆广度任务难度系数较低,或者是因为毒品依赖者的吸食剂量较低还未对他们的数字工作记忆广度造成影响。关于工作记忆的研究还应采用不同难度的任务范式,对不同戒毒阶段的人员进行探讨。

（四）冰毒对注意力/信息加工速度的影响

冰毒还会对其他的认知执行功能有影响。1996年，泰国最早禁止以任何目的形式使用冰毒。但英国和新西兰等国家仍用于医疗，用低剂量的冰毒来治疗多动症，这说明低剂量的使用可以提高注意力。国外一些学者对门诊病人进行了研究，研究发现低剂量的使用冰毒可以提高持续性注意和信息加工速度[34][35]。而George king的研究却发现短期冰毒滥用都会导致专注力、注意力的缺陷[5]。导致这种差异的原因可能是被试量较少，且没有排除其他药物的干扰[36]。此外，冰毒滥用不仅会损害吸食者的注意力，且损害程度高于阿片类毒品，随着戒断时间的延长可以恢复[34]。

（五）冰毒对问题决策能力/解决问题能力的影响

问题解决能力属于较高级的执行功能，除了使用规则运用外，还要求更高级的利用规则、制定规则、制订计划以控制自己行为的能力，同时工作记忆依然在其中扮演了重要的角色[19]。有学者采用爱荷华赌博任务对冰毒滥用者的问题决策能力进行了研究。研究发现冰毒滥用者的问题决策能力受损，且受损程度高于工作记忆和认知灵活性[24]。这提示冰毒对高级认知能力的损伤较大。关于问题解决能力能否恢复还未达成统一，使用不同的范式往往得出不同的结论。国内学者王贵彬等采用爱荷华赌博任务考察冰毒依赖者的冲动性选择。他将戒毒者分为不同的戒断时间（6天，14天，1个月，3个月，6个月和1年），结果发现随着戒断时间的延长，冰毒依赖者的冲动性选择呈现逐渐恢复的过程，冰毒短期戒断者（3个月以内）的决策能力都有损伤，但6个月和1年两组与正常对照组已无显著性差异[25]。而国外学者Karen D Ersche等人用伦敦塔任务考察问题决策能力时发现，冰毒吸食者的问题决策能力低于健康对照组，且戒毒一年后难以恢复[30]。冰毒滥用者的问题决策能力能否恢复，还需进一步用不同的范式进行研究。还有学者用威斯康星卡片分类测验对冰毒滥用者的推理和转换能力进行了研究，结果发现冰毒吸食者的错误率高，测验成绩明显低于健康对照组，这说明冰毒损害推理和转换能力[37]。

三、冰毒所致执行功能损伤的神经心理学原理

研究发现，与执行功能相关的脑结构为额叶皮质下环路，包括前额叶和

基底神经节等[38]。前额叶是该环路的中心，包括眶额叶、前额叶背外侧和前扣带回[39]。另有研究也发现，计划、定势转移、工作记忆、排序等执行功能与前额叶背外侧相关，行为监控、注意抑制和错误纠正等与前扣带回有关，行为选择、情况评估、情感反应等与眶额叶有关，任意该环路部位的损害都可导致执行功能减退[5]。神经生理学家发现冰毒的神经毒性作用主要与5-羟色胺、多巴胺含量有关[40]。冰毒抑制了多巴胺转运体的功能，从而导致神经递质再摄取功能的减弱。冰毒可以扰乱囊泡单氨转运体的活性，促使多巴胺从神经元释放[36]。冰毒作用于多巴胺转运体以及囊泡单胺转运体，扰乱了多巴胺浓度梯度，使得突触间隙多巴胺增多。此外，冰毒还可对5-羟色胺转运体产生直接作用，从而使5-羟色胺在细胞质中累积，使机体产生欣快感和兴奋感[41]。冰毒持续作用后，对纹状体、海马和前额叶皮质中多巴胺能神经元和5-羟色胺神经元会产生损伤，进而影响患者的执行功能。

综上所述，冰毒滥用会造成多方面认知执行功能的损伤，且受损程度高于可卡因和酒精。损伤程度与吸食冰毒的剂量、戒断时间、执行功能的复杂程度有关。较复杂的执行功能受损程度高于较容易的执行功能。通过以上研究还发现当采用不同的范式测量某一执行功能时结果会有差异，可能原因是样本量较小，范式的任务难度不同，没有控制好戒断时间等。为了控制以上因素的影响，在以后的研究中可加大样本量，采用不同难度的任务范式，同时控制吸食毒品行为、人口学等因素的干扰，更加严谨地考察冰毒戒毒人员的执行功能的特征，为以后的研究和治疗提供一定的理论和现实意义。

参考文献

[1] 周立民，陶蓉蓉，马立骥. 美国甲基苯丙胺滥用的历史和现状 [J]. 中国药物依赖性杂志，2015，01：15-17.

[2] 翁传波，钱若兵，傅先明. 甲基丙苯胺成瘾机制的研究进展 [J]. 国际神经病学神经外科学杂志，2012，39：65-69.

[3] NAGAI N. Studies on the components of Ephedraceae in herb medicine [J]. Yakugaku Zasshi, 1893, 139: 901-933.

[4] 钟娜，赵敏. 甲基苯丙胺对人类认知功能的影响 [J]. 中国药物依赖性杂志，2013，22（5）：324-328.

［5］RENDELL P G, MAZUR M, HENRY J D. Prospective memory impairment in former users of memphetamine［J］. Psychophopharmacology，2009，203：609-616.

［6］United Nations Office on Drugs and Crime（UNODC）World Drug Reports 2012［M］. Vienna：United Nations，2012.

［7］Substance Abuse and Mental Health Services Administration（SAMHSA）Results from the 2012 National Survey on Drug Use and Health：Summary of National Findings［M］. Rockvile：Substance Abuse and Mental HealthServices Adiministration，MD，2013.

［8］国家禁毒委员会办公室，2014中国禁毒报告［EB/OL］. 中国禁毒网，2015-04-18.

［9］夏国美，杨秀石，李骏，等. 新型毒品滥用的成因与后果［J］. 社会科学，2009，3：73-81.

［10］LAWS K R, KOKKALIS J. Ecstasy（MDMA）and memory function：a meta-analytic update［J］. Hum Psycho-pharmacol，2007，22：381-388.

［11］SCHILT T, WIN M M, JAGER G, et al. Specific of ecstasy and other illicit drugs on cognition in poly-substance users［J］. Psycho Med，2008，38：1309-1317.

［12］SEOG J K, KYOON L, JAEUK H, et al. Frontal Glucose Hypometabolism in Abstinent Methamphetamine Users［J］. Neuropsychopharmacology，2005，30：1383-1391.

［13］FUNABASHI S. Neuronal mechanisms of executive control by the prefrontal cortex［J］. Res Neurosci，2001，39（2）：147-165.

［14］LEVIN H S, CULHANE K A, HARTMANN J, et al. Developmental changes in performance on tests of purported frontal lobe functioning［J］. Developmental Neuropsychology，1991，7（3）：377-395.

［15］PENNIGTON B F, OZONOFF S. Executive functions and developmental psychopathology［J］. Journal of Child Psychology and Psychiatry，1996，37（1）：51-87.

［16］MIYAKE A, FRIEDMAN N P, EMERSON M J, et al. The unity and diversity of executive functions and their contributions to complex "frontal lobe" tasks: A latent variable analysis [J]. Cognitive Psychology, 2000, 41 (1): 49-100.

[17] COLLETTE F, LINDEN M. Brain imaging of the central executive component of working Memory [J]. Neuroscience and Behavioral Reviews, 2002, 26 (2): 105-125.

[18] 陈天勇, 李德明. 执行功能可分离性及与年龄关系的潜变量分析 [J]. 心理学报, 2005, 37 (2): 210-217.

[19] 李红, 高山, 王乃戈. 执行功能研究方法评述 [J]. 心理科学进展, 2004, 12 (5): 693-705.

[20] HACHINSKI V, IADECOLA C, PETERSEN R C, et al. National Institute of Neurological Disorders and Stroke-Canadian Stroke Network vascular cognitive impairment harmonization standards [J]. Stroke, 2006, 37: 2220-2241.

[21] CARLSON S M, MOSES L J, HIX H X. The role of inhibitory processes in young children's difficulties with deception and false belief [J]. Child Development, 1988, 69: 672-691.

[22] SIMON S L, DOMIER C, CARNELL J, et al. Cognitive impairment in individuals currently using methamphetamine [J]. Am J Addict, 2000, 9: 222-231.

[23] SIMON S L, RICHARDSON K, DACEY J, et al. A comparison of patterns of methamphetamine and cocaine use [J]. Addict Dis, 2002, 21: 35-44.

[24] ELLEN A, EVELINE A, WERY P, et al. Executive control deficits in substance-dependent indiciduals: A comparison of alcohol, cocaine, and methamphetamine, and of men and women [J]. Chin Exp Neuropsychol, 2009, 31 (6): 706-719.

[25] SALO R, NORDAHL T E, GALLOWAY G P, et al. Drug Abstinence and Cognitive Control in Methamphetamine Dependent Individuals [J]. Subst Abuse Treat, 2009, 37 (3): 292-297.

[26] SALO R, FASSBENDER C. Structural functional and spectroscopic

MRI studies of methamphetamine addiction [J]. Curr Top Behav Neurosci, 2012, 11: 321-364.

[27] 王会, 苏中华. 甲基苯丙胺所致工作记忆损害的研究进展 [J]. 国际精神病学杂志, 2011, 03: 157-160.

[28] CASE R. Intellectual development: Birth to adulthood. Orlando [M]. FL: Academic Press, 1985.

[29] ROBERTS R J, PENNINGTON B F. An interactive framework for examining prefrontal cognitive processes [J]. Developmental Neuropsychology, 1996, 12: 105-126.

[30] JAMES J, MAHONEY M, BRIAN J, et al. Acute, low-dose methamphetamine administration improves attention/information processing speed and working memory in methamphetamine-dependent individuals displaying poorer cognitive performance at baseline [J]. Prog Neuropsycho- pharmacol Biol Psychiatry, 2011, 35 (2): 459-465.

[31] ERIN E M, STEVEN P W, AMELIA J. Visual Memory in Methamphetamine Dependent Individuals: Deficient Strategic Control of Encoding and Retrieval [J]. Aust N Z J Psychiatry, 2012, 46 (2): 141-152.

[32] ALASDAIR M. B, WILLIAM J P, WILLIAM M E, et al. The need for speed: an update on methamphetamine addition [J]. J Psychiatry Neurosci, 2006, 31 (5): 301-313.

[33] 杨玚. 戒毒者的执行功能特征研究 [D]. 上海: 华东师范大学, 2010.

[34] KAREN D E, LUKE C, MERVYN L, et al. Profile of Executive and Memory Function Associated with Amphetamine and Opiate Dependence [J]. Neuropsychopharmacology, 2006, 31 (5): 1036-1047.

[35] JOHNSON B A, ROACHE JD, AIT-DAOUD N, et al. Effects of topiramate on methamphetamineinducede changes in attentional and perceptual-motor skills of cognition in recently abstinent methamphetamine-dependent individuals [J]. Prog Neuropsychopharmacol Biol Psychiatry, 2007, 3: 123-130.

[36] REBECCA D C, NATANIA A C, BARBARA J M. An Evidence Based

Review of Acute and Long-Term Effects of Cannabis Use on Executive Cognitive Functions [J]. J Addict Med, 2011, 5 (1): 1-8.

[37] LADISLAV H, MAREK P, JAN B, et al. Comparison of Wisconsin card sorting test results between Czech subjects dependent on methamphetamine versus healthy volunteers [J]. Psychiatria Danubina, 2012, 24 (2): 188-193.

[38] BROOK I, HENRY, ARPI M, et al. Effect of methamphetamine dependence on inhibitory deficiits in a novel human open-field paradigm [J]. Psychopharmacology, 2011, 215 (4): 697-707.

[39] WILLAM R, MARCHAND, PAMELA J, et al. Evidence for Frontal-Subcortical Circuit Abnormalities in Bipolar Affective Disorder [J]. Psychiatry, 2005, 2 (4): 26-33.

[40] GEORGE K, DANIEL A, CHRISTINE C, et al. Neuropsychological deficits in adolescent methamphetamine abusers [J]. Psychopharmacology (Berl), 2010, 212 (2): 243-249.

[41] FLECKENSTEIN A E, VOLZ T J, RIDDLE E L, et al. New insights into the mechanism of action of amphetamines [J]. Annu Rev Pharmacol Toxicol, 2007, 47: 681-698.

第二节 冰毒依赖青少年执行功能特征研究

目的：本研究依据Miyake的理论，将执行功能分为抑制、刷新和转换三个成分，并通过与健康人员进行对照研究，分析冰毒依赖者的执行功能是否存在缺损，并探讨引起成瘾者执行功能缺损的生物学、心理行为学相关因素。为青少年戒毒提供一定的理论和实践依据。方法：选取成都市强制隔离戒毒所冰毒依赖青少年71名作为实验组。招募与实验组年龄相匹配的正常人员71名作为对照组。所有的研究对象均应符合入组标准。采用自编一般信息问卷收集被试的戒毒时间、吸毒时间等基本信息。采用成套认知执行功能测验（包括Stroop测验、威斯康星卡片分类测验/WCST、数字转换任务测验、N-back测验、河内塔/Tower of Hanoi测验）对被试进行执行功能施测。此外，本研究采用酶联免疫技术测量冰毒依赖者血液中多巴胺、5-羟色胺含量，并分析多巴胺、5-羟色胺、戒毒时间、吸毒时间与执行功能的相关性。所有实验结果均采用统计软件包 SPSS19.0 进行统计处理，主要包括 T 检验、F 检验和偏相关分析等。结果：通过实验组与对照组的执行功能差异性分析可知，青少年冰毒依赖者的 Stroop 测验（$t_1=-3.255$，$t_2=2.005$，$P_{均}<0.05$）、数字转换任务测验（$t_1=-2.869$，$t_2=2.180$，$t_3=-4.380$，$t_4=1.224$，$t_5=-3.077$，$t_7=-4.994$，$t_8=2.570$，$P_{均}<0.05$）、威斯康星卡片分类测验（$t_1=5.79$，$t_2=4.892$，$P_{均}<0.01$）、N-back 测验（$t_1=-2.169$，$t_3=-3.345$，$P_{均}<0.01$）和河内塔任务（$t_1=2.564$，$P<0.05$）的成绩与健康对照组相比，差异均具有统计学意义。通过执行功能的相关性因素分析可知，青少年冰毒依赖者血清中多巴胺与单独大小正确反应数目、单独奇偶正确反应数目、混合大小正确反应数目和混合奇偶正确反应数目呈显著正相关（$r=0.485$，0.482，0.536，0.419，$P_{均}<0.01$），5-羟色胺与执行功能相关不显著（$r=-0.220\sim-0.024$ 或 $r=0.006\sim0.257$，$P_{均}>0.05$），本研究没有发现戒毒时间与抑制、转换和刷新能力的相关（$r=-0.122\sim-0.022$ 或 $r=0.005\sim0.185$，$P>0.05$），吸毒时间与转换和刷新能力呈显著正相关（$r=0.251$，0.351，0.246，-0.316，$P_{均}<0.05$）。结论：通过与健康青少年执行功能的比较，冰毒依赖青少年的抑制能力、转换能力、刷新能力均不同程度受到损伤。通过冰毒依赖青少年执行功能损伤的相关性因素分析，青少年冰毒依赖者血清中多巴胺含量越低，执行功能损伤越严重。本研究没有发现戒毒时间对青少年抑制、转换和刷新能力的影响，但研究发现青少年吸毒时间越长，转换和刷新能力越强，与预期结果相反，尚需进一步研究。

冰毒，又名甲基苯丙胺（methamphetamine，MA），是一种具有精神活性的新型毒品，属于苯丙胺类兴奋剂[1]。2012 年，联合国毒品与犯罪署报告显示苯丙胺类兴奋剂已经成为世界上仅次于大麻的第二大类滥用毒品。2011 年毒品滥用和精神健康服务管理局的调查显示，12 岁以上的美国居民冰毒成瘾者已接近 1,000,000。而我国累计登记的 105 万吸毒人员中，35 岁以下的青少年已占到 72.2%，最小的吸毒者年龄不到 10 岁。青少年已成为冰毒滥用的主要人群，冰毒滥用已经成为一个严重的公众健康问题和社会问题。冰毒作为一种新型化学合成药品可以直接作用在人的中枢神经系统，使其产生兴奋，导致神经毒性和认知神经受损，故受国际禁毒公约和我国相关法律法规管制[2][3]。研究表明，冰毒对人类大脑具有很强的神经毒性作用，可引起多方面的认知功能障碍，例如计划、记忆、组织、决策和控制情绪等执行功能[4]。绝大多数戒毒人员在戒断治疗成功后因受到负性情绪、人格特征和欣快渴求等因素的影响往往存在复吸与重复性戒断的现象。执行功能在克服抵制吸毒冲动，抵御毒品相关刺激所引起的行为激活中起着重要作用。

执行功能是目前心理学研究中的一个重要概念，也是一个定义模糊的概念。国内外学者从多种角度对执行功能进行了界定。通常来讲，执行功能是指人们对自己的思想、行为进行有意识控制的心理过程，它是个体在多种认知加工过程当中的协同操作。主要包括抑制、冲动控制、刷新、计划、情绪识别、转换和心理灵活性等一系列功能[5][6][7][8]。执行功能常采用停止信号任务、Stroop测验、加利福尼亚卡片分类测验、河内塔、斜面滚球任务、威斯康星卡片分类测验、伦敦塔、N-back测验、爱荷华赌博测验等方法进行评估[5][9]。研究发现执行功能的相关脑结构主要为额叶皮质下环路，包括前额叶、基底神经节等脑区[10]。前额叶是额叶皮质下环路的中心，包括前额叶背外侧、前扣带回、眶额叶[11]。工作记忆、计划、定势转移、排序等与前额叶背外侧有关，抑制—注意、行为监控和错误纠正等与前扣带回密切相关，行为决策、情况评估、情感反应等与眶额叶有关，该环路上任意部位的损害都会造成执行功能的损伤[12]。此外，神经生理学研究还发现冰毒的神经毒性作用主要和多巴胺、5-羟色胺有关[13]。冰毒会抑制多巴胺转运体的功能，从而导致神经递质再摄取功能的减弱。冰毒还会扰乱囊泡单氨转运体的活性，促使多巴胺从神经元释放[14]。冰毒作用于多巴胺转运体以及囊泡单胺转运体，扰乱了多巴胺浓度梯度，使得突触间隙多巴胺增多。此外，冰毒还可对5-羟色胺转运体产生直接作用，从而使5-羟色胺在细胞质中累积，使机体产生欣快感和兴奋感[15]。冰毒持续作用后，对纹状体、海马和前额叶皮质中多巴胺能神经元和5-羟色胺神经元会产生损伤，进而影响患者的执行功能。

对于吸毒者来说，虽然能意识到毒品对身心造成的伤害，但是仍然不能抵制吸食毒品的冲动，也就是说对吸毒行为抑制不能。临床上多用Stroop任务来考察毒品滥用者的抑制能力。许多神经心理学研究发现，冰毒滥用或依赖可导致抑制能力的损伤,当尿检呈阳性也就是说药物还未完全排出体内时,他们的抑制能力是明显降低的[16][17]。但抑制能力的损害是可逆的,随着戒断时间的延长,抑制能力可以恢复正常[18][19][20]。此外,冰毒对工作记忆也有影响。有研究发现低剂量的使用可以促进工作记忆,但高剂量的使用会损害工作记忆,且对工作记忆的受损程度高于可卡因和酒精[21][22][23][24]。还有研究发现滥用冰毒还会损伤视觉记忆能力及与工作记忆相关的听觉言语学习回顾能力[22][23]。而国内学者杨曦等人用短时数字记忆、数字工作记忆广度范式考察冰毒滥用人员的工作记忆时发现,毒品依赖者并没有对数字工作记忆广度造成影响。这与以往的研究不同,可能原因是相对于 N-back 范式,数字工作记忆广度任务难度系数较低,或者是因为毒品依赖本身没有给个体的数字工作记忆广度造成影响。

  冰毒还会对其他的认知执行功能有影响。1996 年,泰国最早禁止以任何目的和形式使用冰毒。但英国和新西兰等国家仍用于医疗,用低剂量的冰毒来治疗多动症,这说明低剂量的使用可以提高注意力。国外一些学者对门诊病人进行了研究,研究发现低剂量的使用冰毒可以提高持续性注意和信息加工速度[25][26]。而 George king 的研究却发现短期使用冰毒都会造成注意力、专注力的损伤[3]。导致这种差异的原因可能是被试量较少,且没有排除其他药物的干扰[27]。此外,冰毒滥用不仅会损害吸食者的注意力,且损害程度高于阿片类毒品,随着戒断时间的延长可以恢复[25]。问题解决能力属于较高级的执行功能,除了使用规则外,还需要使用更高级的利用规则、制定规则、制订计划等控制自己行为的能力,工作记忆在其中扮演了非常重要的角色[5]。有学者采用爱荷华赌博任务对冰毒滥用者的问题决策能力进行了研究。研究发现冰毒滥用者的问题决策能力受损,且受损程度高于工作记忆和认知灵活性[18]。这提示我们冰毒对高级认知能力的损伤较大。关于问题解决能力能否恢复还未达成统一,使用不同的范式往往得出不同的结论。国内学者王贵彬等采用爱荷华赌博任务考察依赖者的冲动性选择。他将戒毒者分为不同的戒断时间(6天,14 天,1 个月,3 个月,6 个月和 1 年),结果发现随着戒断时间的延长,冰毒依赖者的冲动性选择呈现逐渐恢复的过程,冰毒短期戒断者(3 个月以内)的决策能力都有损伤,但 6 个月和 1 年两组与正常对照组已无显著性差异[28]。而国外学者 Karen D Ersche 等人用伦敦塔任务考察问题决策能力时发现，冰毒吸食者的问题决策能力低于健康对照组，且戒毒一年后难以恢复[21]。冰毒滥用者的问题决策能力能否恢复，还需进一步用不同的范式进行研究。还有学者用威斯康星卡片分类测验对冰毒滥用者的推理和转换能力进行了研究，结果发现冰毒吸食者的错误率高，测验成绩明显低于健康对照组，这说明冰毒严重损害了推理和转换能力[29]。

虽然国内外学者对执行功能已进行了诸多研究，但大多研究考察甲基苯丙胺对成年人的影响，而对青少年的关注较少，青少年已成为冰毒滥用的主要人群且青少年的大脑发育还未成熟，呈现特定区域的发展轨迹，可能会与成人有差异。因此，本研究在前人研究的基础上采用多维度的执行功能实验范式对冰毒依赖青少年与普通青少年进行对照研究，来考察冰毒对执行功能抑制、转换和刷新能力的损伤情况，分析戒毒者吸毒行为的认知神经机制。同时，分析引起冰毒成瘾者执行功能机制缺损情况的相关因素，为青少年戒毒提供理论依据与实证依据。

一、研究对象与方法

（一）研究对象

1. 冰毒依赖青少年

选取成都市某强制隔离戒毒所71名男性强制戒毒人员作为实验组。选取标准如下所示：（1）符合DSM-Ⅳ与物质有关的障碍中的苯丙胺（冰毒）所致精神病性障碍的诊断标准；（2）已度过生理脱毒期，并且没有使用美沙酮等替代性药物治疗者；（3）年龄在16~25岁之间；（4）右利手者。排除标准包括有神经系统疾病者，有酒精、烟草依赖者，有攻击行为者，有色盲者以及有不合理用药者。

2. 健康青少年

依照强制戒毒人员的年龄分布，招募在年龄水平匹配的正常健康人员71名参与本研究作为对照组，同时在性别、民族等方面相匹配。入组标准如下：（1）年龄在16~25岁之间。（2）右利手者。排除标准包括有神经系统疾病者，有酒精、烟草依赖者，有攻击行为者，有色盲者以及有不合理用药者。

该研究经伦理委员会批准，所有被试在接受正式实验前签署知情同意书，并在参加完实验后奖励一份精美的小礼品。在下面各个实验中，由于被试的主客观条件和实验任务难度的不同，各实验的人数不一致，在河内塔和工作记忆实验中有少数被试没能完成实验，因此每个实验中两组被试的人数并不完全相同，但这并不影响各个实验任务中被试匹配的结果。

（二）实验材料与程序

1. 人口学因素调查问卷

收集一般人口学资料主要包括年龄、民族、教育水平等，并调查其药物使用及戒毒情况，主要包括有无药物或手术戒毒、吸毒种类、吸毒年限、戒毒年限等。

2. 智商测验

本研究采用龚耀先等人修订的中国韦氏成人智力量表（Wechsler Adult Intelligence Scale Revised in China，WAIS-RC）来测量智商，该量表包括11个分测验，其中言语智商测验包括算术、知识、领悟、数字广度、词汇、相似性6个分测验，操作智商分测验包括数字符号、木块图案、图画填充、物体拼凑、图片排列5个分测验。按照测验手册计算被试的言语智商（VIQ）、操作智商（PIQ）和总智商（FIQ）。

3. Stroop测验及程序

采用E-prime编写的实验程序。Stroop测验又被称为色词干扰测验。在实验条件下，实验者向被试呈现红、黄、蓝、绿任一汉字，而这个字是由其他无关颜色的墨水写的。实验的任务是要求被试报告出汉字的墨水的颜色。被试在报告的过程中往往会受到字面意义的影响而不能正确报告出汉字的墨水颜色。

指导语为：您好，欢迎您参加我们的实验！我们会在屏幕中央呈现"红""黄""蓝""绿"中的一个汉字，您的任务是判断汉字的书写颜色。如果是红色请按"S"键，是黄色请按"D"键，是蓝色请按"K"键，是绿色请按"L"键。注意任务是判断汉字的书写颜色，不是判断是什么汉字。准备好了吗？如果您没有其他疑问请按任意键开始进行预实验。预实验结束后，进行正式实验。

Stroop测验采用被试间实验设计，对两组被试的抑制能力进行考察，因变量为正确反应时和正确反应数。

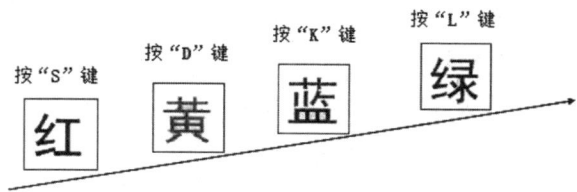

图 2-1　Stroop 测验色词一致范式

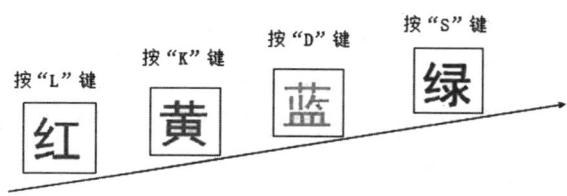

图 2-2　Stroop 测验色词不一致范式

4. 数字转换任务实验及程序（more-odd shifting）

该实验范式中所使用的实验材料为 1~9（不包含 5）共 8 个数字，在电脑屏幕上每次只呈现一个数字，持续时间为 200ms，数字之间的时间间隔为 800ms。要求被试根据任务要求对数字进行判断。总共有三种判断任务。第一，大小判断：如果呈现的数字小于 5，则按"F"键，如果数字大于 5，则按"J"键。第二，奇偶判断：如果呈现的数字是奇数，则按"F"键，如果数字是偶数，则按"J"键。第三，大小或奇偶判断转换：大小和奇偶这两个任务是随机呈现的。呈现的提示语为：请判断数字大小，如果数字小于 5，就按"F"键，如果大于 5，就按"J"键，则进行"大小"判断；如果呈现的提示语为：请判断数字奇偶，呈现的数字如果是奇数，请按"F"键，如果是偶数，请按"J"键，则进行"奇偶"判断。

呈现的指导语为：您好，欢迎您参加我们的实验。我们会在屏幕上呈现一系列数字（1~9，不包括 5），您有两个任务：任务一是判断数字大小，如果数字小于 5 请按"F"键，如果数字大于 5 请按"J"键；任务二是判断数字奇偶，如果是奇数请按"F"键，如果是偶数请按"J"键。注意奇数就是单数，1，3，7，9 都是奇数；偶数就是双数，2，4，6，8 都是偶数。请问您准备好了吗？如果准备好了请您按回车键进入练习实验。练习结束，您掌握得很好。请问您还有其他疑问吗？如果没有就可以按空格键进入我们的正式实验，请您一定要看清楚提示语的任务指示。

数字转换任务实验研究采用2（被试类型：实验组、对照组）×4（数字转换任务类型：单独大小、单独奇偶、混合大小、混合奇偶）的混合实验设计考察转换能力，其中被试类型为组间变量，数字转换任务类型为组内变量。因变量为正确反应时和正确反应数。

5. 威斯康星卡片分类测验及程序

威斯康星卡片分类测验（Wisconsin Card Sorting Test，WCST）是由北京师范大学认知神经科学与学习研究所编制。该测验包含4张刺激图片和128张反应图片，共包含颜色、形状和数目3种概念。首先要求被试看4张不同颜色、形状和数目的刺激卡片，然后对128张卡片进行分类。本实验在电脑上进行，被试在电脑上进行选择分类，被试做出选择后，电脑屏幕上会显示"正确"或"错误"的字样作为反馈。

实验程序为：实验前主试与被试相互交流，消除被试的紧张、防御心理，来真实地反映被试的认知执行能力水平。施测时，让被试坐在电脑前，距屏幕为50~60厘米。

指导语为：你好，欢迎你参加我们的实验。屏幕的选区中有四张不同的刺激卡；卡片区内有若干个反应卡。请仔细观察并判断反应卡和选择区中的哪张刺激卡相匹配，并用鼠标单击那张刺激卡。电脑会告诉你做对了还是做错了。如果错了也不需要修改，只需尽量把下一张选对就可以了。如果你明白了，请开始！

威斯康星卡片分类测验实验研究采用被试间实验设计来考察转换能力，实验组和对照组在相同的实验条件下均进行威斯康星卡片分类测验。因变量为错误应答数和持续应答数。

6. N-back 测验及程序

N-back 测验：采用北京师范大学认知神经科学与学习研究所 E-prime 程序编制的 N-back 测验，用来测试被试者的工作记忆能力。本研究主要采用 0-back 范式和 2-back 范式。统计指标主要有：正确反应时、错误反应时、正确反应数以及错误反应数。实验分为预实验和正式实验两个部分，在正式实验前先进行预实验使被试掌握实验的流程和规则。0-back 范式为"当前"字

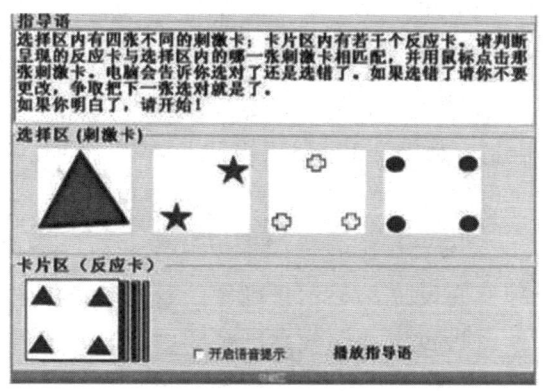

图 2-3 威斯康星测验示意图

样分别和"1""2""3""4"中的任一数字相结合而成的图片。屏幕上每次只呈现一张图片，持续时间 200ms，数字之间的时间间隔为 800ms。被试需根据呈现图片上的数字按下相对应的数字键。例如，图片呈现"当前"字样和数字"1"则按下数字"1"键，以此类推按下数字"2""3""4"键。2-back 范式为"前二"字样分别和"1""2""3""4"中的任一数字相结合而成的图片，被试需按下呈现图片前面第二张图片上的数字。例如，第一张图片呈现"前二"字样和数字"1"，则不按键。第二张图片呈现"前二"字样和数字"2"，也不按键。第三张图片呈现"前二"字样和数字"3"，则按第一张图片上呈现的数字"1"键。第四张图片呈现"前二"字样和数字"4"，则按第二张图片上呈现的数字"2"键。所有实验呈现的时间短暂，要求被试尽快正确地做出反应。

0-back 范式即当前任务的实验程序为：实验前，主试与被试相互熟悉，消除被试的紧张状态，减弱被试的防御心理，使其能在平和的状态下反映自己的真实水平。要求所有被试调整最佳姿势坐在距离电脑屏幕 60 厘米的位置，在室温 25 摄氏度的房间进行，用标准化的指导语指导被试进行实验。该实验包括预实验和正式实验两个部分。所有被试先进行预实验，然后进入下一阶段正式实验中。

0-back 范式即当前任务预实验的指导语为：您好！请按"右"键开始进入任务介绍！当屏幕上出现"当前"字样时，请按照当前看到的数字按下相同位置的按键。请按空格键开始！接下来您将看到一个具体的例子，您可以通过按键来控制示范的进程，按"左"键返回上一页，按"右"键继续下一页。请按空格键开始。屏幕中相继呈现四个示例。屏幕中首先呈现数字"1"和"当前"字样，则按键1；屏幕中其次呈现数字"2"和"当前"字样，则按键2；屏幕中再次呈现数字"3"和"当前"字样，则按键3；屏幕中最后呈现数字"4"和"当前"字样，则按键4。您想再看一次示例吗？按"左"键重看示例，按"右"键进行练习！如果被试按"右"键则进行10次的练习。练习完成后，电脑自动立刻显示正确率。若被试正确率极低则再次进行以上步骤进行学习。若被试正确率较高则证明被试已经掌握该实验，则进行下面的正式实验。

2-back实验即前二任务与0-back实验相同，也在同样的环境和条件下进行。同样用标准化的指导语指导被试进行实验。该实验也包括预实验和正式实验两个部分。所有被试先进行预实验，然后进行正式实验。

2-back范式预实验的指导语为：您好！请按"右"键开始进入任务介绍！当屏幕上出现"+"时，请您注视该符号，无须按键。请按空格开始！屏幕中出现"+"。当屏幕上出现"前二"字样时，请向前回忆两个数字，并按照你所回忆到的数字按下相同位置的按键。请按空格键开始！接下来您将看到一个具体的例子，您可以通过按键来控制示例的进程，按"左"键返回上一页，按右键继续下一页。请按空格开始！屏幕中相继呈现四个示例。屏幕上首先呈现数字"1"和"前二"字样，则不按键；屏幕上其次呈现数字"2"和"前二"字样，也不按键；屏幕上再次呈现数字"3"和"前二"字样，则按键"1"；屏幕上最后呈现数字"4"和"前二"字样，则按键"2"。您想再看一次示例吗？按"左"键重看示例，按"右"键进行练习！如果被试按"右"键，则屏幕上会相继呈现10张图片，被试将进行10次练习。练习完成后，电脑自动立刻显示正确率。若被试正确率接近0则再次进行以上步骤进行学习。若被试正确率较高则证明被试已经掌握该实验，则进行下面的正式实验。

N-back测验研究采用2（被试类型：实验组、对照组）×2（工作记忆任务类型：当前任务、前二任务）的混合实验设计考察刷新能力，其中被试类型为组间变量，工作记忆任务类型为组内变量。因变量为反应时和反应数。

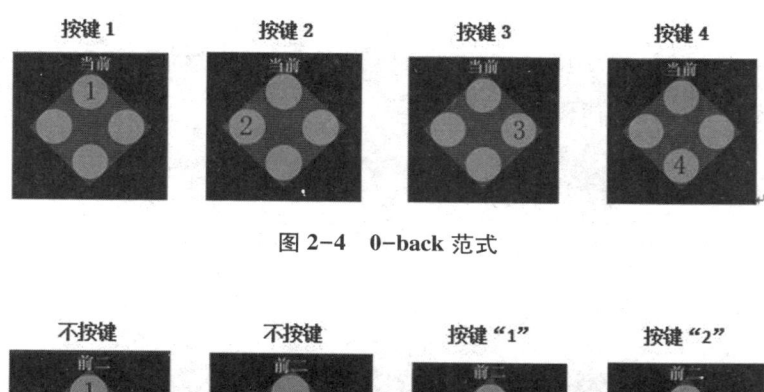

图 2-4　0-back 范式

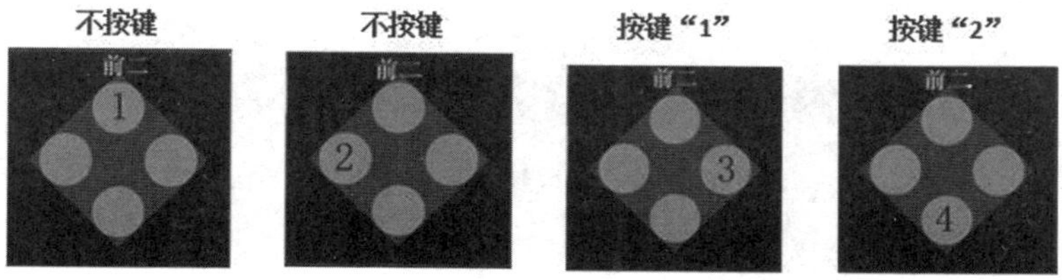

图 2-5　2-back 范式

7. 河内塔测验（Tower of Hanoi）及实验程序

河内塔由若干大小不一的圆盘、三根铁柱和一个底盘组成。该任务要求被试依据一定规则将 n 个盘子从起始座移动到目标座。河内塔往往用于测量高级的执行功能。被试在执行任务过程中需要按照一定规则有计划地一步步解决问题，需要计划能力、工作记忆、注意力、规则运用能力和解决问题等多种能力的参与。河内塔考察的执行功能比 Stroop 测验、数字转换任务测验、威斯康星卡片分类测验和 N-back 测验考察的执行功能更加高级。本研究的因变量为完成任务所需移动盘子的移动步骤数和移动时间。

河内塔共计 7 块圆盘，在预实验中部分被试不能完成或选择中途放弃，为降低任务难度，在本研究中选择 5 块圆盘进行实验。

河内塔测验的指导语为：你好，欢迎参加我们的实验。我们这有三根柱子，五块圆盘，这五块圆盘是大小不一的，并且在最左边的柱子上按从小到大的顺序排列着，最小的在上方，最大的在下方。现在我们的任务是把这五个圆盘从最左边这根柱子上移动到最右边的柱子上，并且保持原来由小到大的顺序不变。不过我们有两个规则：规则一，每次只能移动一块圆盘，且始终保持圆盘在柱子上，不能放在面板上；规则二，不管圆盘在哪根柱子上，始终保持小的圆盘在上面，大的圆盘在下面。如果没有其他疑问现在就可以开始了。

河内塔测验研究采用被试间实验设计对两组被试的执行功能进行考察，因变量为移动步骤数和移动时间。

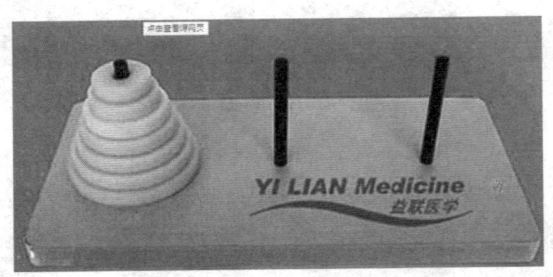

图 2-6 河内塔测验示意图

（三）数据分析

实验数据采用 SPSS 19.0 统计数据包进行分析，对两组数据的差异性分析用 T 检验，对三组以上的平均数差异性分析用 F 检验，对执行功能与相关因素的分析采用偏相关分析。

二、结果

（一）人口学因素分析

实验组与对照组的人口学资料见表 2-1。由表可知实验组的教育水平与对照组相比差异有统计学意义（$P_{均}< 0.05$），实验组的教育水平显著低于对照组。

表 2-1 两组被试的人口学资料

	实验组（N=71）		对照组（N=71）		t	P
	M	SD	M	SD		
年龄	18.86	2.626	18.30	1.69	1.522	0.130
教育水平（年）	7.90	1.70	10.61	1.51	−10.03	0.000**
吸毒时间（月）	22.32	15.44				
戒毒时间（月）	9.76	6.62				

注：* 表示 $P<0.05$，** 表示 $P<0.01$

（二）实验组和对照组智商测验差异分析

实验组与对照组的智商测验见表 2-2。由表可知实验组的言语智商、操作智商和总智商与对照组相比差异有统计学意义（$P_{均}< 0.05$），实验组的智商显著低于对照组。

表 2-2　实验组与对照组智商测验结果比较（$\bar{X}\pm S$）

	实验组（N=71）		对照组（N=71）		t	P
	M	SD	M	SD		
言语智商	94.44	13.46	118.43	14.82	−8.821	0.000**
操作智商	92.07	12.52	114.09	13.41	−9.579	0.000**
总智商	94.25	12.89	118.26	14.00	−10.077	0.000**

注：* 表示 $P<0.05$，** 表示 $P<0.01$

（三）实验组和对照组执行功能差异分析

1. 实验组和对照组 Stroop 测验差异分析

实验组和对照组 Stroop 测验差异分析见表 2-3。从表中可知，实验组的正确反应数和正确反应时与对照组相比差异有统计学意义（$t_1 = -3.255$，$t_2 = 2.005$，$P_{均}<0.05$）。实验组的正确反应数显著低于对照组，正确反应时显著高于对照组。

表 2-3　实验组与对照组 Stroop 测验结果比较（$\bar{X}\pm S$）

	实验组	对照组	t 值	P 值
正确反应数	29.92±8.33	34.13±7.03	−3.255	0.001**
正确反应时	1040.28±36.65	862.76±223.94	2.005	0.047*

注：* 表示 $P<0.05$，** 表示 $P<0.01$

2. 实验组和对照组注意转换任务差异分析

由表 2-4 可知实验组与对照组相比除单独奇偶、混合大小正确反应时上差异无统计学意义外（$P>0.05$），在其他数字转换任务类型的反应数目和反应时间上差异均有统计学意义（$P<0.05$）。实验组在各数字转换任务类型上的正确反应数目均低于对照组。除混合大小正确反应时外，实验组在其他各数字转换任务类型上的正确反应时均高于对照组。

表 2-4　实验组与对照组数字转换任务测验结果比较（$\bar{X}\pm S$）

	实验组	对照组	t 值	P 值
单独大小正确反应数目	25.55±10.39	31.80±15.15	−2.869	0.005**
单独大小正确反应时间	326.78±158.97	271.34±143.60	2.180	0.031*
单独奇偶正确反应数目	23.73±9.42	32.39±13.74	−4.380	0.000**
单独奇偶正确反应时间	396.45±188.06	359.52±171.14	1.224	0.223
混合大小正确反应数目	16.39±6.39	20.65±9.74	−3.077	0.003**
混合大小正确反应时间	477.62±227.08	409.22±256.31	1.683	0.095
混合奇偶正确反应数目	17.53±6.47	23.87±8.52	−4.994	0.000**
混合奇偶正确反应时间	550.31±287.16	443.96±198.27	2.570	0.011*

注：*表示 $P < 0.05$，**表示 $P < 0.01$

以被试类型（实验组和对照组）和数字转换任务类型（单独大小、单独奇偶、混合大小、混合奇偶）为自变量，正确反应数为因变量的方差分析表明：被试类型的主效应显著，F（1，560）= 52.485，P<0.05，实验组的正确反应数低于对照组。数字转换任务类型的主效应显著，F（3，560）= 52.485，P<0.05。被试类型和数字转换任务类型的交互作用不显著，F（3，560）= 0.848，P>0.05。如图 2-7 所示。

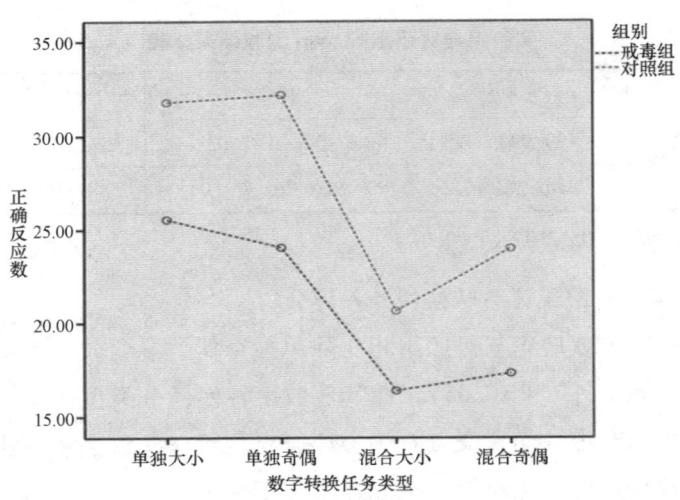

图 2-7　实验组和对照组在数字转换任务上的正确反应数

对数字转换任务类型做 Bonferroni 事后检验发现，单独大小任务的正确反应数显著高于混合大小任务和混合奇偶任务（$P < 0.05$），单独奇偶任务的正确反应数显著高于混合大小任务和混合奇偶任务（$P < 0.05$），其他任务类型无显著性差异，如表2-5所示。

表2-5　不同数字转换任务类型的正确反应数的事后多重比较检验

	单独奇偶	混合大小	混合奇偶
单独大小	1.000	0.000**	0.000**
单独奇偶		0.000**	0.000**
混合大小			0.467

注：*表示 $P < 0.05$，**表示 $P < 0.01$

以被试类型（实验组和对照组）和数字转换任务类型（单独大小、单独奇偶、混合大小、混合奇偶）为自变量，正确反应时为因变量的方差分析表明：被试类型的主效应显著，$F(1, 560) = 14.282$，$P = 0.000 < 0.05$，实验组的正确反应时高于对照组。实验组的正确反应数低于对照组的。数字转换任务类型的主效应显著，$F(3, 560) = 23.896$，$P = 0.000 < 0.05$。被试类型和数字转换任务类型的交互作用不显著，$F(3, 560) = 0.721$，$P = 0.539 > 0.05$，如图2-8所示。

表2-6 为对数字转换任务类型做 Bonferroni 事后检验的结果，由表可知单独大小任务的正确反应时显著低于单独奇偶任务、混合大小任务和混合奇偶任务（$P<0.05$），单独奇偶任务的正确反应时显著低于混合奇偶任务（$P<0.05$），其他任务类型无显著性差异。

表2-6　不同数字转换任务类型的正确反应时的事后多重比较检验

	单独奇偶	混合大小	混合奇偶
单独大小	0.009**	0.000**	0.000**
单独奇偶		0.052	0.000**
混合大小			0.185

注：*表示 $P < 0.05$，**表示 $P < 0.01$

3. 实验组和对照组威斯康星卡片分类测验差异分析

实验组和对照组数字转换任务测验的结果见表2-7。由表可知实验组的

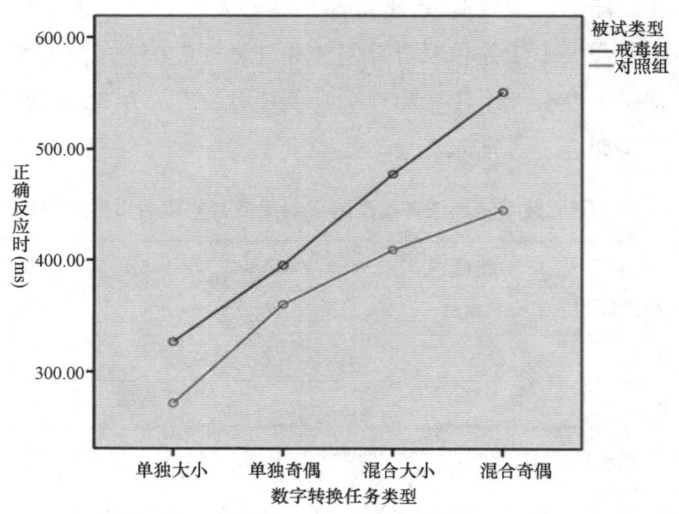

图 2-8　实验组和对照组在数字转换任务上的正确反应时

错误应答数和持续应答数与对照组相比差异均有统计学意义（$t_1 = 5.79$，$t_2 = 4.892$，$P_{均} < 0.01$）。实验组的错误应答数和持续应答数明显高于对照组。

表 2-7　实验组和对照组威斯康星测验结果比较（$\overline{X} \pm S$）

	组别	平均数	标准差	t 值	P 值
错误应答数	实验组	57.46	28.00	5.79	0.000**
	对照组	33.94	19.73		
持续应答数	实验组	32.66	21.41	4.892	0.000**
	对照组	18.15	12.91		

注：*表示 $P<0.05$，**表示 $P<0.01$

4. 实验组和对照组 N-back 测验差异分析

实验组和对照组 N-back 测验的结果见表 2-8。由表可知实验组的当前正确反应数和前二正确反应数与对照组相比，差异有统计学意义（$t_1 = -2.169$，$t_3 = -3.345$，$P_{均} < 0.05$）。实验组的当前正确反应数和前二正确反应数明显低于对照组。

表 2-8 实验组和对照组 N-back 测验结果比较（$\bar{X}\pm S$）

	实验组	对照组	t	P
当前正确反应数	99.21±31.45	110.24±21.01	-2.169	0.032**
当前正确反应时	687.25±165.45	659.08±121.21	0.915	0.362
前二正确反应数	57.04±26.18	72.54±14.32	-3.345	0.001**
前二正确反应时	543.14±260.08	461.93±173.28	1.710	0.090

注：*表示 P<0.05，**表示 P<0.01

以被试类型（实验组和对照组）和工作记忆任务类型（当前任务、前二任务）为自变量，正确反应数为因变量的方差分析表明：被试类型的主效应显著，F（1，212）= 12.917，P = 0.000<0.05，实验组的正确反应数低于对照组的。工作记忆任务类型的主效应显著，F（1，212）= 117.079，P = 0.000<0.05。被试类型和工作记忆任务类型的交互作用不显著，F（1，212）= 0.366，P = 0.546>0.05，如图 2-9 所示。

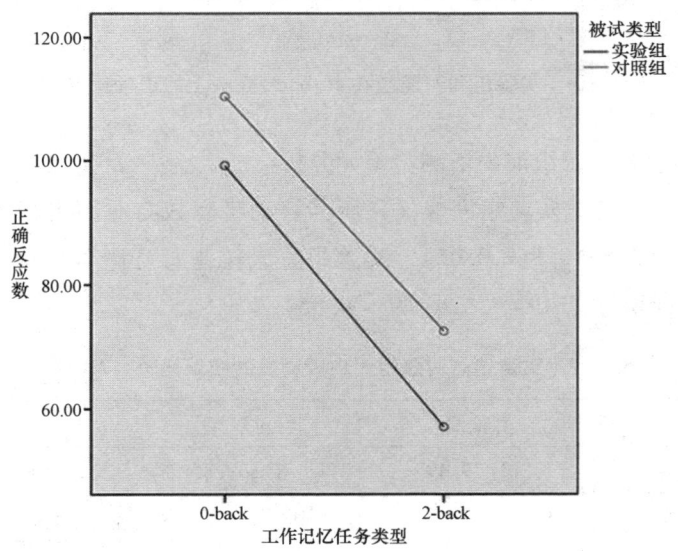

图 2-9 实验组和对照组在 N-back 任务上的正确反应数

以被试类型（实验组和对照组）和工作记忆任务类型（当前任务、前二任务）为自变量，正确反应时为因变量的方差分析表明：被试类型的主效应不显著，F（1，212）= 2.152，P = 0.144>0.05，实验组的正确反应时高于对照组的。工作记忆任务类型的主效应显著，F（1，212）= 276.582，P = 0.000<0.05。被试类型和工作记忆任务类型的交互作用不显著，F（1，212）= 3.718，P = 0.055>0.05，如图 2-10 所示。

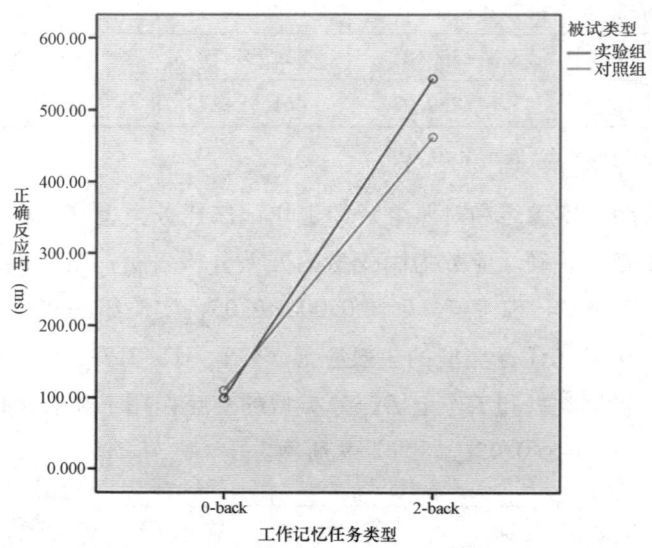

图 2-10　实验组和对照组在 N-back 任务上的正确反应时

5. 实验组和对照组河内塔测验差异分析

由表 2-9 可知，实验组完成任务所需移动步骤数与对照组相比差异有统计学意义（$t=2.564$，$P<0.05$），实验组完成任务所需移动时间与对照组相比差异无统计学意义（$t=1.526$，$P>0.05$）。

表 2-9　实验组与对照组河内塔测验的结果比较（$\bar{X}\pm S$）

	实验组	对照组	t	P
移动步骤数	112±49.49	83±39.85	2.564	0.013[*]
移动时间	375.35±206.62	300.35±183.69	1.526	0.132

注：* 表示 $P<0.05$，** 表示 $P<0.01$

（四）影响青少年冰毒依赖者执行功能的相关因素分析

1. 戒断时间与执行功能的相关性分析

（1）戒毒时间对抑制能力的影响

为了考察戒毒时间对执行功能的抑制能力是否有恢复作用，采用偏相关分析，将年龄、教育水平、言语智商以及吸毒时间作为协变量，分析戒毒时间与正确反应数和正确反应时的相关性。研究发现戒毒时间与正确反应时和正确反应数的相关性均不显著（$r_1 = -0.088$，$r_2 = 0.053$，$P_均 > 0.05$）。见表2-10。

表2-10 戒毒时间与抑制能力的相关分析（r）

		正确反应数	正确反应时
戒毒时间	r	0.053	-0.088
	p	0.668	0.475

注：*表示 $P < 0.05$，**表示 $P < 0.01$

（2）戒毒时间对转换能力的影响

为了考察戒毒时间对执行功能的转换能力是否有恢复作用，采用偏相关分析，将年龄、教育水平、言语智商以及吸毒时间作为协变量，分析戒毒时间与数字转换任务和威斯康星卡片分类任务的相关性。研究发现戒毒时间与转换任务各因变量的指标相关均不显著（p>0.05）。见表2-11。

表2-11 戒毒时间与转换任务的相关分析（r）

		单独大小正确反应数	单独大小正确反应时	单独奇偶正确反应数	单独奇偶正确反应时	混合大小正确反应数
戒毒时间	r	0.046	-0.101	0.185	0.040	-0.122
	p	0.708	0.409	0.129	0.741	0.318

注：*表示 $P < 0.05$，**表示 $P < 0.01$

		混合大小正确反应时	混合奇偶正确反应数	混合奇偶正确反应时	错误应答数	持续应答数
戒毒时间	r	0.037	-0.088	-0.045	-0.090	0.005
	p	0.761	0.470	0.712	0.463	0.965

注：*表示 P<0.05，**表示 P<0.01

（3）戒毒时间对刷新能力的影响

为了考察戒毒时间对刷新能力是否有恢复作用，采用偏相关分析，将年龄、教育水平、言语智商以及吸毒时间作为协变量，分析戒毒时间与当前正确反应数、当前正确反应时、前二正确反应数和前二正确反应时的相关性。研究发现戒毒时间与各因变量的相关均不显著（$P_{均}>0.05$）。见表2-12。

表2-12 戒毒时间与刷新能力的相关分析（r）

戒毒时间		当前正确反应数	当前正确反应时	前二正确反应数	前二正确反应时
戒毒时间	r	-0.093	0.115	-0.022	0.052
	p	0.447	0.345	0.860	0.673

注：*表示 $P<0.05$，**表示 $P<0.01$

2. 吸毒时间与执行功能的相关性分析

（1）吸毒时间对抑制能力的影响

为了考察吸毒时间对执行功能的抑制能力的影响，采用偏相关分析，将年龄、教育水平、言语智商以及戒毒时间作为协变量，分析吸毒时间与正确反应数和正确反应时的相关性。研究发现吸毒时间与正确反应时呈负相关，即吸毒时间越长正确反应时越短，但相关不显著（$r=-0.093$，$p>0.05$）。吸毒时间和正确反应数呈正相关，即吸毒时间越长正确反应数越高，相关也不显著（$r=0.211$，$p>0.05$）。见表2-13。

表2-13 吸毒时间与抑制能力的相关分析（r）

吸毒时间		正确反应数	正确反应时
吸毒时间	r	0.211	-0.093
	p	0.085	0.453

注：*表示 $P<0.05$，**表示 $P<0.01$

（2）吸毒时间对转换能力的影响

为了考察吸毒时间与持续错误数和持续应答数的相关性，采用偏相关分析，将年龄、教育水平、戒毒时间以及言语智商作为协变量，分析吸毒时间与转换任务各因变量的相关性。研究发现吸毒时间与单独奇偶正确反应数、混合大小正确反应数和混合奇偶正确反应数均呈显著性正相关（$r_1=0.351$，$r_2=0.257$，$r_3=0.246$，$P_{均}<0.05$），吸毒时间与单独大小正确反应时、单独奇偶正确反应时、混合大小正确反应时、混合奇偶正确反应时、错误应答数和持续应答数的相关均不显著（$P_{均}>0.05$）。见表2-14。

表 2-14　吸毒时间与转换任务的相关分析（r）

		单独大小正确反应数	单独大小正确反应时	单独奇偶正确反应数	单独奇偶正确反应时	混合大小正确反应数
吸毒时间	r	0.251	-0.131	0.351	-0.151	0.257
	p	0.036*	0.279	0.003**	0.213	0.032*

注：* 表示 $P < 0.05$，** 表示 $P < 0.01$

		混合大小正确反应时	混合奇偶正确反应数	混合奇偶正确反应时	错误应答数	持续应答数
吸毒时间	r	-0.102	0.246	-0.117	-0.186	-0.146
	p	0.403	0.040*	0.333	0.122	0.229

注：* 表示 $P < 0.05$，** 表示 $P < 0.01$

（3）吸毒时间对刷新能力的影响

为了考察吸毒时间对刷新能力的影响，采用偏相关分析，将年龄、教育水平、言语智商以及戒毒时间作为协变量，分析吸毒时间与当前正确反应数、当前正确反应时、前二正确反应数和前二正确反应时的相关性。研究发现吸毒时间与当前正确反应时呈显著性负相关（$r=-0.316$，$P<0.05$），即吸毒时间越长当前正确反应时越短，吸毒时间与其他因变量的相关不显著。见表2-15。

表 2-15　吸毒时间与刷新能力的相关分析（r）

		当前正确反应数	当前正确反应时	前二正确反应数	前二正确反应时
吸毒时间	r	0.115	-0.316	0.174	-0.180
	p	0.347	0.008**	0.152	0.139

注：* 表示 $P < 0.05$，** 表示 $P < 0.01$

三、讨论

（一）青少年冰毒依赖者的执行功能特征分析

1. 青少年冰毒依赖者的抑制能力

本研究发现实验组和对照组在正确反应时和正确反应数上的差异均存有统计学意义。冰毒依赖青少年在 Stroop 任务中的正确反应数显著低于普通青少年，他们的正确反应时显著高于普通青少年。这说明冰毒严重损害了青少年的抑制能力。这与前人的研究结果是相一致的[16][17][30]。抑制能力是考察个体抑制优势反应的能力，抑制能力与前扣带回等脑区有关。核磁共振研究显示长期滥用冰毒可造成扣带回、边缘系统和旁边缘皮质等脑结构的萎缩，导致抑制能力的损伤[31][32][33]。冰毒依赖者在执行Stroop色词干扰任务时，要求他们报告书写汉字的墨水颜色，由于抑制能力受损被试很难抑制字面意义的"优势反应倾向"，所以正确反应数会较低。抑制能力受损，冰毒依赖者会花费更长的时间抑制优势反应倾向，所以他们的正确反应时更长。还有学者用停止信号任务对抑制能力进行了考察，也得出了相同的结论[34][35][36]。相关研究还发现抑制控制能力减退与攻击性行为、高危行为和觅药行为等密切相关。Brook L等人使用人类行为监控模式（the human Behavior Pattern Monitor）还发现伴随着冰毒依赖者抑制控制能力的下降，冲动性、回避危险的能力也下降[10]。所以说虽然毒品依赖者能意识到毒品的危害，但仍不能抑制自己的吸毒行为并且往往会出现冲动、攻击和犯罪等行为。

2. 青少年冰毒依赖者的转换能力

Miyake等人认为转换能力就是对自己的认知资源进行调整，使其按任务要求在不同任务间或思维定式间灵活转换的能力，也即认知灵活性。执行转换任务时，首先要意识到当前任务已经发生变化，之前的认知策略已经不能满足现在的任务要求，要根据新的任务来调整自己的思维定式并做出新的反应，来适应新的任务要求。由于使用不同的范式往往会得出不同的结论，本研究采用数字转换任务和威斯康星卡片分类任务两种范式来考察被试的转换能力。

数字转换任务的研究发现：在所有的数字转换任务中，实验组的正确反应数都显著低于对照组，正确反应时显著高于对照组，也就是说实验组完成正确转换的数目较少并且需要更长的时间来完成转换。威斯康星卡片分类测验的研究发现：实验组的错误应答数和持续应答数显著高于对照组。错误应答数是指不符合任务规则的所有应答数，正常值小于等于45，持续应答数是指明知按某一属性分类是不正确的，但仍按这一属性分类，它是威斯康星卡片分类测验所有指标中提示有无脑损伤的最好指标，其正常值小于等于27。本研究中实验组的错误应答数为57.46，持续性应答数为33.94，均超过正常值，这提示我们实验组的认知转换能力受到严重损伤。

从以上两种范式得出一致结论，冰毒滥用青少年的转换能力严重受损。这和许多前人的研究结果是相一致的[29][37]。Ellen 等人[36]的研究还发现冰毒对转换能力的损伤轻于对决策任务的损伤。转换能力差的人，往往比较固执、拘泥形式，在外在条件改变的情况下，很难适应新的环境的要求[38]。舒畅等人使用 fMRI 成像技术考察正常人进行威斯康星卡片分类测验时大脑的活动模式，结果发现执行威斯康星任务时大脑活动激活主要分布在双侧前额叶，中央前回、顶上小叶、前扣带回和视觉区[39]。核磁共振的研究显示，长期滥用冰毒会造成脑结构的病变，主要表现在边缘系统、扣带回和海马的萎缩[31][32][33]。

3. 青少年冰毒依赖者的刷新能力

工作记忆这一概念是由 Baddeley & Hitch 在短时记忆的基础上提出来的，他们认为工作记忆是一个容量有限对信息进行暂时存储和加工的记忆系统，主要由中央执行系统、语音环路和视空模板三个成分构成。工作记忆是执行功能的一个重要成分，在言语理解、计划、思维、推理等复杂认知活动中有重要作用[40]。

本研究采用 N-back 范式，包括当前任务和前二任务来考察被试的工作记忆能力。当前任务记忆负荷量较小，主要考察被试的暂时存储能力。前二任务记忆负荷量较大，不仅考察被试的暂时存储能力而且考察被试的加工信息能力。实验结果发现，无论是当前任务还是前二任务，冰毒依赖青少年的正确反应数目都显著低于普通青少年，错误反应数显著高于普通青少年。此外研究还发现，无论是实验组还是对照组，前二任务的正确反应时、错误反应时、错误反应数均显著高于当前任务，其正确反应数显著低于当前任务。这说明冰毒依赖青少年的工作记忆能力严重受损。

本研究和国外的很多研究结果是相一致的[41][42]。Parrot 等人[43]的研究还发现冰毒滥用者言语工作记忆中数字广度与言语回忆两方面受损严重。Mc-Mardle 等人[44]考察了冰毒滥用者与健康对照组的即刻言语回忆、延迟言语回忆和注意力的损伤情况，结果发现冰毒滥用者这三方面的能力均受损。此外，他们还提出工作记忆的减退可能与注意力的减退有关，注意力的减退会影响信息编码进入长时记忆，从而造成即刻和延迟回忆的困难。Fox 等人[45]在电脑上呈现一个有 12 个窗户房子的画面（其中五个窗户的灯是亮的），然后再次呈现这个房子的画面（也有 5 个窗户的灯是亮的），让被试判断这两个画面哪两个窗户是相同的，结果发现冰毒依赖者的错误率显著高于对照组，这说明他们的视觉空间记忆严重受损。Thomas 等人[46]使用前瞻性工作记忆问卷发现冰毒滥用者的成绩明显差于健康对照组。

4. 青少年冰毒依赖者的执行功能

本研究采用河内塔任务来测量被试总的执行功能，研究发现实验组的移动步骤数与对照组相比差异有统计学意义，这说明冰毒严重损伤了滥用者的执行功能。相关研究也发现冰毒滥用可造成多种执行功能的损伤。Boileau 等人的研究发现冰毒滥用会造成注意力、延迟记忆的损伤[47]。Kim 等人用 WCST 任务来考察冰毒依赖者的执行功能，结果发现冰毒依赖者在进行 WCST 任务时，比健康对照组有更高的错误率，更低的成绩，且他们的左额叶白质新陈代谢较低，这说明他们的执行功能严重受损[48]。Duun 等人采用爱荷华博弈任务来考察冰毒依赖者的执行功能，结果发现冰毒依赖者会更多地追逐短期利益，较少地考虑长期利益，这提示我们冰毒依赖者的决策力减退[49]。在 Karen 等人的研究中，他们把被试分为冰毒吸食组、阿片吸食组、冰毒戒断 1 年以上组、阿片戒断 1 年以上组和健康对照组，并用伦敦塔任务、3D-IDED 任务和注意定势转移任务来考察执行功能，结果发现冰毒吸食者的执行功能明显受损，且受损程度大于阿片吸食者，此外，该研究还发现随着戒断时间的延长执行功能难以恢复[25]。Weber E 等人[50]的研究发现，冰毒滥用者执行功能的损伤与他们的高失业率有密切关系，并提出需要进行职业性康复和资助职业项目来提高他们的认知技能。还有学者指出认知执行功能和情绪状态有关，情绪状态可以调节、控制认知神经机制。相关研究使用威斯康星卡片分类测验对抑郁症病人进行执行功能测验，结果发现抑郁程度越高，认知执行功能越差[51]。生理学家认为，积极情绪能够促进多巴胺的分泌，因此可以提高个体的反应灵活性等执行功能[52]。

（二）影响青少年冰毒依赖者执行功能的相关因素分析

1. 多巴胺、5-羟色胺与执行功能的关系

冰毒是一种神经毒性物质，长期滥用可引起中枢神经系统的病理性变化。许多研究发现药物成瘾与"奖赏系统"有关[53]。中枢神经系统中存在着多种

"奖赏系统",主要包括中脑腹侧被盖区、弓状核、伏核、杏仁核、中脑导水管周围灰质和蓝斑等脑区,其中中脑边缘多巴胺系统是被一致认可的最重要脑区。此外,国内外研究发现药物成瘾还与多巴胺、5-羟色胺等多种神经递质有关。

冰毒通过刺激中枢和外周神经末梢释放多巴胺等神经递质,并阻断神经递质的再摄取,使突触间隙多巴胺等的含量升高而产生药理性作用。此外,冰毒还可抑制单胺类氧化酶的活性来抑制多巴胺等神经递质的代谢。这样一来,冰毒使用者体内的多巴胺等含量就会提高,使用者会产生愉悦、兴奋、性欲过强等反应[54][55]。这种奖赏反应会强化使用者继续多次大量服用该药物,是毒品成瘾、滥用、复吸和强迫性觅药行为的基础[36][56]。大量多次服用该药物会导致突触前膜多巴胺等神经递质的耗竭,单胺类受体减少,所以冰毒依赖者体内的多巴胺含量较低。本研究用酶联免疫技术测得冰毒依赖者血清多巴胺、5-羟色胺含量分别为 4.06ng/mL 和 228.74ng/mL。冰毒依赖者多巴胺、5-羟色胺的含量虽没有与健康人员进行对照,但多巴胺含量明显低于梁若冰等人研究中的健康人员[57]。

多巴胺和 5-羟色胺都是由大脑所分泌用来传送脉冲的一种中枢神经递质,又被称为"快乐递质"。多巴胺和 5-羟色胺的分泌会使人产生愉悦、快乐的感觉。本研究通过酶联免疫技术发现冰毒依赖青少年血液中的多巴胺含量与执行功能呈显著正相关,5-羟色胺与执行功能的相关不显著。这说明多巴胺是影响执行功能的重要神经生物学因素。相关研究发现,基底神经节和额叶是受多巴胺影响的主要脑区,与这些脑区相关的认知功能都会受到多巴胺神经递质的影响[58][59]。执行功能主要与大脑额叶有关,所以执行功能明显受多巴胺的影响,且随着多巴胺含量的降低执行功能越差。此外,相关研究还发现多巴胺羟化酶与注意障碍有关[60]。多巴胺转运体与认知灵活性、工作记忆可塑性有关[61][62]。Sekine 等人的研究还发现冰毒依赖者大脑多巴胺受体与情景记忆、精神症状严重程度等呈正相关[63]。Murray 等人的研究发现多巴胺、5-羟色胺的耗竭还会导致焦虑、抑郁、冲动、攻击、注意力障碍、记忆下降等行为[64]。

2. 戒毒时间与执行功能的关系

本研究发现戒毒时间对抑制能力没有显著影响。而 Salo 等人同样使用

Stroop 测验来考察戒毒时间对冰毒依赖者抑制能力影响时却得出了不同的结论。他们将被试分为短期戒断组（戒断时间为 3 周到 6 个月）、长期戒断组（戒断时间为 1 年以上）和正常对照组三组，结果发现短期戒断组在 Stroop 色和词不一致任务上的反应时显著高于长期戒断组和正常对照组，而长期戒断组和正常对照组在 Stroop 任务上的反应时没有显著差异，这说明短期戒断者的抑制能力仍存在损伤，长期戒断者的抑制能力可以恢复到正常水平[19]。造成这种差异的可能原因是初次吸食毒品的年龄，本研究被试初次吸食毒品的年龄大约为 16 岁，而 Salo 研究中被试初次吸食毒品的年龄约为 24 岁，相关研究也发现童年或青少年时期吸食毒品将会产生长久的认知损伤[65]。此外，冰毒对抑制能力损伤的恢复状况还可能与吸毒方式、剂量等有关，这还要做进一步的研究。

本研究还发现戒毒时间对转换能力没有显著影响。造成这种结果的可能原因是：第一，本研究选取的研究对象为强制隔离戒毒人员，戒毒模式主要为强制戒断和劳动教养，这一戒毒模式会使被试较少接触新鲜的刺激，大脑活动往往处于抑制状态，影响执行功能的恢复；第二，强制隔离的戒毒模式会引起戒毒者抑郁、低落的情绪，这种情绪状态又会影响转换能力等的恢复；第三，长期滥用冰毒对大脑的损伤是不可逆转的，也可能需要更长的时间或者结合认知功能训练才可康复。

本研究发现随着戒毒时间的延长刷新能力没有恢复。McCann 等人的研究也发现冰毒戒断者的认知神经记忆损伤是不可恢复的[66]。Chang 等人用一系列神经心理测验考察戒断 2~3 周的短期戒断者，结果发现他们在完成需要工作记忆参与的任务时会花费更长的时间[35]。相关研究还发现冰毒对工作记忆的损害是持续的，而对其他执行功能的损害是可以恢复的，且需要一年以上的戒断期[67]。Simon SL 等人对情景记忆进行了考察，他们将被试分为三组：持续戒断组，开始戒断后来又复吸组，持续吸食组，并严格匹配被试的年龄、教育程度、性别和种族。要求他们在最近一次吸毒 7 天内完成一系列的认知神经测验，然后大约三个月后再次测试。结果发现，复吸组的情景记忆显著差于持续戒断组和持续吸食组，且复吸对情景记忆的影响大于对其他认知功能的影响[68]。与之不一致的是，Volkow 等人使用影像学技术对戒断 12~17 个月的冰毒依赖者进行了追踪研究，结果发现随着戒断时间的延长，他们的记忆能力显著提高[69]。造成这种差异的原因可能是吸食的方式、剂量等不同。

3. 吸毒时间与执行功能的关系

本研究发现吸毒时间与抑制能力没有显著性相关，吸毒时间与单独奇偶正确反应数、混合大小正确反应数和混合奇偶正确反应数均呈显著性正相关，即随着吸毒时间的延长他们的正确反应数越多，说明他们的转换能力越强。在考察吸毒时间与刷新能力的关系时本研究发现吸毒时间与当前正确反应时呈显著性负相关，即吸毒时间越长当前正确反应时越短，说明他们的刷新能力越强。这与预期的实际结果相反，造成这种现象的可能原因是：第一，本研究考察的吸毒时间是从初次吸食毒品到进行强制戒断的时间，没有考虑到中间的戒断期对执行功能的影响；第二，本研究没有考虑到吸毒剂量、吸毒方式等的影响，单纯考察吸毒时间是不科学的，在今后的研究中还应该进一步完善。

四、结论

本研究主要考察了冰毒依赖者执行功能的损伤情况及其相关因素。为考察滥用冰毒是否损害青少年的执行功能，本研究基于 Miyake 的结构成分理论将执行功能分为抑制、转换和刷新三个成分，用 Stroop 任务考察抑制能力情况，用数字转换任务和威斯康星卡片分类测验考察转换能力，用 N-back 范式考察刷新能力，用河内塔测验考察综合的执行功能。为考察执行功能损伤的神经生物学因素，本研究采用酶联免疫技术测量被试的多巴胺、5-羟色胺含量。为考察多巴胺、5-羟色胺、戒毒时间、吸毒时间与执行功能的关系，本研究采用了偏相关分析，控制其他变量的影响，探讨他们的相关性。综合以上研究，得出了如下结论。

（1）青少年冰毒依赖者在执行抑制任务时，有更长的正确反应时更少的正确反应数，他们的抑制能力受到严重损伤。

（2）青少年冰毒依赖者在数字转换任务和威斯康星卡片分类测验中的成绩都差于健康对照组，他们的转换能力明显受损。

（3）青少年冰毒依赖者在 N-back 任务上的正确反应数明显低于健康对照组，他们的刷新能力明显受损。

（4）青少年冰毒依赖者完成河内塔任务比健康对照组需要更多的移动步

骤数，他们的执行功能明显受损。

（5）青少年冰毒依赖者的多巴胺含量越低，他们的执行功能损伤越严重。

（6）青少年冰毒依赖者的戒毒时间与执行功能的抑制、转换和刷新功能无相关性。

（7）青少年冰毒依赖者的吸毒时间越长，转换和刷新功能越强，与预期结果相反，还有待于进一步研究。

参考文献

［1］翁传波，钱若兵，傅先明. 甲基丙苯胺成瘾机制的研究进展［J］. 国际神经病学神经外科学杂志，2012，39（1）：65-69.

［2］钟娜，赵敏. 甲基苯丙胺对人类认知功能的影响［J］. 中国药物依赖性杂志，2013，22（5）：324-328.

［3］RENDELL P G，MAZUR M，HENRY J D. Prospective memory impairment in former users of memphetamine［J］. Psychophopharmacology，2009，203：609-616.

［4］SEOG J K，IN K L，JAEUK H，et al. Frontal Glucose Hypometabolism in Abstinent Methamphetamine Users［J］. Neuropsycho-pharmacology，2005，30：1383-1391.

［5］李红，高山，王乃戈. 执行功能研究方法评述［J］. 心理科学进展，2004，12（5）：693-705.

［6］MIYAKE A，FRIEDMAN N P，EMERSON M J，et al. The Unity and Diversity of Executive Functions and Their Contribution to Complex "Frontal Lobe" Tasks：A Latent Variable Analysis［J］. Cognitive Psychology，2000，41（1）：49-100.

［7］COLLETTE F，Van der Linden M. Brain imaging of the central executive component of working memory［J］. Neuroscience and Biobehavioral Reviews，2002，26：105-125.

［8］BARKLEYR A. The executive functions and self-regulation：An evolutionary neuropsychological perspective［J］. Neuropsychology Review，2001，11：1-29.

［9］HACHINSKI V, IADECOLA C, PETERSEN R C, et al. National Institute of Neurological Disorders and Stroke - Canadian Stroke Network vascular cognitive impairment harmonization standards ［J］. Stroke, 2006, 37: 2220-2241.

［10］BROOK I, HENRY, ARPI M, et al. Effect of methamphetamine dependence on inhibitory deficits in a novel human open-field paradigm ［J］. Psychopharmacology, 2011, 215: 697-707.

［11］WILLAM R, MARCHAND, PAMELA J, et al. Evidence for Frontal - Subcortical Circuit Abnormalities in Bipolar Affective Disorder ［J］. Psychiatry, 2005, 2 (4): 26-33.

［12］GEORGE K, DANIEL A, CHRISTINE C, et al. Neuropsychological deficits in adolescent methamphetamine abusers ［J］. Psychopharmacology (Berl), 2010, 212 (2): 243-249.

［13］REBECCA D C, NATANIA A C, BARBARA J M. An Evidence Based Review of Acute and Long-Term Effects of Cannabis Use on Executive Cognitive Functions ［J］. J Addict Med, 2011, 5 (1): 1-8.

［14］FLECKENSTEIN A E, VOLZ T J, RIDDLE E L, et al. New insights into the mechanism of action of amphetamines ［J］. Annu Rev Pharmacol Toxicol, 2007, 47: 681-698.

［15］STOOPS W W, BENNETT J A, LILE J A, et al. Influence of aripiprazole pretreatment on the reinforcing effects of methamphetamine in humans ［J］. Prog NeuroPsychop harmacol Biol Psychiatry, 2013, 47: 111-117.

［16］SIMON S L, DOMIER C, CARNELL J, et al. Cognitive impairment in individuals currently using methamphetamine ［J］. Am J Addict, 2000, 9: 222-231.

［17］SIMON S L, RICHARDSON K, DACEY J, et al. A comparison of patterns of methamphetamine and cocaine use ［J］. J Addict Dis, 2002, 21: 35-44.

［18］ELLEN A, EVELIE A, WERY P, et al. Executive control deficits in substance-denpendent indiciduals: A comparison of alcohol, cocaine, and methamphetamine, and of men and women ［J］. J Chin Exp Neuropsychol, 2009, 31

(6): 706-719.

[19] SALO R, NORDAHL T E, GALLOWAY G P, et al. Drug Abstinence and Cognitive Control in Methamphetamine Dependent Individuals [J]. Subst Abuse Treat, 2009, 37 (3): 292-297.

[20] SALO R, URSU S, BUONOCORE M H, et al. Impaired prefrontal cortical function and disrupted adaptive cognitive control in methamphetamine abusers: a functional magnetic resonance imaging study [J]. Biol Psychiatry, 2009 (65): 706-709.

[21] JAMES J, MAHONEY M, BRIAN J, et al. Acute, low-dose methamphetamine administration improves attention/information processing speed and working memory in methamphetamine dependent individuals displaying poorer cognitive performance at baseline [J]. Prog Neuropsychopharmacol Biol Psychiatry, 2011, 35 (2): 459-465.

[22] ERIN E M, STEVEN P W, AMELIA J. Visual Memory in Methamphetamine Dependent Individuals: Deficient Strategic Control of Encoding and Retrieval [J]. Aust N Z J Psychiatry, 2012, 46 (2): 141-152.

[23] ALASDAIR MB, WILLIAM J P, WILLIAM M E, et al. The need for speed: an update on methamphetamine addition [J]. J Psychiatry Neurosci, 2006, 31 (5): 301-313.

[24] BELCHER A M, FEINSTEIN E M, DELL S J, et al. Methamphetamine influences on ecognition Memory: comparison of escalating and sing-day dosing regimes [J]. Neuropsycho pharmacology, 2009, 33: 1453-1463.

[25] KAREN D E, LUKE C, MERVYN L, et al. Profile of Executive and Memory Function Assiciated with Amphetamine and Opiate Dependence [J]. Neuropsychopharmacology, 2006, 31 (5): 1036-1047.

[26] JOHNSON B A, ROACHE J D, AIT-DAOUD N, et al. Effects of topiramate on methamphetamine inducde changes in attentional and perceptual-motor skills of cognition in recently abstinent methamphetamine dependent individuals [J]. Prog Neuropsychopharmacol Biol Psychiatry, 2007, 3: 123-130.

[27] CARL L H, CAROLINE B M, RAS S, et al. Is Cognitive Functioning

Impaired in Meth-Amphetamine Users? A Critical Review [J]. Neuropsycho-pharmacology, 2012, 37: 586-608.

[28] 王贵彬, 陈娜, 徐凌志, 等. 戒断时程对甲基苯丙胺依赖者冲动性选择与渴求的影响 [J]. 中国药理学与毒理学杂志, 2012, 03: 464.

[29] LADISLAV H, MAREK P, JAN B, et al. Comparison of Wisconsin card sorting test results between Czech subjects depeedent on methamphetamine versus healthy volunteers [J]. Psychiatria Danubina, 2012, 24 (2): 188-193.

[30] CHANG L, ERNST T, SPECK O, et al. Perfusion MRI and computerized cognitive test abnormalities in abstinent methamphetamine users [J]. Psychiatry Res, 2002, 114: 65-79.

[31] ORIKABE L, YAMASUE H, INOUE H, et al. Reduced amygdala and hippocampal volumes in patients with methamphetamine psychosis [J]. Schizophrenia research, 2011, 132: 183-189.

[32] AOKI Y, ORIKABE L, TAKAYANAGI Y, et al. Volume reduction in frontopolar and left perisylvian cortices in methamphetamine induced psychosis [J]. Schizophr Res, 2013, 147: 355-361.

[33] TOBIAS M C, ONEILL J, HUDKINS M, et al. White-matter abnormalities in brain during early abstinence from methamphetamine abuse [J]. Psychopharmacology, 2010, 209: 13-24.

[34] MONTEROSSO J R, ARON A R, CORDOVA X, et al. Deficits in response inhibition associated with chronic methamphetamine abuse [J]. Drug Alcohol Depend, 2005, 79: 273-277.

[35] FILLMORE M T, CRAIG R R, HAYS L. Acute effects of cocaine in two models of inhibitory control: implications of non-linear dose effects [J]. Addiction, 2006, 101: 1323-1332.

[36] VERDEJO-GARCIA A, BECHARA A, RECKNOR E C, et al. Executive dysfunction in substance dependent individuals during drug use and abstinence: An examination of the behavioral, cognitive and emotional correlates of addiction [J]. Journal of the International Neuropsychological Society, 2006, 12: 405-415.

［37］HOSAK L, PREISS M, BAZANT J, et al. Comparison of Wisconsin Card Sorting Test results between Czech subjects dependent on methamphetamine versus healthy volunteers ［J］. Psychiatr Danub, 2012, 24（2）：188-193.

［38］李美华, 白学军. 执行功能中认知灵活性发展的研究进展 ［J］. 心理学探析, 2005, 25（2）：35-38.

［39］舒畅, 王高华, 王惠玲, 等. WCST 操作时脑活动模式的初步研究 ［J］. 中国神经精神疾病杂志, 2004, 30（3）：223-225.

［40］BECKER J T, MORRIS R G. Working Memory ［J］. Brain Cogn, 1999, 41（4）：1-8.

［41］BECHARA A, MARTIN E. Impaired Decision-Making Related to Working Memory Deficits in Individuals with Substance Addictions ［J］. Neuropsychology, 2004, 18（1）：152-162.

［42］WOODS S P, RIPPETH J D, CONOVER E, et al. Deficient strategic control of verbal encoding and retrieval in individuals with methamphetamine dependence ［J］. Neurpsychology, 2005, 19（1）：35-43.

［43］PARROTT A C, LASKY J. Ecstasy（MDMA）effects upon mood and cognition：before, during and after a Saturday night dance ［J］. Psychopharmacology, 1988, 139：261-268.

［44］CARDLE K, LUEBBERS S, CARTER J D, et al. Chronic MDMA（ecstasy）use, cognition and mood ［J］. Psychopharmacology, 2004, 173（3-4）：434-439.

［45］FOX H C, PARROTT A C, TURNER J, et al. Ecstasy use：cognitive deficits related to dosage rather than self-reported problematic use of the drug ［J］. J Psychopharmacol, 2001, 15：273-281.

［46］THOMAS M, HEFFERNAN, LING J, et al. Subjective ratings of prospective memory deficits in MDMA（ecstasy）users ［J］. Human Psychopharmacol Clin Exp, 2001, 16：339-344.

［47］BOILEAU I, RUSJAN P, HOULE S, et al. Increased vesicular monoamine transporter binding during early abstinence in human methamphetamine users：Is VMAT2 a stable dopamine neuron biomarker ［J］. Clin Psuchol, 2008, 49：

54-60.

[48] KIM Y T, LEES S W, KWON D H, et al. Dosedependent hypometabolism on FDG-PET in methamphetamine abusers [J]. Psychiatric Res, 2006, 43: 1166-1170.

[49] GEORGE K, DANIEL A, CHRISTINE C, et al. Neuro-psychological deficits in adolescent methamphetamine abusers [J]. Psychopharmacology (Berl), 2010, 212 (2): 243-249.

[50] WEBER E, BLACKSTONE K, IUDICELLO J E, et al. Neurocognitive deficits are associated with unemployment in chronic methamphetamine users [J]. Drug Alcohol Depend, 2012, 125: 1-2.

[51] LIU W d, WEI X Y. Diagnosis Value of Spiral CT on Brain Astrocytoma [J]. Journal of Liaoning Medical University, 2008, 04.

[52] BUTTSEHER I M, SKEGERBERG G, GELJER B, et al. Proton MR spectroscopy and preoperative diagnostic accuracy: an evaluation of intracranial mass lesions aracterizad by stereotactic biopsy findings [J]. AJNR, 2000, 21 (1): 84-93.

[53] ARIASC O, STAMELOU M, MURILLO R E, et al. Dopaminergic reward system: a short integrative review [J]. Int Arch Med, 2010, 6 (3): 24-30.

[54] HOMER B D, SOLOMON T M, MOELLER R W, et al. Methamphetamine abuse and impairment of society functioning: a review of the underlying neurophysiological causes and behavioral implications [J]. Psychol Bull, 2008, 134 (2): 301-310.

[55] MERDITH C W, JAFFE C, ANG-LEE K, et al. Implications of chronic methamphetamine use: a literature review [J]. Harv Rev Psychiatry, 2005, 13 (3): 141-154.

[56] CLAY S W, ALLEN J, PARRAN T. A review of addiction [J]. Postgrad Med, 2008, 120: 1-7.

[57] 梁若冰, 周延明, 赵秀丽. 甲基苯丙胺滥用者外周血清多巴胺水平变化的临床研究 [J]. 中国药物依赖性杂志, 2010, 06: 481-485.

[58] 黄文. 多巴胺与认知功能 [J]. 国外医学精神病学分册, 2001, 28 (4): 249-252.

[59] PARK B L, SHIN H D, CHEONG H S, et al. Association analysis of COMT polymorphisms with schizophrenia and smooth pursuit eye movement abnormality [J]. Hum Genet, 2009, 54 (12): 709-712.

[60] BELLGROVE M A, MATTINGLEY J B, HAWI Z, et al. Impaired temporal resolution of visual attention and dopamine beta hydroxylase genotype in attention-deficit hyperactivity disorder [J]. Biol Psychiatry, 2006, 60 (10): 1039-1045.

[61] BERTOLINO A, BLASI G, LATORRE V, et al. Additive effects of genetic variation in dopamine regulating genes on working memory cortical activity in human brain [J]. Neurosci, 2006, 26 (15): 3918-3922.

[62] RYBAKOWSKI J K, BORKOWSKA A, CZERSKI P M, et al. Performance on the Wisconsin Card Sorting Test in schizophrenia and genes of dopaminergic inactivation (COMT, DAT, NET) [J]. Psychiatry Res, 2006, 143 (1): 13-19.

[63] SEKLIE Y, MINABE Y, QUCHI Y, et al. Association of dopamine transporter loss in the orbitofrontal and dorsolateral prefrontal cortices with methamphetamine-related psychiatric symptoms [J]. Am J Psychiatry, 2003, 160 (9): 1699-1701.

[64] MURRAY J B. Psychophysiological aspects of amphetamine-methamphetamine abuse [J]. Psychol, 1998, 132 (2): 227-237.

[65] GOULD T J. Addiction and Cognition [J]. Addict Sci Clin Pract, 2010, 5: 4-14.

[66] MCCANN U D, KUWABARA H, KUMAR A, et al. Persistent cognitive and dopamine transporter deficits in abstinent methaphetamine users [J]. Synapse, 2008, 62: 91-100.

[67] BRADFOD T, WINSLOW, LITTLETON, et al. Methamphetamine Abuse [J]. Am Fam Physician, 2007, 76 (8): 1169-1176.

[68] SIMON S L, DACEY J, GLYNN S, et al. The effect of relapse on cog-

nition in abstinent methamphetamine abusers [J]. Subst Abuse Treat, 2004, 27 (1): 59-66.

[69] VOLKOW N D, CHANG L, WANG G L, et al. Loss of dopamine transporters in methamphetamine abusers recovers with protracted abstinence [J]. Neurosci, 2001, 21: 9414-9418.

第三章

冰毒依赖青少年执行功能的干预研究

第一节 文献回顾：生物反馈技术的发展及在物质依赖障碍中的应用

生物反馈疗法是一种通过反馈训练和自主学习来改变机体内部生理心理反应的认知行为治疗技术。大量研究证明，生物反馈是一种安全有效的非药物治疗方法，其疗效稳定且无副作用，并且可以增强患者的信心和自我管理能力。国外研究提示，生物反馈治疗酒依赖、兴奋剂依赖、可卡因依赖等都取得了较好的效果。本文对生物反馈疗法的发展与应用进行系统的整理，分析和探讨生物反馈在物质依赖治疗中的应用与疗效，为以后的研究提供新的思路和视角。

生物反馈是借助电子仪器将采集到的神经—肌肉和内脏活动信息有选择地放大成人们所熟悉的视觉和听觉信号，患者经过反馈训练后，进行有意识的控制和调整自己体内的生理或病理信号，从而校正偏离正常范围的内部生理心理活动，达到防治疾病的目的[1]。随着生物反馈技术的进一步发展，研究者们在不断地探索其新的应用领域。国外有研究者将生物反馈用于酒依赖、兴奋剂依赖等的治疗，取得了一定的治疗效果。本文对生物反馈的发展及其在物质依赖中的应用做一综述。

一、生物反馈技术的发展及应用

生物反馈技术的临床应用始于20世纪60年代末，其发展主要源于自主神经系统的工具性条件反射、行为医学、应激研究和应激管理策略等研究领域。Lubar 等人最早将脑电生物反馈用于注意缺陷多动障碍（attention deficit hyperactivity disorder，ADHD）患者的治疗，他们训练 ADHD 患者常用的方法是强化大脑感觉运动皮层区 12~15Hz 频率范围内的波幅[2]。Fuchs 等人在对 34 名 8~12 岁 ADHD 儿童采取脑电生物反馈和药物治疗的比较研究中发现，脑电生物反馈治疗在对注意缺陷和行为问题的调控方面具有与药物治疗相当的作用[3]。此外，研究者还将生物反馈用于治疗睡眠障碍、学习障碍、脑损伤相关障碍、应激障碍等，均显示了较好的效果[4][5][6]。1984 年，生物反馈治疗仪在我国试制成功后，研究者们开始探索将生物反馈用于治疗原发性高血压、糖尿病、紧张性偏头痛等，同时还用来减轻疼痛、调节心情[7][8][9]。在以往的 20 多年里，生物反馈在治疗多种身心疾病、神经精神类疾病以及缓解职业压力等方面均显示了较好的效果[10][11][12][13]。

二、生物反馈用于物质依赖障碍的治疗

物质依赖障碍（Substance dependence disorder，SDD）是一种慢性、复发性精神障碍，长期使用成瘾性物质会导致大脑神经细胞形态结构、生物化学和认知功能的改变[14]。通过定量脑电图（quantitative electroencephalography，QEEG）的研究发现，不同的物质依赖患者因其使用的物质类型不同而表现出不同的脑电图模式[15]。以下描述几种常见的物质依赖脑电图。

（一）物质依赖者的脑电图变化

1. 酒依赖者的脑电图

许多研究者在研究中描述了酒依赖患者脑电图的改变[16][17][18]，由于研究方法上的差异，如对脑电波频段的不同定义，选择不同的参照点，通道数目的选取等，因此研究者对酒依赖者的脑波研究也有所差异。然而，研究者们比较一致的看法是，酒依赖者的脑波改变主要在 β 和 α 脑波频段[19][20][21][22]。Saletu 等人的研究发现，与正常对照组相比，戒除酒依赖者表现出相对的 α 和 δ/θ 脑波频率增加[23]。Zyhlarz 等人的研究指出，当活动受到抑制时，α 脑波（8~12Hz）的出现被认为是一种正常的脑功能状态，通过测试 α 波的频次可以判断大脑活动的兴奋性，而高频低幅的脑波模式与中枢神经系统（Central nervous system，CNS）的过度反应有关[24]。Bauer 和 Winterer

等的研究表明预后较差的酒依赖者具有更明显的中枢神经系统过度反应[25]。酒依赖者的脑电图明显不同于正常人和其他精神障碍患者，这为临床诊断酒依赖者提供了便利[24][26]。慢波频率的降低可能是酒依赖者脑萎缩和慢性脑损伤的一个标志，而β波的增加提示大脑皮质兴奋性提高，这可能与药物的使用、家族酗酒史或幻觉等因素有关[27]。

2. 大麻依赖者的脑电图

一些研究表明，大麻滥用可以改变前额叶皮层的功能，从而引起复杂的认知功能障碍[28]。尽管长期大麻滥用伴随着生理、感知和认知功能的异常，但长期滥用大麻导致的脑电异常模式仍未得到证实，研究者试图用视觉脑电图来分析急性大麻滥用诱导脑电图改变的情况[29]。早期研究报道，急性大麻滥用出现短暂的α波增加，平均α频率下降[30]。一些研究发现[31][32][33][34]，大麻剂量能产生瞬时效应：（1）α频率增加（与大麻的数量和纯度相关）；（2）α频率下降；（3）后头皮上的β频率减小。后来，Struve等人的研究表明，长期吸食大麻和持续的"alpha hyperfrontality"脑电图模式（即α绝对权力、额叶皮层和半球间的连贯性）与α平均频率降低之间存在着密切的联系[35][36][37]。另一个重要的发现是，大麻依赖者非α脑波段的电压较高，三分之一的脑电图显示额叶皮质区δ和β频率减少。

3. 海洛因依赖者的脑电图

关于海洛因依赖者成瘾期间脑电图变化的研究较少。奥利文斯等人研究了海洛因戒断期间脑电图的变化，研究发现，在早期的戒断过程中，超过70%的海洛因依赖者脑电图有明显的变化，其α节律减少，β脑波增加，大脑中部地区出现大量低波幅的δ、θ波[38][39]。Costa和Herning等人发现，与健康对照组相比，急性戒断期海洛因依赖者的β波增加，这一发现与酒精和可卡因依赖类似的脑电图研究一致[40][41]。通过脑电图和事件相关电位（Event related potential，ERP）分析发现，戒断时间与海洛因依赖者脑电波的变化有密切的关系[42][43][44]。大多数研究表明，海洛因依赖者在戒断后能保持至少3个月正常的脑电频率和ERP成分[16][17][18][19]。有研究报道，美沙酮维持治疗者、海洛因成瘾者和海洛因戒断者（小于80天）表现出一些定量脑电波的变化[44][45]。Grits等人的研究发现，10名美沙酮维持治疗者和10例海洛因戒断者枕叶的α峰值频率有相同趋势的降低[45]。在另一项研究中发现，

α 慢波（8~10Hz）的平均频率与海洛因依赖者每天的吸食量显著相关，在使用了至少 18 个月的海洛因依赖者中，额叶和中央区域显示 α 快波的变化，在中央区域、颞叶和枕叶 α 慢波的平均频率降低[26]。总的来看，短期海洛因戒断者脑电图存在不同，但比较一致的变化是 α 和 β 脑波的改变，以及大脑中部区域出现大量低波幅的 δ、θ 波，在完全戒断后的几周，脑电频率趋于正常化。

4. 可卡因依赖者的脑电图

Hans Berger 最早研究了可卡因依赖对脑电波的影响，发现可卡因依赖者的 β 脑波增加[46]。除了 β 脑波增加外，有研究报道额叶三角洲有 δ 和 α 脑波的增加[40][47]。另有研究提示，α 脑波的增加与可卡因引起的兴奋相关[48]。在 Reid 等人的对照实验中发现，可卡因依赖者在用药 25 分钟后，前额叶皮质的 α、θ 和 β 脑波快速增加，并且 α 波的增加与紧张情绪有关，θ 波的增加与药物的效应相关；少量可卡因摄入组（50 毫克）的前额叶皮层也出现了类似的脑电反应。安慰剂组的前额皮质仅有少量 α 波的增加[49]。这些数据表明，δ、θ 脑波与可卡因的摄入量有关，可卡因对前额叶皮质的正常脑功能产生了影响。最近，研究者开始分析可卡因依赖者不同皮质区脑电频率的剖面图[50][52][53]。Herning 等人记录可卡因依赖者在闭眼休息情况下脑电图的异常情况，发现前额叶皮质区的脑电异常与现有的可卡因使用量有关[40][41][53]。目前，研究者较多地分析戒断期可卡因依赖者脑电图的变化情况。一些研究表明，可卡因戒断者定量脑电图中表现出持久的 α 和 β 脑波的增加以及 δ 和 θ 脑波的减少[50][52]。

5. 甲基苯丙胺依赖者的脑电图

研究者采用定量脑电图的方法分析了甲基苯丙胺依赖的神经生物学后果。结果发现，和非药物使用的控制组相比，甲基苯丙胺依赖者表现出显著的 δ、θ 脑波频段增加[54][55]。类似的相关研究得到了较一致的结果。在 Simon 等人的一项研究中，甲基苯丙胺依赖者和可卡因依赖者表现出不同程度的认知功能损伤[56]。甲基苯丙胺和可卡因对认知功能和电生理改变的差异可以用两种药物的药代动力学差异来解释，可卡因代谢的半衰期为几个小时，而甲基苯丙胺代谢缓慢，其半衰期平均为 12 小时[57][58]。此外，可卡因可以抑制多巴胺及血清素的再摄取，甲基苯丙胺可以促进去甲肾上腺素的分泌，释放单胺类神经递质,从而快速增加突触的浓度[56][59]。这些可能与长期的甲基苯丙胺滥用及可卡因滥用导致的脑电图异常表现相关。一项研究显示,相比正常组,64%的甲基苯丙胺依赖者脑电图表现异常,在戒断的第四天,δ、θ脑电波增加,而α和β脑波并未改变[54]。Kalechstein等人的研究表明,甲基苯丙胺滥用和精神运动迟缓以及额叶执行功能障碍相关[60]。

(二) α-θ 脑电反馈治疗

20世纪70年代,Nowlis和Kamiya通过研究人自身的α节律,发现当大脑α波增加时,人体可以达到很深的放松状态[61]。他们将这种调节引用到生物反馈治疗物质依赖障碍。后来,研究者们采用同样的方法治疗物质依赖障碍,并未取得显著的效果[62][63][64][65][66]。1974年,Peniston和他的同事Kulkosky首次使用α-θ脑电反馈训练治疗物质依赖障碍[67]。该方法联合两种脑波独立听觉反馈,即α(8~12Hz)和θ(4~8Hz)脑波反馈。在进入正式训练前,首先让患者学会放松,当患者的α波超过先前设定的阈值时,患者就会听到一种愉快的声音,通过多次反馈,患者就能学会如何自主产生这种愉快的声音,从而进入一种放松状态。然后下降α波的幅度,当θ波占主导时,患者进入深度放松和冥想状态。此时患者被告知"我是清醒的,我会保持快乐,自信地生活,我不再复饮"等。该方法通过增强患者的自我管理能力和信心,从而达到治疗的目的。在后来的一项对照研究中,Peniston将20名住院治疗的酒依赖患者(均有20年的酒依赖史,且至少有4次接受治疗失败的经历)分为两组,接受α-θ脑电生物反馈训练的10名酒依赖患者在治疗18个月后成功戒除酒瘾,而另外只接受住院一般治疗的10名酒依赖患者则以失败告终[68][69]。无独有偶,在Kulkosky等的另一项有关成人酒依赖治疗的对照研究中,脑电反馈组显示了持续预防酒依赖复发的优势[70]。这些研究肯定了Peniston反馈训练对酒依赖患者的康复作用,同时也为物质依赖障碍的非药物治疗提供了新的思路和视角。

(三) Scott-Kaiser 脑电反馈治疗

Scott和Kaiser于1998年提出了一种新的脑电反馈训练[71]。这是一种结合注意力训练的治疗方法,首先让患者进行SMR-β脑电反馈训练,当患者的注意力恢复正常后,再进行无皮温反馈训练的Peniston脑电反馈训练。Scott和Kaiser采用这种新的训练方法治疗混合物质滥用,如可卡因和甲基苯丙胺滥用。他们选取了 121 名住院治疗的混合物质滥用者，将其随机分为两组，在最初治疗的 10 天，实验组除进行一般的住院治疗外同时接受 10~20 次的 SMR/β（12~18 Hz）脑电反馈训练，然后再完成 α-θ 脑电反馈训练，对照组只接受一般的住院治疗。经过一年的随访，77%接受脑电反馈训练的混合物质滥用患者取得了较好的治疗效果，而对于接受一般住院治疗的对照组，只有 44%的患者取得了相当的治疗效果。此外，研究还发现，脑电反馈训练组在注意力和人格改善方面均好于对照组[72]。

这种改良的脑电反馈训练用于可卡因依赖者的治疗也较为成功。在 Burkett 等人的一项研究中[73][74]，270 名无家可归的男性可卡因依赖者接受了 30 次的 Scott-Kaiser 脑电反馈训练。1 年后的随访显示，在所有接受了脑电反馈训练的可卡因依赖者中，53.2%的人反馈在训练后的 12 个月没有使用过酒精或其他成瘾性物质，23.4%的人反馈曾使用过酒精和其他成瘾性物质 1~3 次，而其余 23.4%的人反馈在 1 年内使用酒精和其他成瘾性物质超过 20 次。尿液检测的结果与他们反馈的物质使用情况类似，而通常人们对这些无家可归的可卡因依赖者康复的可能性预期最高为 30%。

三、总结及建议

研究表明，不同的物质依赖类型有不同的脑电异常模式。因此，对物质依赖患者定量脑电图的评估可以作为未来研究努力的一个方向。定量脑电图的研究可以为临床评估物质依赖患者的功能恢复和复吸风险提供参考依据。研究者采用脑电生物反馈和 ERP 技术结合认知行为测试对物质依赖患者进行干预，根据定量脑电图及行为测试的结果，作为物质依赖患者治疗进展和预防复吸的生理心理指标，为物质依赖并存精神障碍患者的治疗提供有用的信息。越来越多的研究采用定量脑电图和 ERP 技术分析药物滥用对滥用者注意、记忆、情绪调节等认知功能的影响，以及改善认知功能的措施、临床效果（复吸率、药物筛选、精神状态等）。基于认知神经科学的研究，有学者采用神经生物反馈训练来增强健康受试者的认知能力[75]。用神经生理学机制来阐明神经反馈训练如何改变和提高物质依赖患者的认知、情感、动机过程和行为表现，具有极大的研究潜力[76][78]。虽然脑电生物反馈对于酒依赖和可卡因依赖患者的治疗取得了一定的效果，但物质依赖的成因极其复杂，是社会、心理和生物学等多种因素相互作用的结果。因此，对于物质依赖障碍的治疗，需要结合其他的认知或行为治疗、动机增强治疗等生物行为治疗方法。

参考文献

［1］郑延平．生物反馈的临床实践［M］．北京：高等教育出版社，2003，2-5．

［2］LUBAR J F. Discourse on the development of EEG diagnostics and biofeedback for attention eficit/hyperactivity disorders［J］. Biofeedback Self Regul, 1991, 16（3）：201-225.

［3］FUCHS T, BIRBAUMER N, LUTZENBERGER W, et al. Neurofeedback treatment for attention-deficit/hyperactivity disorder in children: a comparison with methylphenidate［J］. Appl Psychophsicol Biofeedback, 2003, 28（1）：1-12.

［4］NAKAO M, NOMURA S, SHIMOZAWA T, et al. Blood pressure biofeedback treatment in primary hypertension［J］. Psychot Psychosom, 2002, 71（6）：341-347.

［5］GRAZZI L, ANDRASID F, AMICO D, et al. Electromyographic biofeedback-assisted relaxation training in juvenile episodic tension-type headache［J］. Cephalalgia, 2003, 23（1）：78-83.

［6］VINGERHOETS A J, NYKLICEK I, VANHECK G L. Mental stress as a causal factor in the arrhythmia［J］. Psychosom Res, 2002, 51（3）：237-244.

［7］杨菊贤．生物反馈治疗在心身疾病的应用［J］．中国行为医学科学，2004，13（1）：118-120．

［8］王明，刘若阳，王菊芬，等．生物反馈治疗原发性高血压病的临床应用［J］．中国行为医学科学，2004，13（6）：648-649．

［9］吴洪军，杨文，黄平，等．生物反馈治疗神经症的临床研究［J］．中国行为医学科学，2002，11（2）：173-174．

［10］EGNER T, ZECH T F, GRUZELIER J H. The effects of neurofeedback training on the spectral topography of the electroencephalogram［J］. Clinical Neurophysiology, 2004, 115（11）：2452-2460.

[11] NEUPER C, MULLER G R, KUBLER A, et al. Clinical application of an EEG-based braincomputer interface: a case study in a patient with severe motor impairment [J]. Clin Neurophysiol, 2003, 114 (3): 399-409.

[12] MARTELLI M F, ZASLER N D, PICKETT T C. Can EEG biofeedback help with remediation of post concussive symptoms [J]. Arch Clin Neuropsychol, 2000, 15 (8): 659-660.

[13] THATCHER R W. EEG operant conditioning (biofeedback) and traumatic brain injury [J]. Clin Electroencephalogr, 2000, 31 (1): 38-44.

[14] VOLKOW N D, LI T K. Drugs and alcohol: treating and preventing abuse, addiction and their medical consequences [J]. Pharmacol Ther, 2005, 108 (1): 3-17.

[15] TATO M, SOKHADZE R L, CANNON D L, et al. EEG Biofeedback as a Treatment for Substance Use Disorders: Review, Rating of Efficacy, and Recommendations for Further Research [J]. Appl Psychophysiol Biofeedback, 2008, 33: 1-28.

[16] PORJESZ B, BEGLEITER H. Genetic basis of event-relatedpotentials and their relationship to alcoholism and alcohol use [J]. Journal of Clinical Neurophysiology, 1998, 15: 44-57.

[17] BAUER L O. Predicting relapse to alcohol and drug abuse via quantitative electroencephalography [J]. Neuropsychopharmacology, 2001, 25: 332-333.

[18] BAUER L O. CNS recovery from cocaine andalcohol or opioid dependence: A P300 study [J]. Clinical Neurophysiology, 2001, 112 (8): 1508-1515.

[19] COSTA L, BAUER L. Quantitative electroencephalographic differences associated with alcohol, cocaine, heroin and dual-substance dependence [J]. Drug & Alcohol Dependence, 1997, 46: 87-93.

[20] RANGASWAMY M, PORJESZ B, CHORLIAN D, et al. Beta power in the EEG of alcoholics [J]. Biological Psychiatry, 2002, 52: 831-842.

[21] RANGASWAMY M, PORJESZ B, CHORLIAN D, et al. Resting EEG in offspring of male alcoholics: Beta frequencies [J]. International Journal of Psy-

chophysiology, 2004, 51: 239-251.

[22] FINN P R, JUSTUS A. Reduced EEG alpha power in the male and female offspring of Alcoholics [J]. Alcoholism: Clinicaland Experimental Research, 1999, 23 (2), 256-262.

[23] SALETU B, ANDERER P, SALETU-ZYHLARZ G M, et al. Classification and evaluation of the pharmaco-dynamics of psychotropic drugs by single-lead phar-maco-EEG, EEG mapping and tomography (LORETA) [J]. Methods and Findings in Experimental and Clinical Pharmacology, 2002, 24: 97-120.

[24] SALETU-ZYHLARZ G M, ARNOLD O, ANDERER P, et al. Differences in brain function between relapsing and abstaining alcohol-dependent patients, evaluated by EEG mapping [J]. Alcoholism, 2004, 39: 233-240.

[25] WINTERER G, KLOEPPEL B, HEINZ A, et al. Quantitative EEG (QEEG) predicts relapse in patients with chronic alcoholism and points to a frontally pronounced cerebral disturbance [J]. Psychiatry Research, 1998, 78: 101-113.

[26] POLUNINA A G, DAVYOV D M. EEG spectral power and mean frequencies in early heroin abstinence [J]. Progress in Neuro psychopharmacology and Biological Psychiatry, 2004, 28 (1): 73-82.

[27] COUTIN-CURCHMAN P, MORENO R, VERGARA F, et al. Clinical correlates of quantitative EEG alterations in alcoholic patients [J]. Clinical Neurophysiology, 2006, 117 (4): 740-751.

[28] EGERTON A, ALLISON C, BRETT R R, et al. Cannabinoids and prefrontal cortical function: insights from preclinical studies [J]. Neuroscience and Biobehavioral Reviews, 2006, 30: 680-695.

[29] WERT R C, RAULIN M L. The chronic cerebral effects of cannabis use I. Methodological issues and neurological findings [J]. International Journal of Addiction, 1986, 21: 605-628.

[30] STRUVE F A, STRAUMANIS J J, PATRICK G, et al. Topographic mapping of quantitative EEG variables in chronic heavy marihuana users: Empirical findings with psychiatric patients [J]. Clinical Electroence-phalography, 1989, 20 (1): 6-23.

[31] FINK M, VOLAVKA J, PANAYIOTOPOULOS C P, et al. Quantitative EEG studies of marihuana, delta-9-tetrahydrocan-nabinol and hashish in man [J]. The pharmacology of marihuana, 1976: 383-391.

[32] TASSINARI C A, AMBROSETTO H G, PERAITA-ADRADOS M P, et al. The neuropsychiatric syndrome of delta-9-tetrahydrocannabinol and cannabis intoxication in naive subjects: A clinical and polygraphic study during wakefulness and sleep [J]. The Pharmacology of marihuana, 1976: 357-382.

[33] VOLAVKA J, CROWN P, DORNBUSH R, et al. EEG, heart rate and mood change ('high') after Cannabis [J]. Psychopharmacologia, 1973, 32: 11-25.

[34] VOLAVKA J, DORNBUSH R, FELDSTEIN S, et al. Marihuana EEG and behavior [J]. Annals of New York Academy of Sciences, 1971, 191: 206-215.

[35] STRUVE F A, PATRICK G, STRAUMANIS J J, et al. Possible EEG sequelae of very long duration marihuana use: Pilot findings from topographic quantitative EEG analyses of subjects with 15 to 24 years of cumulative daily exposure to THC [J]. Clinical Electroencephalography, 1998, 29 (1): 31-36.

[36] STRUVE F A, STRAUMANIS J J, PATRICK G, et al. Topographic quantitative EEG sequelae of chronic marihuana use: A replication using medically and psychiatrically screened normal subjects [J]. Drug and Alcohol Dependence, 1999, 56: 167-179.

[37] STRUVE F A, MANNO B R, KEMP P, et al. Acute marihuana (THC) exposure produces a "transient" topographic quantitative EEG profile identical to the "persistent" profile seen in chronic heavy users [J]. Clinical Electroencephalography, 2003, 34: 75-83.

[38] FRANKEN I H A, STAM C J, HENDRIKS V M, et al. Electroencephalographic power and coherence analysis suggest altered brain function in bstinent male heroin-dependent patients [J]. Neuropsycho-biology, 2004, 49: 105-110.

[39] OLIVENNES A, CHARLES-NICOLAS A, Olievenstein CI. Alte rations delelectroence Phalogrammede veille dans lagrande hérönomanie [J].

Annals Medical Psychologie, 1983, 141: 458-469.

[40] HERNING R I, GLOWER B J, KOEPPL B, et al. Cocaine induced increases in EEG alpha and Beta activity: Evidence for reduced cortical processing [J]. Neuropsychopharmacology, 1994, 11: 1-9.

[41] ROEMER R A, CORNWELL A, DEWART D, et al. Quantitative electroencephalographic analysis in cocainepreferring polysubstance abusers during abstinence [J]. Psychiatry Research, 1995, 58: 247-257.

[42] BAUER L O. Differential effects of alcohol, cocaine, and opiod abuse on event-related potentials recorded during a response competition task [J]. Drug & Alcohol Dependence, 2002, 66: 137-145.

[43] PAPAGEORGIOU C, LIAPPAS I, ASVESTAS P, et al. Abnormal P600 in heroin addicts with prolonged abstinence elicited during a working memory test [J]. Neuro Report, 2001, 12: 1173-1778.

[44] SHUFMAN E, PERL E, COHEN M, et al. Electroencephalography spectral analysis of heroin addicts compared with abstainers and normal controls [J]. Israel Journalof Psychiatry Related Science, 1996, 33: 196-206.

[45] GRITZ E R, SHIFFMAN S M, JARVIK M E, et al. Physiological and psychological effects of methadone in man [J]. Archives of General Psychiatry, 1975, 2 (2): 237-242.

[46] GLOOR P. Hans Berger on the electroencephalogram of man [J]. Electroencephalography and Clinical Neurophysiology, 1969, 28: 95-132.

[47] HERNING R I, JONES R T, HOOKER W D, et al. Cocaine increases EEG beta: A replication and extension of Hans Berger's historic experiments [J]. Electroencephalography and Clinical Neurophysiology, 1985, 60 (6): 470-477.

[48] LUKAS S E. Topographic mapping during cocaine-induced intoxication and selfadministration [J]. Biological psychiatry, 1991, 2: 25-29.

[49] REID M, FLAMMINO F, HOWARD B, et al. Topographic imaging of quantitative EEG in response to smoked cocaine self-administration in humans [J]. Neuropsychopharmacology, 2006, 31: 872-884.

[50] ALPER K R. The EEG and cocaine sensitization [J]. Journal of Neu-

ropsychiatry and Clinical Neuroscience, 1999, 11: 209-221.

[51] PRICHEP L S, ALPER K A, KOWALIK S C, et al. Neurometric QEEG studies of crack cocaine dependence and treatment outcome [J]. Journal of Addictive Disorders, 1996, 15 (4): 39-53.

[52] PRICHEP L S, ALPER K R, KOWALIK S C, et al. Prediction of treatment outcome in cocaine dependent males using quantitative EEG [J]. Drug and Alcohol Dependence, 1999, 54: 35-43.

[53] VENNEMAN S, LEUCHTER A, BARTZOKIS G, et al. Variation in neurophysiological function and evidence of quantitative electroencephalogram discordance: Predicting cocainedepenent treatment attrition [J]. Journal of Neuropsychiatry Clinical Neurosciences, 2006, 18 (2): 208-216.

[54] NEWTON T F, COOK I A, KALECHSTEIN A D, et al. Quantitative EEG abnormalities in recently abstinent methamphetamine-dependent individuals [J]. Clinical Neurophysiology, 2003, 114: 410-415.

[55] NEWTPN T F, KALECHSTEIN A D, HARDY D J, et al. Association between quantitative EEG and neuroco-gnition in methamphetaminedependent volunteers [J]. Clinical Neurophysiology, 2004, 115: 194-198.

[56] SIMON S L, DOMIER C, SIM T, et al. Cognitive performance of current methamphetamine and cocaine abusers [J]. Journal of Addictive Diseases, 2002, 21: 61-74.

[57] COOK C E, JEFFCOAT A R, HILL J M, et al. Pharmacokinetics of methamphetamine selfadministered to human subjects by smoking S-(+)-methamphetamine hydrochloride [J]. Drug Metabolism Disposition, 1993, 21: 717-723.

[58] JEFFCOAT A R, PEREZ-REYES M, HILL J M, et al. Cocaine disposition in humans after intravenous injection, nasal insufflation (snorting), or smoking [J]. Drug Metabolism Disposition, 1989, 17: 153-159.

[59] SIMON S L, DACEY J, GLYNN S, et al. The effect of relapse on cognition in abstinent methamphetamine abusers [J]. Journal of Substance Abuse Treatment, 2004, 27: 59-66.

[60] KALECHSTEIN A D, NEWTON T F, GREEN M F. Methamphetamine dependence is associated with neurocognitive impairment in the initial phases of abstinence [J]. Journal of Neuropsychiatry & Clinical Neurosciences, 2003, 15: 215-220.

[61] NOWLIS D P, KAMIYA J. The control of electroencephalograhic alpha rhythms through auditory feedback and the associated mental activity [J]. Psychophysiology, 1970, 6: 476-484.

[62] BRINKMAN D N. Biofeedback application to drug addiction in the University of Colorado drug rehabilitation program [J]. Inter-national Journal of Addiction, 1978, 13 (5): 817-830.

[63] GOLDBERG R J, GREENWOOD J C, TAINTOR Z. Alpha conditioning as an adjunct treatment for drug dependence: Part I [J]. International Journal of Addiction, 1976, 11 (6): 1085-1089.

[64] GOLDBERG R J, GREENWOOD J C, TAINTOR Z. Alpha conditioning as an adjunct treatment for drug dependence: Part II [J]. International Journal of Addiction, 1977, 12 (1): 195-204.

[65] LAMONTAGNE Y, BEAUSEJOUR R, ANNABLE L, et al. Alpha and EMG feedback training in the prevention of drug abuse. A controlled study [J]. Canadian Psychiatry Association Journal, 1977, 22 (6): 301-310.

[66] SIM M K. Treatment of disease without the use of drugs I. Research on biofeedback training [J]. Singapore Medical Journal, 1976, 17 (3): 167-173.

[67] PENISTON E G, KULKOSKY P J. Alpha-theta brainwave training and beta endorphin levels in alcoholics [J]. Alcoholism Clinical and Experimental Research, 1989, 13: 271-279.

[68] PENISTON E G, KULKOSKY P J. Alcoholic personality and alpha-theta brainwave training [J]. Medical Psychotherapy, 1990, 2: 37-55.

[69] PENISTON E G, KULKOSKY P G. Alpha-theta brain wave neurofeedback for Vietnam veterans with combat related posttraumatic stress disorder [J]. Medical Psychotherapy, 1991, 4: 1-14.

[70] PENISTON E G, MARRIMAN D A, DEMING W A, et al. EEG alpha-

theta brain wave synchronization in Vietnam theater veterans with combat related post traumatic stress disorder and alcohol abuse [J]. Medical Advances in Medical Psychotherapy, 1993, 6: 37-50.

[71] SCOTT W, KAISER D. Augmenting chemical dependency treatment with neurofeedback training [J]. Journal of Neurotherapy, 1998, 3 (1): 66.

[72] SCOTT W C, KAISER D, OTHMER S, et al. Effects of an EEG biofeedback protocol on a mixed substance abusing population [J]. American Journal of Drug Alcohol Abuse, 2005, 31 (3): 455-469.

[73] BURKETT S V, CUMMINS J M, DICKSON R, et al. Neurofeedback in the treatment of addiction with a homeless population [J]. Houston: Presented at ISNR 11th annual conference, 2003, 9: 18-21.

[74] BURKETT V S, CUMMINS J M, DICKSON R M, et al. Treatment effects related to EEG biofeedback for crack cocaine dependency in a faith-based homeless mission [J]. Neurotherapy, 2004, 8 (2): 138-140.

[75] VERNON D J. Can neurofeedback training enhance performance? An evaluation of the evidence with implication for future research [J]. Applied Psychophysiology & Biofeedback, 2005, 30: 347-364.

[76] BARNEA A, RASSIS A, ZAIDEL E. Effect of neurofeedback on hemispheric word Recognition [J]. Brain & Cognition, 2005, 59: 314-321.

[77] EGNER T, GRUZELIER J H. EEG biofeedback of low beta band components: Frequency-specific effects on variables of attention and event-related brain potentials [J]. Clinical europhysiology, 2004, 115: 131-139.

[78] EGNER T, GRUZELIER J H. The temporal dynamics of electroencephalographic responses to alpha/theta neurofeedback training in healthy subjects [J]. Journal of Neurotherapy, 2004, 8: 43-57.

第二节 生物反馈疗法改善青少年冰毒依赖者执行功能的研究

目的：观察生物反馈疗法对青少年冰毒依赖者心理生理反应的调节效果，并探讨生物反馈疗法对青少年冰毒依赖者执行功能的改善程度，为预防青少年冰毒依赖者回归社会后复吸提供一定的帮助。方法：选取成都市强制隔离戒毒所2015年5月—2015年8月内生理脱毒后处于康复戒毒期的青少年冰毒依赖者，采用自制一般信息调查表收集研究对象的基本情况及其药物使用情况。根据入组标准和排除标准，选取76名青少年冰毒依赖者为研究组。将研究组随机分为治疗组（n=40）和对照组（n=36）。同时，招募年龄、性别相匹配的健康青少年71名为健康组。实验方法与步骤：（1）对健康组、治疗组和对照组实施成套执行功能的测试，包括：威斯康星卡片分类测验（Wisconsin Card Sorting Test，WCST）、数字转换任务实验（more-odd shifting，MOS）、河内塔测验（Tower of Hanoi，TOH）；（2）选用便携式生物反馈仪（Biofeedback 2000^{x-pert}）中的多参数模块、脑电模块、肌电模块和呼吸模块，采集治疗组和对照组的肌电、皮温、脑电等生理指标；（3）对治疗组实施放松训练，每周2次，每次15分钟，2周完成。然后进行SMR-β脑电反馈训练，共实施4次，每周2次，2次间隔3天，每次20分钟/人，3周完成；（4）治疗组完成治疗后，再次进行成套执行功能测试和生理指标的采集。结果：由前期研究可知，青少年冰毒依赖者的执行功能存在严重缺陷，经过生物反馈治疗得出以下数据结果。1. 在青少年冰毒依赖者执行功能的系列研究中得出以下数据结果。（1）治疗组和对照组前测执行功能比较，两组在混合奇偶正确反应数和移动时间上的差异有统计学意义（$P<0.01$或$P<0.05$）。其他各项比较，差异均无统计学意义（$P>0.05$）。可以认为治疗组与对照组执行功能基线值相对匹配。（2）治疗组前后测执行功能比较发现：在MOS测验中，其各项目的正确反应数明显增加（$P<0.01$），且各项目的反应时均减少，其中单独大小正确反应时的差异有统计学意义（$P<0.05$）；在WCST测验中，正确应答数和不能维持完整分类数的差异无统计学意义（$P>0.05$），其余各项差异均有统计学意义（$P<0.01$ 或 $P<0.05$）；在 TOH 测验中，移动时间明显减少（$p<0.01$）。但治疗组与对照组后测执行功能比较，两组在 MOS 测验、WCST 测验以及 TOH 测验上的比较，差异均无统计学意义（$P>0.05$）。2. 在青少年冰毒依赖者生理指标的系列研究中得出以下数据结果。（1）治疗组与对照组基线生理指标比较，两组肌电差异有统计学意义（$P<0.05$），其他各项比较差异均无统计学意义（$P>0.05$）；可以认为治疗组与对照组生理指标基线值相对匹配。（2）经过脑电反馈治疗后，治疗组的肌电较治疗前有明显的升高，差异有统计学意义（$P<0.05$）。其 β 波、SMR 波、α 波、θ 波在第一次、第三次、第四次脑电反馈治疗后均较治疗前有所增加。由此可以推测，SMR-β 脑电反馈治疗提高了青少年冰毒依赖者的交感神经兴奋性。结论：1. 本研究表明，生物反馈疗法对青少年冰毒依赖者的转换能力、概念形成、认知转移、抽象概括能力等执行功能有一定的改善效果；2. 通过生物反馈治疗，青少年冰毒依赖者的肌电有明显的升高，其 β、SMR、α、θ 脑电频率均有所增加，由此可以推测，生物反馈治疗提高了青少年冰毒依赖者的交感神经兴奋性；3. 本研究发现，青少年冰毒依赖者的 θ 脑电波明显增多，这可能与冰毒滥用导致的大脑结构和功能受损有关。

冰毒又名甲基苯丙胺（methamphetamine，MA），属于苯丙胺类兴奋剂（amphetamine-type stimulants，ATS），是一种由人工合成的非儿茶酚胺拟交感神经药，其合成原料主要是麻黄素和去氧麻黄素。冰毒具有很强的药物依赖性、中枢神经兴奋、致幻、食欲抑制和拟交感效应等药理、毒理学特性，是联合国精神药品公约管制的精神活性物质[1]。冰毒以其低廉的价格，简易的制备，容易获得，吸食后反应迅速，欣快感强烈，受到越来越多吸食者的青睐。近年来，以冰毒为代表的新型合成毒品在国际上迅速泛滥，联合国禁毒署预测，ATS 将逐步取代 20 世纪流行的鸦片、大麻、可卡因、海洛因等常用毒品，成为 21 世纪全球范围内滥用最为广泛的毒品[2]。2015 年《中国禁毒报告》显示[3]，截至 2014 年年底，全国登记在册的吸毒人员共计 295.5 万名，其中滥用冰毒（含片剂）人员 105.9 万名，占吸毒人员总数的 35.8%，较上一年增长了 21.2%。在滥用新型合成毒品人员中，25 岁以下青少年占 67.3%，低龄化形势日趋严重。由于青少年对冰毒滥用缺乏正确的认识，片面认为冰毒滥用不会导致成瘾后果，青少年已成为冰毒滥用的主要人群。冰毒滥用不仅严重损害滥用者的身心健康，同时对社会的稳定与和谐造成极大的危害。此外，冰毒滥用与艾滋病感染、性传播疾病、违法暴力行为等密切相关，导致严重的社会治安问题。因此，关于冰毒的神经毒性、成瘾机制、药物防治及认知功能损害等问题已成为多学科交叉研究的热点。

大量研究表明[4][5][6]：长期或突然增大剂量使用冰毒会对大脑神经细胞产生直接的损害作用，导致神经细胞变性、坏死，还可以引起一系列的急性、慢性中毒症状，出现幻觉（以幻听多见）、妄想（被害妄想、关系妄想多见）等感知、思维障碍。冰毒是一种中枢神经系统兴奋剂，具有高度的成瘾性，能够对中枢神经系统和自主神经系统产生显著的影响[7]。冰毒主要通过破坏多巴胺（dopamine，DA）神经元系统和5-羟色胺（5-hydroxytamine，5-HT）神经元系统，引起大脑前额皮层、纹状体、扣带回、边缘系统等相关区域出现结构性改变和功能性异常[8][9][10]。McCann等（1998）使用正电子发射断层扫描（Positron emission tomography，PET）[11C] WIN分析冰毒依赖者纹状体多巴胺转运蛋白（The dopamine ransporter，DAT）密度的变化情况，结果显示，与对照组相比，冰毒依赖者（以及甲卡西酮使用者和帕金森病患者）尾状核和壳核的DAT密度水平显著下降[11]。Sekine等（2001）对12名冰毒依赖者大脑DAT密度的分析也得到了一致的结果。这些数据表明，冰毒滥用导致大脑纹状体DAT密度持续下降，这可能与纹状体DA神经元受损有关。研究发现，DA神经元系统对行为控制、情绪调节和奖赏系统等认知执行功能起着重要的调节作用[12]。在Sekine等（2006）的另一项研究中发现，冰毒依赖者（平均戒断时间18个月）大脑背外侧前额皮层、颞叶、中脑、丘脑、前扣带回、杏仁核、尾状核、壳核等区域的5-HT密度减少[13]。而5-HT在睡眠、生物节律、食欲、性行为、攻击性、感觉运动反应、疼痛感知和学习等一系列行为功能中扮演着重要的角色[14][15]。这些研究均表明，冰毒滥用会导致大脑DA和5-HT神经元系统功能异常。

近年来，随着认知神经科学和脑成像技术的发展，冰毒滥用导致认知功能损害的相关研究受到广泛关注。采用功能磁共振成像技术（Functional magnetic resonance imaging，fMRI）对冰毒依赖者的研究发现，冰毒依赖者在执行认知相关任务过程中，其大脑的背外侧前额皮层、腹中侧前额皮层、颞叶、枕叶、前扣带回、杏仁核、尾状核等相关区域激活异常。这些区域和注意、情绪加工、执行功能、记忆等有着密切的关系[16][17][18]。Leland 等（2008）使用 Go/No-GO 任务范式探讨冰毒依赖者在任务执行过程中的脑激活模式，结果显示，冰毒依赖者对有效线索表现出更高的前扣带回（anterior cingulate cortex，ACC）反应和更低的虚报率。该研究结果表明，长期滥用冰毒可能会导致与注意及行为控制相关的 ACC 功能障碍[19]。Picton 等人采用事件相关电位（Event related potential，ERP）分析冰毒依赖者的 P300 成分，结果发现，在认知任务操作过程中，冰毒依赖者的 P300 成分出现异常[20]。Iwanami 等人的研究发现，冰毒依赖者在执行 Odd Ball 任务和阅读任务的过程中，其 P300 的波幅明显低于控制组[21]。而研究表明，P300 成分与注意、思维、感知判断等高级神经活动密切相关。这些研究表明，长期滥用冰毒可能会导致大脑额叶、顶叶、颞叶及脑边缘系统等结构和功能的改变，而这些大脑结构与注意、反应抑制、情绪加工等认知功能密切相关。许多神经心理学测试发现，在数字转换任务实验、Stroop 字色干扰测验、威斯康星卡片分类测验等认知测验中，冰毒依赖者的成绩均较对照组差[22][23][24]。George King 等人的研究发现，短期冰毒滥用主要导致空间知觉、注意、抑制能力的减退，而长期使用冰毒则会导致广泛的执行功能障碍，包括注意转换、言语记忆、执行控制等[25]。此外，冰毒依赖者执行功能受损还表现在行为控制能力减退而导致的行为异常，如与冰毒滥用相关的觅药行为、攻击行为、高危性行为等[26]。国内学者王欣等人通过给成年雄性 SD 大鼠注射冰毒，研究冰毒神经毒性的长期效应和对空间学习记忆功能的影响，结果发现，冰毒短期神经毒性对空间学习记忆功能影响不明显，而长期毒性使空间学习记忆功能下降[27]。国内外研究均表明，长期滥用冰毒可造成滥用者视觉空间知觉、言语记忆、注意转换、认知转移等执行功能损害，还可以导致控制和辨认能力下降，容易引发各种暴力和违法犯罪行为。

目前国际上仍没有发现对冰毒依赖明确有效的治疗药物，但研究者们对冰毒依赖的药物治疗进行了许多有意义的探索，如通过多巴胺转运蛋白抑制剂、自由基清除剂、神经营养因子、钙通道阻滞剂、人参及疫苗等来重建或加强前额叶对脑边缘系统的控制作用，改善某种特殊的认知功能来减少复发[28][29][30]。由于药物治疗容易引起不良反应及药物依赖性，研究者们正在努力探索一种新的安全有效的治疗方法。国外研究提示,生物反馈用于酒依赖、兴奋剂依赖等取得了较好的治疗效果。在 Peniston 的一项对照研究中,将 20 名住院治疗的酒依赖患者随机分为两组,接受 α-θ 脑电生物反馈训练的 10 名酒依赖患者在治疗 18 个月后成功戒除酒瘾,而另外只接受一般住院治疗的 10 名酒依赖患者则以失败告终[31]。无独有偶,在 Kulkosky 等人的另一项有关成人酒依赖治疗的对照研究中,脑电反馈组显示了持续预防酒依赖复发的优势[32]。此外,生物反馈用于可卡因依赖的治疗也较为成功[33][34]。国内有学者用生物反馈辅助药物加心理治疗来改善强迫症患者的认知功能,结果发现辅以生物反馈治疗改善患者认知功能的效果更加优于单纯的药物治疗加心理治疗,提示生物反馈治疗是一种安全有效的改善认知功能的辅助治疗方法[35]。在以往的二十多年里,生物反馈技术在对多种身心疾病(原发性高血压、糖尿病、紧张性头痛等)和神经精神疾病(注意缺陷多动障碍、睡眠障碍、焦虑抑郁情绪障碍等)的治疗方面显示了较好的治疗效果[36][37][38]。

生物反馈疗法是一种通过反馈训练和自主学习来改变机体内部生理心理反应的认知行为治疗技术,其用于物质依赖障碍的治疗已有 30 多年的历史。然而,目前大多数研究都将生物反馈治疗作为药物治疗或认知行为治疗的辅助方法。有研究证实,生物反馈治疗对于那些既有物质依赖障碍,同时又存在注意力缺陷或行为问题的青少年更为有效[39]。目前,国内有关生物反馈治疗物质依赖障碍的研究较少[40][41],并且对于物质依赖障碍的治疗缺乏相应独特而有效的治疗方法[42]。对于冰毒依赖障碍来说,由于目前尚缺乏有效的治疗药物,且冰毒依赖者大多伴有强烈的生理依赖和心理依赖,因此,对于冰毒依赖的治疗需要结合多种治疗方法,包括药物治疗、心理治疗和其他生物行为治疗[43]。

综上所述,国内外研究者对于冰毒滥用导致认知功能损害方面的研究做了许多有意义的探索,并且取得了一定的进展,这些研究为临床治疗冰毒滥用所致认知功能障碍提供了理论指导。目前国际上仍然缺乏对冰毒依赖明确有效的治疗方法,虽然药物治疗已取得了较大的突破,但是药物治疗所致的药物依赖性及其不良反应,亟待研究者们探索出一种绿色、安全、有效的治疗方法。国外研究者用生物反馈治疗酒依赖、兴奋剂依赖等取得了一定的治疗效果,但目前国内外有关生物反馈治疗冰毒依赖的研究甚少。生物反馈在治疗身心疾病和神经精神类疾病方面均显示出了较好的效果和优势，它作为一种经济、安全有效、疗效稳定且无副作用的非药物治疗方法，在药物依赖障碍的治疗方面具有广阔的应用前景。

一、研究对象与方法

（一）研究对象

招募健康青少年，年龄在 18~25 岁之间，具有小学文化程度以上，色觉正常（无色盲、色弱），均为右利手。选取成都市强制隔离戒毒所 2015 年 5 月—2015 年 8 月内生理脱毒后处于康复戒毒期的青少年甲基苯丙胺依赖者为研究对象。入组标准：符合美国《精神疾病诊断与统计手册》第 4 版（DSM-IV）关于苯丙胺类兴奋剂依赖的诊断标准，无明显躯体戒断症状，年龄在 18~25 岁之间，具有小学文化程度以上，色觉正常（无色盲、色弱），均为右利手。排除标准：（1）既往或现患有严重的精神疾病者（比如精神分裂症、双相情感障碍、急性的精神病、与药物戒断无关的重性抑郁发作等）；（2）伴有除冰毒之外（海洛因、可卡因、摇头丸、大麻等）的其他物质依赖史者；（3）既往或现患有可能影响认知功能的严重的躯体疾病或脑器质性疾病者（例如中风等）。

（二）研究工具

1. 一般信息调查表

采用自制一般信息调查表收集研究对象的基本情况（包括年龄、性别、受教育水平、色觉情况等），并调查其药物使用情况（吸毒时间、戒毒时间、是否使用过其他成瘾性物质、有无精神病史等）。

2. 成套执行功能测验

（1）威斯康星卡片分类测验（Wisconsin Card Sorting Test，WCST）：该测验选择区内有四张颜色、数目和形状固定不变的刺激卡，卡片区内呈现若干张反应卡，测试时，要求受试者判断呈现的反应卡与哪一张刺激卡有相同的特征，受试者做出判断后，电脑会反馈"正确"或"错误"。本测验主要检验个体的认知转移、抽象概括能力、概念形成等认知功能。

（2）河内塔测验（Tower of Hanoi，TOH）：选用华东师范大学科教仪器厂生产的 EP712 河内塔，由七个不同直径的中孔圆盘与三根固定在底板上的直立小柱组成,圆盘从大到小依次放在左侧的一根柱子上。本研究选用其中的五个圆盘作为实验材料。操作指导语:将左侧立柱中的圆盘逐次移动到右侧的两根立柱上,移动的过程中,一次只能移动一个圆盘,且必须保证大的圆盘在下小的圆盘在上,最终将左侧立柱上的所有圆盘移动到最右侧的立柱上。本测验用以检验个体使用策略、认知转移、空间知觉、工作记忆、计划能力等认知能力。

(3)数字转换任务实验(more-odd shifting,MOS)范式:该范式包括两种任务,要求被试对数字(1~9,但没有5)进行判断。任务1:"大/小"判断,如果呈现的数字小于5,请按F键;大于5,请按J键。任务2:"奇/偶"判断,如果呈现的数字是奇数,请按F键;偶数,请按J键。MOS实验主要测量个体的转换能力。

3. 生物反馈仪

采用奥地利SCHUHFRIED公司生产的便携式生物反馈仪(Biofeedback 2000$^{x\text{-pert}}$)采集研究对象的生理指标,该仪器包括一个蓝牙传感器和四个模块(如图3-1):黄色为多参数模块(MULP)、红色为脑电模块(EEG)、绿色为肌电模块(EMG)、蓝色为呼吸模块(RESP)。

图3-1 蓝牙传感器和治疗模块

多参数模块由内置的3D运动传感器(EDA)、皮温传感器(TEMP)、脉搏传感器(PULS)、皮电传感器(SCL)、连接线组成。

脑电模块由脑电传感器、一个单极电极、一个双极电极和参考电极组成。

肌电模块由肌电传感器、一个单极电极、一个双极电极和参考电极组成。

呼吸模块由两通道呼吸传感器和呼吸带子组成。

Biofeedback 2000$^{x\text{-pert}}$软件系统由一个基础的模块和一些特殊治疗所需要的

模块组成。基础模块提供所有需要的基本功能,附加的治疗模块根据需要添加。本实验主要选用呼吸放松训练模块、脑电训练模块以及统计模块。

(三)实验程序

(1)详细告知所有受试者实验的目的、程序、注意事项等。所有受试者均是在自愿的前提下参加本研究,并且签署知情同意书。

(2)采用自制一般信息调查表收集研究对象的基本情况(包括年龄、性别、受教育水平、色觉情况等),并调查其药物使用情况(吸毒时间、戒毒时间、是否使用过其他成瘾性物质、有无精神病史等)。

(3)根据入组标准和排除标准纳入 71 名健康青少年志愿者和 76 名青少年冰毒依赖者为研究对象。将 76 名青少年冰毒依赖者随机分为治疗组(40 名)和对照组(36 名),两组在年龄、受教育水平、吸毒种类、戒毒时间等方面匹配。

(4)实施成套执行功能测验,测试时采用统一的指导语,要求被试独立完成。测试顺序为:WCST 测验、MOS 测验、TOH 测验。所有受试者接受测试的顺序完全一致。

(5)治疗组和对照组完成成套执行功能测试后,以集体授课的方式向所有受试者解释生物反馈治疗的原理和操作方法。在正式实验前,首先让实验助理扮演受试者,接受一次反馈训练,由实验者演示生物反馈的操作程序,同时告知所有受试者,连接在身体上的所有电极不会对身体造成创伤,也没有任何副作用,如果在实验的过程中,受试者感觉有任何的不适或想要终止实验,可以立即停止或退出本实验。

(6)选用 Biofeedback2000$^{x\text{-pert}}$ 中的多参数模块、脑电模块、肌电模块和呼吸模块,采集治疗组和对照组的脑电、肌电、皮温、脉搏、呼吸等生理指标(基线采集)。将脑电传感器的主动电极放置在 C4 和 C3 区,参考电极放置在 FPZ 区。将多参数模块的红色电极和黑色电极(参考电极)连接到左手背侧,蓝色的电极连接到右手背侧。将肌电传感器的主动电极连接到左右肩部,参考电极连接在两个电极的中间。将呼吸传感器连接到胸部和腹部。在采集生理指标前,首先让受试者坐下来休息两分钟,等受试者平静下来后,每人采集 2~3 分钟的生理指标。每次用生物反馈采集受试者的生理指标时,将电极分别连接到受试者身体相应的部位(如图 3-2 所示)。

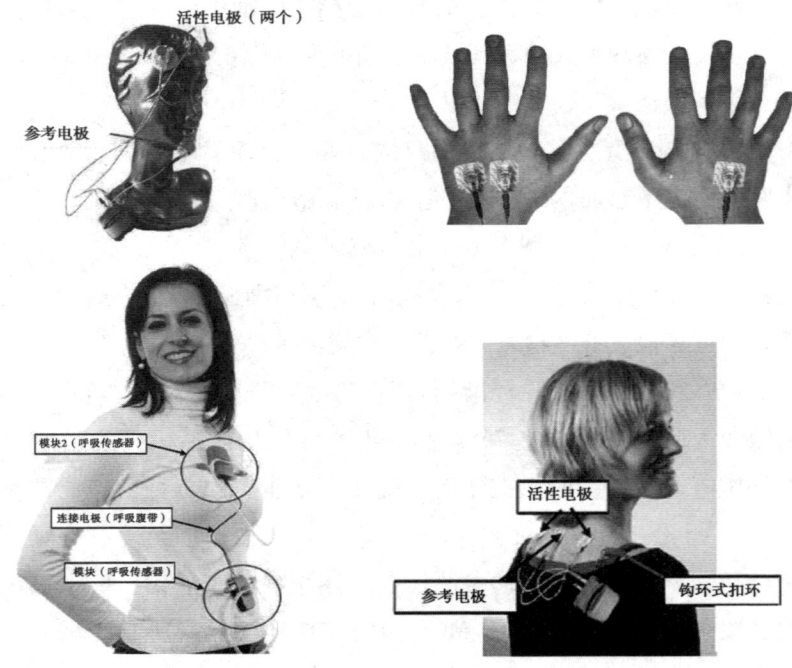

图 3-2 传感器连接示意图

（7）完成基线采集后，治疗组接受放松训练。在每次放松训练前，首先采集受试者的脑电、肌电、皮温、脉搏等生理指标。然后选用 Biofeedback2000$^{\text{x-pert}}$ 软件系统中的呼吸放松训练模块，该模块可以把受试者的呼吸曲线较直观地呈现在荧屏上，受试者可以按照程序设定的柱状图显示方式来执行呼吸放松训练，每次完成放松训练后，再次采集受试者的生理指标。并且让受试者回去后回忆和练习呼吸放松训练的方法，目标是让受试者逐渐养成缓慢均匀呼吸的习惯。所有受试者每周做 2 次呼吸放松训练，每次 15 分钟，总共训练两周。

（8）治疗组所有成员完成放松训练后，接下来进行脑电生物反馈训练。在做脑电反馈训练前，首先采集受试者的生理指标，然后做 3~5 分钟的放松训练，接下来选取 Biofeedback2000$^{\text{x-pert}}$ 软件系统中的 SMR-β 脑电反馈训练模块，训练时，根据不同受试者脑电的基线值，设置不同的阈值，最初的阈值设定为受试者基线采集时的平均值，此后，根据受试者的训练情况，慢慢调整阈值。每次脑电反馈训练完成后，再次采集受试者的生理指标。SMR-β 脑电反馈训练总共实施 4 次，每周 2 次，2 次间隔 3 天，每次 20 分钟/人，3 周完成。

（9）治疗组所有成员完成 SMR-β 脑电反馈训练后，再次采集治疗组和对照组的脑电、肌电、皮温、脉搏等生理指标。

（10）再次对治疗组和对照组实施成套执行功能测试。测试顺序和前测一致。

（11）出于人道主义精神，为对照组做相同时间相同次数的呼吸放松训练及脑电生物反馈训练。

（四）统计方法

采用 SPSS19.0 软件包对数据进行统计分析。定量资料根据正态性检验，组间比较采用 t 检验或 Mann-Whitney u 检验完成；数据采用（$\bar{X}\pm S$）或 M 描述。定性资料采用 n（%）描述，组间比较采用 χ^2 检验完成。所有假设检验水准，除特别说明外，均设定为 $\alpha=0.05$。

二、结果

（一）生物反馈疗法对青少年冰毒依赖者执行功能的影响

1. 研究组（包括治疗组和对照组）与健康组的执行功能比较

研究组（包括治疗组和对照组）和健康组在 MOS 测验各项反应时和持续性错误数上的比较，差异无统计学意义（$P>0.05$）。其余各项比较，差异均有统计学意义（$P<0.01$ 或 $P<0.05$）。提示青少年冰毒依赖者存在执行功能缺陷（见表 3-1）。

表 3-1 研究组和健康组执行功能比较（（$\bar{X}\pm S$）或 M）

项目		研究组（n=76）	健康组（n=71）	统计量	P
MOS	单独大小正确反应数△	32.08±10.76	44.76±5.31	-2.69	0.00**
	单独大小正确反应时	260.49	302.75	0.61#	0.54
	单独奇偶正确反应数△	28.11±11.31	44.51±3.53	-3.83	0.00**
	单独奇偶正确反应时	325.27	339.74	0.41#	0.69
	混合大小正确反应数△	18.88±8.00	28.72±4.84	-2.24	0.03*
	混合大小正确反应时	413.67	384.90	0.23#	0.82
	混合奇偶正确反应数△	23.41±7.69	31.19±0.97	-3.95	0.00**
	混合奇偶正确反应时	439.99	469.28	0.66#	0.51

续表

项目		研究组（n=76）	健康组（n=71）	统计量	P
WCST	总应答数	123.08±10.14	106.30±19.76	3.73	0.00**
	完成分类数△	3.47±2.04	5.27±1.45	-4.45	0.00**
	正确应答数△	58.12±18.69	71.27±15.45	-4.21	0.00**
	第一个分类需应答数	24.20±17.09	17.48±11.44	3.11	0.00**
	概念化水平百分数△	40.10±22.63	64.10±19.61	-5.21	0.00**
	持续性应答数	37.03±18.09	16.45±13.44	5.55	0.00**
	持续性错误数	5.42±3.45	4.75±4.00	-0.37	0.71
	非持续性错误数	58.24±26.56	28.45±19.57	5.66	0.00**
	不能维持完整分类数	1.20±1.15	1.56±1.55	-2.65	0.01**
TOH	移动时间	379.50	304.50	-2.32#	0.02*
	移动步骤数	103.68±51.67	83.45±39.85	2.18	0.04*

注：**表示 $P<0.01$，*表示 $P<0.05$，#为秩和检验结果。△表示越高越好

2. 治疗组与对照组一般人口学资料

治疗组与对照组的一般人口学资料情况如表3-2所示，两组在年龄、民族、受教育程度、居住地、吸毒时间、戒毒时间、复吸次数、家庭教养方式等方面的比较，差异均无统计学意义（$P>0.05$）。表明治疗组与对照组在年龄、民族、受教育程度、居住地、吸毒时间、戒毒时间、复吸次数、家庭教养方式等方面匹配。

表3-2 治疗组与对照组一般人口学资料比较

项目		治疗组（n=40）	对照组（n=36）	统计量	P
年龄（岁）		17.47±1.69	18.15±2.49	-1.46[b]	0.15
民族	汉族	38	33	0.343[a]	0.558
	羌族	2	3		
受教育程度	小学	5	4	0.485[a]	0.785
	初中	34	30		
	高中以上	1	2		
居住地	城市	20	18	0.92[a]	0.631
	乡镇	8	10		
	农村	12	8		
吸毒时间		24.95±15.91	18.85±13.82	1.74[b]	0.08
		10.92±5.54	12.08±7.63	-0.76[b]	0.45

续表

项目		治疗组（n=40）	对照组（n=36）	统计量	P
复吸次数		0.78±1.30	0.67±1.34	0.39[b]	0.70
家庭教养方式	民主型	13	7	7.78[a]	0.16
	专制型	8	3		
	溺爱型	7	16		
	放任型	12	10		

注：a 表示 χ^2 值，b 表示 t 值。

3. 治疗组与对照组前测执行功能比较

治疗组和对照组前测执行功能比较，两组在混合奇偶正确反应数和移动时间上的差异有统计学意义（$P<0.01$ 或 $P<0.05$）。其他各项比较，差异均无统计学意义（$P>0.05$）。可以认为治疗组和对照组执行功能基线值相对匹配（表 3-3）。

表 3-3 治疗组与对照组前测执行功能比较（（$\bar{X}±S$）或 M）

项目		治疗组（n=40）	对照组（n=36）	统计量	P
MOS	单独大小正确反应数△	33.56±10.93	30.30±10.99	1.20	0.23
	单独大小正确反应时	263.56	258.73	0.51#	0.61
	单独奇偶正确反应数△	30.39±11.96	25.37±10.00	1.83	0.07
	单独奇偶正确反应时	304.68	345.47	0.81#	0.42
	混合大小正确反应数△	19.75±8.96	17.83±6.70	0.99	0.32
	混合大小正确反应时	399.61	439.41	0.46#	0.64
	混合奇偶正确反应数△	25.64±7.26	20.73±7.45	2.70	0.01**
	混合奇偶正确反应时	418.87	516.69	1.24#	0.21
WCST	总应答数	125.22±7.68	120.50±12.11	1.85	0.07
	完成分类数△	3.19±2.00	3.80±2.07	-1.21	0.23
	正确应答数△	56.44±19.10	60.13±18.30	-0.80	0.43
	第一个分类需应答数	25.73±19.76	22.41±13.43	0.75	0.45
	概念化水平百分数△	36.55±21.80	44.35±23.23	-1.41	0.17
	持续性应答数	40.44±15.58	32.93±20.23	1.70	0.09
	持续性错误数	6.39±6.70	4.27±3.03	1.60	0.11
	非持续性错误数	62.42±25.32	53.23±27.56	1.41	0.16
	不能维持完整分类数	1.22±1.12	1.17±1.21	0.19	0.85

续表

项目		治疗组（n=40）	对照组（n=36）	统计量	P
TOH	移动时间	365.00	456.00	1.96#	0.05*
	移动步骤数	97.06±52.48	112.96±50.06	-1.18	0.24

注：**表示 $P<0.01$，*表示 $P<0.05$，#为秩和检验结果。△表示越高越好。

4. 治疗组前后测执行功能比较

经过治疗后，在 MOS 测验中，治疗组的各项正确反应数均明显增加，差异均有统计学意义（$P<0.01$），其各项反应时均减少，其中单独大小正确反应时的差异有统计学意义（$P<0.05$）。在 WCST 测验中，正确应答数和不能维持完整分类数的差异无统计学意义（$P>0.05$），其余各项差异均有统计学意义（$P<0.05$）。在 TOH 测验中，治疗组在移动步骤数减少的同时其移动时间明显减少（$P<0.01$）。以上结果表明，治疗组的执行功能有明显的改善（表3-4）。

表3-4 治疗组前后测执行功能比较（（$\bar{X}±S$）或 M）

项目		前测（n=40）	后测（n=36）	统计量	P
MOS	单独大小正确反应数△	33.56±10.93	42.97±6.13	-5.35	0.00**
	单独大小正确反应时	263.56	214.56	-2.04#	0.04*
	单独奇偶正确反应数△	30.39±11.96	39.19±9.34	-3.51	0.00**
	单独奇偶正确反应时	304.68	280.62	-1.34#	0.18
	混合大小正确反应数△	19.75±8.96	26.39±6.67	-4.09	0.00**
	混合大小正确反应时	399.61	368.56	-0.36#	0.72
	混合奇偶正确反应数△	25.64±7.26	29.75±3.26	-3.14	0.00**
	混合奇偶正确反应时	418.87	414.41	0.66#	0.51
WCST	总应答数	125.22±7.68	111.56±21.11	3.81	0.00**
	完成分类数△	3.19±2.00	3.97±2.29	-2.65	0.01**
	正确应答数△	56.44±19.10	62.72±17.82	-1.81	0.08
	第一个分类需应答数	25.73±19.76	19.79±19.88	2.14	0.04*
	概念化水平百分数△	36.55±21.80	54.71±28.46	-4.71	0.00**
	持续性应答数	40.44±15.58	24.61±22.92	4.14	0.00**
	持续性错误数	6.39±6.70	2.14±2.61	3.35	0.00**
	非持续性错误数	62.42±25.32	46.69±31.52	3.26	0.00**
	不能维持完整分类数	1.22±1.12	1.44±1.48	-0.68	0.50

续表

项目		前测（n=40）	后测（n=36）	统计量	P
TOH	移动时间	365.00	173.00	-3.59#	0.00**
	移动步骤数	97.06±52.48	78.94±38.03	1.77	0.09

注：**表示 P<0.01，*表示 P<0.05，#为秩和检验结果。△表示越高越好。

5. 对照组前后测执行功能比较

在 MOS 测验中，对照组的各项正确反应数均明显增加，差异均有统计学意义（P<0.01），其单独大小正确反应时、混合奇偶正确反应时差异有统计学意义（P<0.05）。在 WCST 测验中，正确应答数、第一个分类需应答数、持续性应答数和不能维持完整分类数的差异无统计学意义（P>0.05），其余各项差异均有统计学意义。在 TOH 测验中，移动步骤数和移动时间的差异均有统计学意义（P<0.05）。以上结果提示，对照组的执行功能有一定的恢复（表3-5）。

表3-5 对照组前后测执行功能比较（($\bar{X}±S$）或 M）

项目		前测（n=36）	后测（n=33）	统计量	P
MOS	单独大小正确反应数△	30.30±10.99	44.69±3.26	-6.44	0.00**
	单独大小正确反应时	258.73	278.37	-2.71#	0.01**
	单独奇偶正确反应数△	25.37±10.00	39.52±10.32	-6.23	0.00**
	单独奇偶正确反应时	345.47	332.17	-1.83#	0.07
	混合大小正确反应数△	17.83±6.70	27.86±4.22	-6.77	0.00**
	混合大小正确反应时	439.41	443.25	0.42#	0.67
	混合奇偶正确反应数△	20.73±7.45	30.28±2.27	-6.02	0.00**
	混合奇偶正确反应时	516.69	434.34	-2.22#	0.03*
WCST	总应答数	120.50±12.11	105.41±21.91	4.15	0.00**
	完成分类数△	3.80±2.07	4.72±2.07	-2.67	0.01**
	正确应答数△	60.13±18.30	61.52±21.85	-0.43	0.67
	第一个分类需应答数	22.41±13.43	16.46±11.38	1.79	0.09
	概念化水平百分数△	44.35±23.23	60.25±25.89	-4.66	0.00**
	持续性应答数	32.93±20.23	24.28±28.49	1.89	0.07
	持续性错误数	4.27±3.03	2.52±2.65	2.42	0.02*
	非持续性错误数	53.23±27.56	41.31±34.25	2.37	0.03*
	不能维持完整分类数	1.17±1.21	1.03±1.48	0.61	0.55

续表

项目		前测（n=36）	后测（n=33）	统计量	P
TOH	移动时间	456.00	169.00	-3.44#	0.00**
	移动步骤数	112.96±50.06	86.44±46.19	2.14	0.05*

注：**表示 $P<0.01$，*表示 $P<0.05$，#为秩和检验结果。△表示越高越好。

6. 治疗组与对照组后测执行功能比较

治疗组与对照组后测执行功能比较，两组在 MOS 测验、WCST 测验以及 TOH 测验各项目上的得分比较，差异均无统计学意义（$P>0.05$）。在 MOS 测验中，治疗组与对照组在四种类型的反应数目非常相近的情况下，治疗组的反应时明显低于对照组，但差异无统计学意义（$P>0.05$）。在 TOH 测验中，治疗组的移动时间略高于对照组，但移动步骤数明显低于对照组，但差异无统计学意义（$P>0.05$）。以上结果提示治疗组的执行功能恢复好于对照组（表3-6）。

表3-6 治疗组与对照组后测执行功能比较（（$\bar{X}±S$）或 M）

项目		治疗组（n=36）	对照组（n=33）	统计量	P
MOS	单独大小正确反应数△	42.97±6.13	44.69±3.26	-1.45	0.15
	单独大小正确反应时	214.56	278.37	0.42#	0.67
	单独奇偶正确反应数△	39.19±9.34	39.52±10.32	-0.13	0.90
	单独奇偶正确反应时	280.62	332.17	1.19#	0.23
	混合大小正确反应数△	26.39±6.67	27.86±4.22	-1.08	0.28
	混合大小正确反应时	368.56	443.25	0.36#	0.72
	混合奇偶正确反应数△	29.75±3.26	30.28±2.27	-0.77	0.45
	混合奇偶正确反应时	414.41	434.34	0.13#	0.89
WCST	总应答数	111.56±21.11	105.41±21.91	1.15	0.26
	完成分类数△	3.97±2.29	4.72±2.07	-1.38	0.17
	正确应答数△	62.72±17.82	61.52±21.85	0.25	0.81
	第一个分类需应答数	19.79±19.88	16.46±11.38	0.79	0.44
	概念化水平百分数△	54.71±28.46	60.25±25.89	-0.80	0.43
	持续性应答数	24.61±22.92	24.28±28.49	0.05	0.96
	持续性错误数	2.14±2.61	2.52±2.65	-0.58	0.57
	非持续性错误数	46.69±31.52	41.31±34.25	0.66	0.51
	不能维持完整分类数	1.44±1.48	1.03±1.48	1.11	0.27

续表

项目		治疗组（n=36）	对照组（n=33）	统计量	P
TOH	移动时间	173.00	169.00	0.72#	0.47
	移动步骤数	78.94±38.03	86.44±46.19	-0.69	0.49

注：**表示$P<0.01$，*表示$P<0.05$，#为秩和检验结果。△表示越高越好。

（二）生物反馈疗法对青少年冰毒依赖者生理指标的改变情况

1. 治疗组与对照组基线生理指标比较

治疗组与对照组基线生理指标比较，两组肌电差异有统计学意义（$P<0.05$）。其他各项比较差异无统计学意义（$P>0.05$）。可以认为治疗组与对照组生理指标基线值匹配（表3-7）。

表3-7 治疗组与对照组生理指标基线比较（（$\bar{X}±S$））

项目	治疗组（n=40）	对照组（n=36）	t值	P值
肌电（EMG）	10.50±3.56	12.83±4.61	-2.11	0.05*
皮导（SCL）	14.39±14.35	12.67±13.68	0.56	0.58
皮温（Temp）	30.79±4.42	31.27±4.18	-0.51	0.61
β脑电波	14.86±9.22	14.20±7.43	0.36	0.72
SMR脑电波	9.03±6.32	8.64±4.81	0.32	0.75
α脑电波	13.50±9.87	12.99±7.46	0.27	0.79
θ脑电波	23.06±18.40	21.00±12.79	0.59	0.56

注：**表示$P<0.01$，*表示$P<0.05$

2. 治疗组第一次脑电反馈治疗前后生理指标变化情况

治疗组接受第一次脑电反馈治疗后，其肌电、皮导、皮温、α脑波、θ脑波均较治疗前有明显的增加，差异有统计学意义（$P<0.01$或$P<0.05$）。提示青少年冰毒依赖者的唤醒水平提高（见表3-8）。

表3-8 治疗组第一次脑电反馈治疗前后生理指标变化（n=40,（$\bar{X}±S$））

项目	治疗前	治疗后	t值	P值
肌电（EMG）	11.43±7.89	19.87±13.05	-4.55	0.00**
皮导（SCL）	14.04±12.63	20.36±16.13	-4.39	0.00**
皮温（Temp）	34.00±1.30	34.53±1.38	-3.72	0.00**
β脑电波	15.52±6.10	16.49±8.36	-0.78	0.44
SMR脑电波	8.82±3.26	9.97±5.54	-1.40	0.17

续表

项目	治疗前	治疗后	t 值	P 值
α 脑电波	12.46±5.14	15.77±11.11	-2.20	0.03*
θ 脑电波	20.59±10.38	27.18±20.69	-2.39	0.02*

注：**表示 $P<0.01$，*表示 $P<0.05$

3. 治疗组第二次脑电反馈治疗前后生理指标变化情况

第二次脑电反馈治疗后，治疗组的肌电、皮导、皮温均较治疗前有明显的增加，差异有统计学意义（$P<0.01$）（表3-9）。

表3-9 治疗组第二次脑电反馈治疗前后生理指标变化（n=40，($\overline{X}±S$)）

项目	治疗前	治疗后	t 值	P 值
肌电（EMG）	13.95±7.86	19.36±11.13	-2.70	0.01**
皮导（SCL）	9.17±10.06	12.85±11.46	-2.83	0.01**
皮温（Temp）	33.44±1.77	34.52±1.21	-5.41	0.00**
β 脑电波	16.84±9.53	14.97±7.28	1.14	0.26
SMR 脑电波	10.15±7.19	9.08±4.70	0.86	0.40
α 脑电波	15.09±12.55	14.02±8.14	0.50	0.62
θ 脑电波	25.77±22.28	24.04±15.25	0.44	0.66

注：**表示 $P<0.01$，*表示 $P<0.05$

4. 治疗组第三次脑电反馈治疗前后生理指标变化情况

第三次脑电反馈治疗后，治疗组的肌电、皮导、皮温均较治疗前有明显的增加，差异有统计学意义（$P<0.01$ 或 $P<0.05$）（表3-10）。

表3-10 治疗组第三次脑电反馈治疗前后生理指标变化（n=37，($\overline{X}±S$)）

项目	治疗前	治疗后	t 值	P 值
肌电（EMG）	13.51±7.89	18.85±12.12	-2.33	0.03*
皮导（SCL）	22.51±17.28	29.85±18.46	-4.98	0.00**
皮温（Temp）	33.42±2.27	34.22±1.91	-4.42	0.00**
β 脑电波	15.10±10.22	17.00±17.13	-0.81	0.42
SMR 脑电波	9.35±7.70	10.61±11.72	-0.77	0.45
α 脑电波	14.13±13.63	16.55±19.27	-0.83	0.41
θ 脑电波	24.41±25.80	27.11±28.45	-0.60	0.55

注：**表示 $P<0.01$，*表示 $P<0.05$

5. 治疗组第四次脑电反馈治疗前后生理指标变化情况

第四次脑电反馈治疗后,治疗组的肌电、皮导、皮温均较治疗前有明显的增加,差异有统计学意义($P<0.01$ 或 $P<0.05$)(表 3-11)。

表 3-11 治疗组第四次脑电反馈治疗前后生理指标变化（n=36,（$\bar{X}\pm S$））

项目	治疗前	治疗后	t 值	P 值
肌电（EMG）	16.26±12.50	19.71±13.85	-2.32	0.03*
皮导（SCL）	17.09±17.14	19.67±13.85	-3.21	0.00**
皮温（Temp）	33.91±1.61	34.49±1.21	-3.43	0.00**
β 脑电波	14.18±6.60	15.67±10.04	-0.88	0.39
SMR 脑电波	8.51±4.25	10.05±8.41	-1.07	0.29
α 脑电波	12.67±6.90	15.59±15.01	-1.14	0.26
θ 脑电波	21.82±12.56	26.20±24.68	-1.00	0.33

注：**表示 $P<0.01$,*表示 $P<0.05$

6. 治疗组每一次脑电反馈治疗前后生理指标变化情况

治疗组的肌电（图 3-3）、皮导（图 3-4）、皮温（图 3-5）在每次脑电反馈治疗后均较治疗前有明显的升高,差异均有统计学意义($P<0.01$ 或 $P<0.05$)。由此可以推测,SMR-β 脑电反馈治疗提高了青少年 MA 依赖者的交感神经兴奋性。治疗组在第一次、第三次、第四次脑电反馈治疗后其 β 波（图 3-6）、SMR 波（图 3-7）、α 波（图 3-8）、θ 波（图 3-9）均较治疗前有所增加。

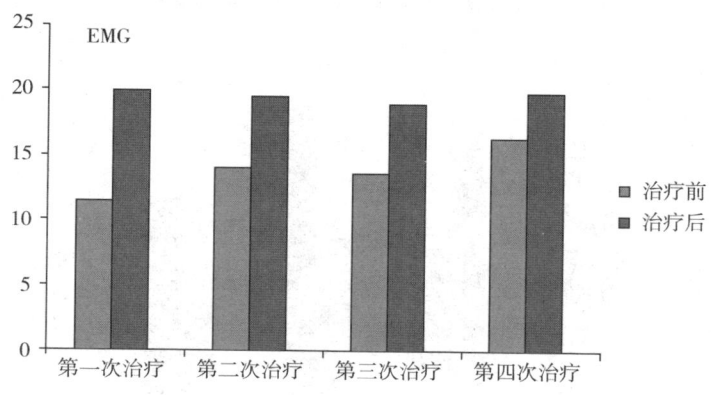

图 3-3 治疗组每一次脑电反馈治疗前后肌电变化

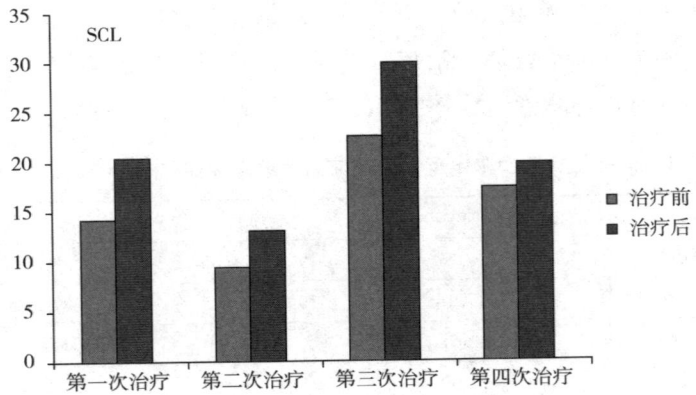

图 3-4　治疗组每一次脑电反馈治疗前后皮导变化

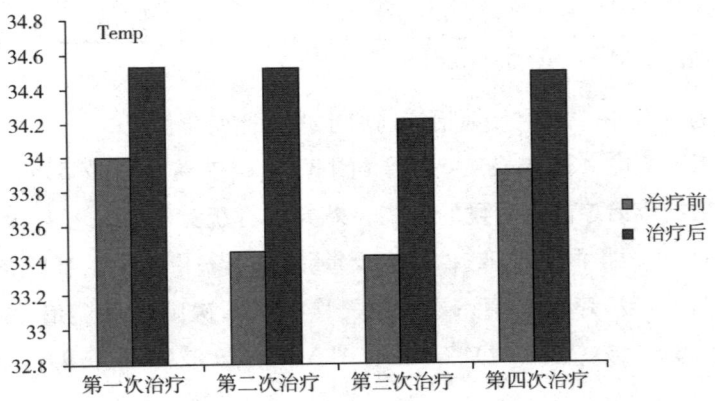

图 3-5　治疗组每一次脑电反馈治疗前后皮温变化

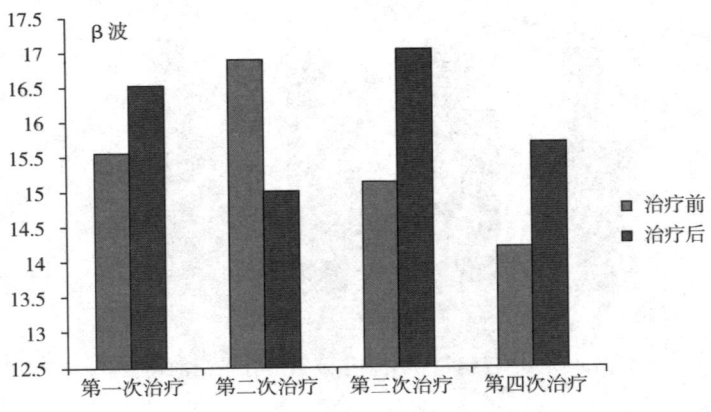

图 3-6　治疗组每一次脑电反馈治疗前后 β 波变化

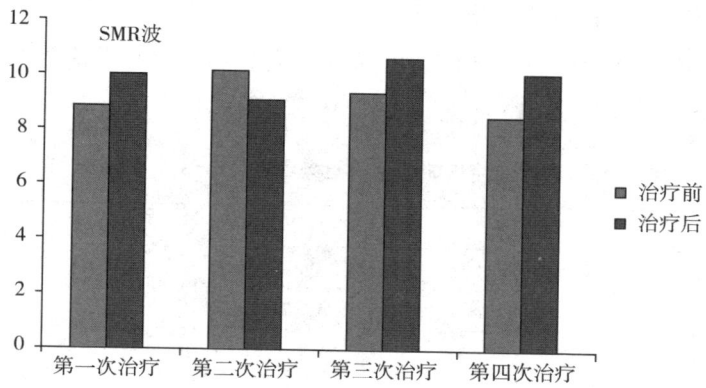

图 3-7 治疗组每一次脑电反馈治疗前后 SMR 波变化

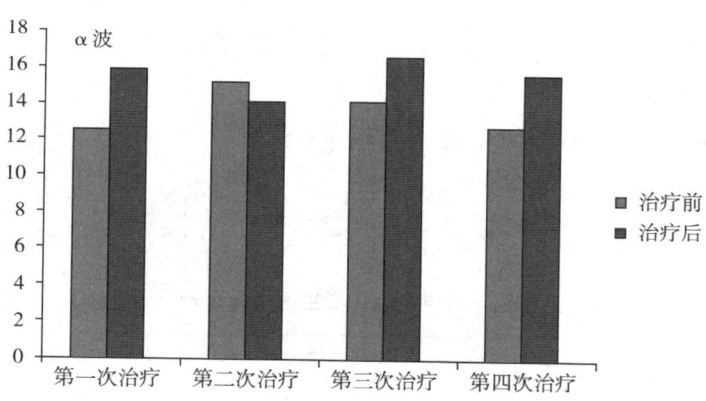

图 3-8 治疗组每一次脑电反馈治疗前后 α 波变化

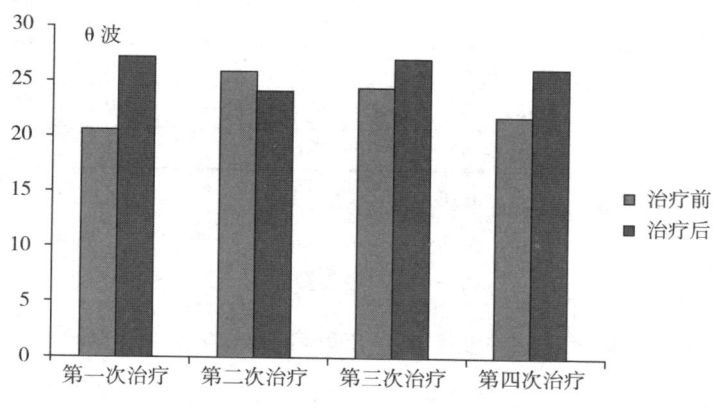

图 3-9 治疗组每一次脑电反馈治疗前后 θ 波变化

7. 治疗组治疗前后生理指标比较

经过脑电反馈治疗后，治疗组的肌电、皮温均较治疗前有明显升高，差异有统计学意义（$P<0.01$）（见表3-12）。

表3-12　治疗组治疗前后生理指标比较（$n=36$，（$\bar{X}\pm S$））

项目	治疗前	治疗后	t 值	P 值
肌电（EMG）	10.50±3.56	19.71±13.85	−3.85	0.00**
皮导（SCL）	14.39±14.35	19.67±13.85	−0.72	0.47
皮温（Temp）	30.79±4.42	34.49±1.21	−5.47	0.00**
β脑电波	14.86±9.22	15.67±10.04	0.56	0.58
SMR脑电波	9.03±6.32	10.05±8.41	0.14	0.89
α脑电波	13.50±9.87	15.59±15.01	−0.03	0.98
θ脑电波	23.06±18.40	26.20±24.68	0.03	0.98

注：**表示$P<0.01$，*表示$P<0.05$

8. 治疗组与对照组治疗后生理指标比较

治疗组与对照组后测生理指标比较，两组的肌电差异有统计学意义（$P<0.05$）。其他各项指标比较差异无统计学意义（$P>0.05$）（表3-13）。

表3-13　治疗组与对照组治疗后生理指标比较（（$\bar{X}\pm S$））

项目	治疗组（$n=36$）	对照组（$n=33$）	t 值	P 值
肌电（EMG）	19.71±13.85	14.07±8.69	1.99	0.05*
皮导（SCL）	19.67±17.46	16.48±13.19	0.84	0.40
皮温（Temp）	34.49±1.21	33.44±3.54	1.67	0.10
β脑电波	15.67±10.04	13.91±7.59	0.78	0.44
SMR脑电波	10.05±8.41	8.54±5.88	0.82	0.42
α脑电波	15.38±14.85	12.70±9.93	0.83	0.41
θ脑电波	25.84±24.42	19.68±15.89	1.16	0.25

注：**表示$P<0.01$，*表示$P<0.05$

三、讨论

（一）生物反馈疗法对青少年冰毒依赖者执行功能的改善情况

冰毒滥用对青少年的影响不同于其他药物滥用，青少年冰毒依赖者伴有更多的精神障碍和家族吸毒史。和其他物质滥用相比，冰毒滥用受到更多青少年的青睐[44][25][46]。冰毒滥用增加了青少年反社会行为和高危性行为的发生率[47][48]。研究发现，冰毒滥用会导致青少年心理和行为的改变，表现在焦虑抑郁水平升高、自杀意念增强，这些改变在冰毒戒断后的一段时间内仍然存在[49][50]。King等人的研究发现，与正常人相比，青少年冰毒依赖者在戒断后的4~11个月，其执行功能受损情况并未改善[51][52]。同样，戒断期的成年冰毒依赖者也表现出长期的执行功能受损[53]。然而，目前关于青少年冰毒依赖者执行功能损伤程度与药物使用时间长短关系的研究较少，且无法确认执行功能的损伤是由于冰毒的使用，还是在冰毒使用之前就已经存在。而对于冰毒滥用与青少年执行功能损伤程度的关系以及青少年冰毒依赖者执行功能的损伤是否会随着戒断时间的延长而有所恢复，仍需要进一步的研究来证实。

  本研究在前期研究的基础上，通过比较青少年冰毒依赖者与健康志愿者在成套执行功能测试上的表现，结果发现，青少年冰毒依赖者在MOS测验、WCST测验、TOH测验上的得分均较健康组差，这些数据提示青少年冰毒依赖者在注意转换、概念形成、工作记忆、认知转移等执行功能方面存在一定的缺陷。这一结果与冰毒滥用对成年人造成的执行功能损害相关研究结果一致[54][55][56]。另有研究表明，冰毒主要破坏DA神经元系统和5-HT神经元系统，通过神经元细胞释放单胺类神经递质，多巴胺转运体、5-羟色胺转运体和肾上腺素转运体（Norepinephrine transporter，NE），引起大脑前额皮层、纹状体、扣带回、脑边缘系统等相关区域出现结构性改变和功能性异常，这些区域与注意、抑制、工作记忆等认知功能密切相关[57][58]。大量研究证实，单次低剂量注射冰毒后，可以提高受试者的空间知觉能力、注意力、抑制力等，而长期使用冰毒则会导致广泛的执行功能障碍，包括注意转换、言语记忆、执行控制等[24][25]。研究发现，执行功能的恢复情况对冰毒依赖者今后是否会继续滥用药物起着至关重要的作用。因此，如何帮助冰毒依赖者恢复执行功能是目前亟待解决的一个问题。目前，关于认知功能障碍的药物治疗研究取得了有意义的进展，如一些认知增强剂，包括加兰他敏、莫达非尼、托莫西汀、盐酸哌醋甲酯等[59][60]。虽然药物治疗显示出了一定的治疗效果，但药物治疗是否可以减少药物的使用还有待进一步的研究确认。有研究者报道，60%的海洛因依赖者在药物治疗后的1年内再次复吸[61]。而冰毒依赖者表现出更高的复吸率[62]。冰毒依赖者大多伴有强烈的生理依赖和心理依赖，因此，对于冰毒依赖的治疗需要结合多种治疗方法，包括药物治疗、心理治疗和其他生物行为治疗[63]。

本研究选取青少年冰毒依赖者为研究对象，探讨生物反馈治疗对青少年冰毒依赖者执行功能的改善效果。通过4次脑电反馈治疗，结果发现：在MOS测验中，治疗组的各项目正确反应数均增加，且相应的反应时均减少，这一结果表明，生物反馈疗法提高了青少年冰毒依赖者的转换能力；在WCST测验中，治疗组在总应答数、完成分类数、第一个分类所需应答数、概念化水平、持续性应答数、持续性错误数和非持续性错误数这七个项目上的表现均有好转，由此可以推测，青少年冰毒依赖者的概念形成、认知转移、抽象概括能力等均有所恢复；在TOH测验中，治疗组在移动步骤数减少的同时移动时间明显缩短，这提示青少年冰毒依赖者的计划能力、工作记忆、转换能力等均有一定的提高。但是在对照组前后测执行功能的比较中发现，对照组的系列执行功能也有所恢复，进一步分析治疗组与对照组后测执行功能发现，治疗组在部分转换能力、概念形成、认知转移、工作记忆等执行功能恢复上要好于对照组。而对照组未经任何治疗其执行功能也有所好转，这可能与练习效应有关，也可能与生理脱毒有关，同样，治疗组也避免不了这方面的影响，这些还有待进一步的研究。

（二）生物反馈疗法对青少年冰毒依赖者生理指标的改变情况

近年来，采用神经电生理学的方法研究物质滥用对人类脑功能的影响受到研究者们广泛的关注[64][65]。Volkow等最早使用PET这种新的神经电生理学方法来研究可卡因对人类大脑的影响[66]。而定量脑电图（quantitative electroencephalography，QEEG）作为一种脑映射技术，也被广泛地用于识别物质依赖者脑电图的变化情况[67]。研究发现，冰毒依赖者的脑电异常主要表现在 α、θ、SMR和β频段[65]。Newton（2003）等人的一项研究显示，相比正常组，64%的冰毒依赖者脑电图表现异常，在戒断的第四天，δ、θ脑电波增加，而α和β脑波并未改变[67]。本研究发现，青少年冰毒依赖者θ脑波频率明显增多，而α、β和SMR脑波频率并未改变，这可能与冰毒滥用导致大脑结构和功能受损有关。

由于药物治疗的成功率较低而复吸率较高，并且容易引起不良的药物反应，多数患者对药物具有很强的依从性。因此，研究者们正在探索一种替代或补充治疗物质依赖障碍的方法，以期达到最小的副作用和持久的效果。生物反馈（脑电生物反馈）的出现为实现这一治疗效果带来了希望。脑电生物反馈是应用操作性条件反射的原理，通过实时的功能磁共振成像反馈，从而上调或下调特定脑区的激活水平，增强或抑制脑电活动的具体形式，以更加优化的方式来改善情绪、认知、行为和自我调节能力[68]。基于神经生理学的研究，我们可以用这种方法把异常的节律和频率（基于脑电图）逐渐调整为正常（或接近正常）的节奏和频率，从而改善异常的心理状态[69][70]。该方法已被报道用于酒依赖和可卡因依赖的治疗，在减少毒瘾症状、改善身心健康状况，以及戒断使用药物等方面显示了较为持久的效果[71][72]。

国外学者 Dehghani-Arani 等人的研究发现，经过脑电反馈治疗后，阿片依赖者的躯体症状、抑郁情绪和总体心理健康状况均得到了改善，并且表现出了更强的戒断愿望[73]。在 Rostami R 等人的一项研究中，他们选取了 100 名冰毒依赖者作为研究对象，这些冰毒依赖者接受了至少 5 个月的心理治疗和 1 个月的药物戒断，结果发现，与单独的心理治疗相比，接受脑电生物反馈治疗后，实验组较对照组的成瘾严重程度降低，心理健康状况好转，生存质量提高。这一研究表明，脑电生物反馈治疗可以用来改善冰毒依赖者的心理健康状况，降低其成瘾严重程度[74]。

国内学者范成路等人探讨生物反馈治疗结合线索暴露治疗降低海洛因依赖者的药物线索反应，结果发现，实验组环境诱发前、后的肌电、皮导以及心理渴求均低于对照组，提示生物反馈结合线索暴露治疗可以降低戒断期海洛因依赖者心理渴求及环境线索诱发的心理生理反应[40]。

本研究发现，治疗组在接受生物反馈治疗后，其肌电、皮导和皮温均较治疗前发生了显著的改变，这可能是脑电生物反馈训练提高了青少年冰毒依赖者的交感神经兴奋性，而对照组处于持续的低唤醒状态，其肌电表现出下降的趋势。有文献显示，SMR 脑波与注意过程有关，β 脑波与高度警觉、积极认知加工过程密切相关。分析治疗组脑电反馈训练前后脑电波的变化情况发现，青少年冰毒依赖者的 β、SMR 脑电频率在每次脑电反馈训练后均有所增加，这一变化进一步证明了生物反馈治疗可以通过调整机体的生理指标来改善其注意转换、工作记忆、概念形成以及认知转移等执行功能。

尽管脑电反馈训练对某些物质依赖障碍的治疗显现出了较好的效果，但研究者们仍将脑电生物反馈训练作为物质依赖治疗的补充方法。然而，更多的研究者认为，脑电反馈训练对于那些既有物质依赖障碍，同时又存在注意力缺陷和行为问题的青少年更为有效[75]。Unterrainer 等人（2014）的研究证实了脑电反馈训练在青少年药物滥用中的疗效[76]。本研究也证实了生物反馈疗法对青少年冰毒依赖者执行功能有一定的改善效果。国内外研究均表明，生物反馈在改善物质依赖者身心健康状况、减少毒瘾症状，以及戒断使用药物等方面显示了较好的效果，其作为药物治疗的一种补充方法具有广阔的应用价值。

本研究的不足之处：

1. 由于采用了多个测试来评估青少年冰毒依赖者治疗前后执行功能的变化，在进行分组匹配时，两组执行功能的基线并未达到完全匹配；

2. 治疗组和对照组前后两次执行功能测试时间间隔较短，难以排除练习效应的影响，建议在以后的研究中延长治疗周期；

3. 在治疗过程中，由于实验设计的不足及环境条件的限制，未能避免个体差异、环境温度以及其他因素的影响，在以后的研究中，尽量完善实验设计，减少其他因素对实验的干扰。

四、结论

1. 本研究表明，生物反馈疗法对青少年冰毒依赖者的转换能力、概念形成、认知转移、抽象概括能力等执行功能有一定的改善效果。

2. 通过生物反馈治疗，青少年冰毒依赖者的肌电有明显的升高，其 β、SMR、α、θ 脑电频率均有所增加，由此可以推测，生物反馈治疗提高了青少年冰毒依赖者的交感神经兴奋性。

3. 本研究发现，青少年冰毒依赖者的 θ 脑电波明显增多，这可能与冰毒滥用导致的大脑结构和功能受损有关。

参考文献

[1] 赵敏，郝伟. 酒精及药物滥用与成瘾 [M]. 北京：人民卫生出版社，2012：117.

[2] GONZALES R, MOONEY L, RAWSON R A. The methamphetamine

problem in the United States [J]. Annual Review of Public Health, 2010, 31: 385-398.

[3] 中国国家禁毒委员会办公室. 中国禁毒报告 [R]. 北京: 中国国家禁毒委员会办公室, 2016: 2.

[4] MARSHALL B D, WERB D. Health outcomes associated with methamphetamine use among young people: A systematic review [J]. Addiction, 2010, 105 (6): 991-1002.

[5] SCOTT J C, WOODS S P, MATT G E, et al. Neurocognitive effects of methamphetamine: a critical review and metaanalysis [J]. Neuropsychol Rev, 2007, 17 (3): 275-297.

[6] WEBER E, BLACKSTONE K, IUDICELLO J E, et al. Neurocognitive deficits are associated with unemployment in chronic methamphetamine users [J]. Drug Alcohol Depend, 2012, 125 (1-2): 146-153.

[7] MEREDITH C W, JAFFE C, ANG-LEE K, et al. Implications of chronic methamphetamineuse: A literature review [J]. Harvard Review of Psychiatry, 2005, 13 (3): 141-154.

[8] NAKAMA H, ChANG L, FEIN G, et al. Methamphetamine users show greater than normal age-related cortical gray matter loss [J]. Addiction, 2011, 106 (8): 1474-1483.

[9] TOBIAS M C, ONEILL J, HUDKINS M, et al. White-matter abnormalities in brain during early abstinence from methamphetamine abuse [J]. Psychopharmacology (Berl), 2010, 209 (1): 13-24.

[10] ALICATA D, CHANG L, CLOAK C, et al. Higher diffusion in striatum and lower fractional anisotropy in white matter of methamphetamine users [J]. Psychiatry Res, 2009, 174 (1): 1-8.

[11] MC CANN U D, WONG D F, YOKOI F, et al. Reduced striatal dopamine transporter density in abstinent methamphetamine and methcathinone users: evidence from positron emission tomography studies with [^{11}C] [J]. Neurosci, 1998, 18: 8417-8422.

[12] SEKINE Y, MINABE Y, OUCHI Y, et al. Association of dopamine

transporter loss in the orbitofrontal and dorsolateral prefrontalcortices with methamphetamine-related psychiatric symptoms [J]. Am J Psychiatry, 2003, 160 (9): 1699-1701.

[13] SEKINE Y, IYO M, OUCHI Y, et al. Methamphetamine related psychiatric symptoms and reduced brain dopamine transporters studied with PET [J]. Am JPsychiatry, 2001, 158: 1206-1214.

[14] SEKINE Y, OUCHI Y, TAKEI N, et al. Brain serotonin transporter density and aggression in abstinent methamphetamine abusers [J]. Arch Gen Psychiatry, 2006, 63 (1): 90-100.

[15] CHANG L, ALICATA D, ERNST T, et al. Structural and metabolic brain changes in the striatum associated with methamphetamine abuse [J]. Addiction, 2007, 1: 16-32.

[16] THOMPSON P M, HAYASHI K M, SIMON S L, et al. Structural abnormalities in the brains of human subjects who use methamphetamine [J]. Neurosci, 2004, 24 (26): 6028-6036.

[17] BROOK L H, ARPI M, MANDY V R, et al. Effect of methamphetamine ependence on inhibitory deficits in a novel human open-field paradigm [J]. Psychopharmacology, 2011, 215: 697-707.

[18] REBECCA D C, NATANIA A C, BARBARA J M. An Evidence Based Review of Acute and Long-Term Effects of Cannabis Use on Executive Cognitive Functions [J]. Addict Med, 2011, 5 (1): 1-8.

[19] LELAND D, ARCE E, MILLER D, PAULUS M. Anterior cingulate cortex and benefit of predictive cueing on response inhibition in stimulant dependent individuals [J]. Biol Psychiatry, 2008, 63: 184-190.

[20] PICTON T W. The P300 wave of the human event-related potential [J]. Journal of Clinical Neurophysiology, 1992, 9 (4): 456-479.

[21] IWANAMI A, SUGA I, KANEKO T, et al. P300 component of event-related potentials in metham phetamine psychosis and schizophrenia [J]. Progress in Neuropsychopharmacology and Biological Psychiatry, 1994, 18: 465-475.

[22] RENDELL P G, MAZUR M, HENRY J D. Prospective memory im-

pairment in former users of methamphetamine [J]. Psychopharmacology (Berl), 2009, 203: 609-616.

[23] MEREDITH C W, JAFFE C, ANG-LEE K, et al. Implications of chronic methamphetamine use: a literature review [J]. Harv Rev Psychiatry, 2005, 13: 141-154.

[24] SALO R, NORDAHL T E, GALLOWAY G P, et al. Drug abstinence and cognitive control in metham phetamine dependent individuals [J]. Subst Abuse Treat, 2009, 37: 292-197.

[25] GEORGE K, DANIEL A, CHRISTINE C, et al. Neuro-psychological deficits in adolescent methamphetamine abusers [J]. Psychopharmacology (Berl), 2010, 212 (2): 243-249.

[26] BROOK L H, ARPI M, WILLIAM P. Effect of Methamphetamine Dependence on Everyday Functional Ability [J]. Addict Behav, 2010, 35 (6): 593-598.

[27] 王欣, 刘新民. 甲基苯丙胺对空间学习记忆功能的短期和长期影响 [J]. 皖南医学院学报, 2010, 29 (6): 412-414.

[28] WuC W, PING Y H, CHANG C Y. Enhanced oxidative stress and aberrant mito-chondrial biogensis in human neuroblastoma SH-5Y cells during methamphetamine induced apoptosis [J]. Toxicology and Applied Pharmacology, 2007, 220: 243-251.

[29] THOMASD M, KUHN D M. MK-801 and dextrome-thorphan block microglial activation and protect against metham-phetamine-induced neurotoxicity [J]. Brain Research, 2005, 1050: 190-198.

[30] PETERSONE C, GUNNELL M, CHE Y N, et al. Using Hapten Design to Discover Thera-peutic Monoclonal Antibodies for Treating Methamphetamine Abuse [J]. The Journal of Pharmacology and Experimental Therapeutics, 2007, 322: 30-39.

[31] PENISTON E G, KULKOSKY P J. Neurofeedback in the treatment of addictive disorders [M]. San Diego: Academic Press, 1999: 157-179.

[32] PENISTON E G, KULKOSKY P J. Alpha-theta brainwave training and

beta endorp in levels in Alcoholics [J]. Alcohol Clin Exp Res, 1989, 13 (2): 271-279.

[33] BURKETT V S, CUMMINS J M, Dickson R M, et al. Treatment effects related to EEG biofeedback for crack cocaine dependency in a faith-based homeless mission [J]. Neurotherapy, 2004, 8 (2): 138-140.

[34] SCOTT W C, KAISER D, OTHMER S, et al. Effects of an EEG biofeedback protocol on a mixed substance abusing population [J]. Am J Drug Alcohol Abuse, 2005, 31 (3): 455-469.

[35] 刘冠君. 辅以生物反馈治疗对改善强迫症认知功能的研究 [D]. 南昌: 南昌大学, 2012: 1-39.

[36] SHENG W, YAN Z, SIJUAN C, et al. EEG biofeedback improves attentional bias in high trait anxiety individuals [J]. BMC Neuroscience, 2013, 14: 115-122.

[37] SIMKIN D R, THATCHER R W, LUBAR J. Quantitative EEG and neurofeedback in children and adolescents anxiety disorders, depressive disorders, comorbid addiction and attention-deficit/Hyperactivity disorder, and brain injury [J]. Child and Adolescent Psychiatric Clinics of North America, 2014, 23 (3): 427-464.

[38] NAN W, RODRIGUES J P, MA J, et al. Individual alpha neurofeedback training effect on short term Memory [J]. Int J Psychophysiol, 2012, 86 (1): 83-87.

[39] TRUDEAU D L. Applicability of brain wave biofeedback to substance use disorder in adolescents [J]. Child Adolesc Psychiatr Clin Nam, 2005, 14 (1): 125-136.

[40] 范成路, 赵敏, 杜江, 等. 生物反馈结合线索暴露治疗降低海洛因依赖者药物线索反应 [J]. 中国心理卫生杂志, 2009, 23 (12): 856-860.

[41] 谢文, 张景明, 杜荣荣, 等. 生物反馈治疗对康复期戒毒患者心理健康状态的影响 [J]. 浙江医学教育, 2014, 3 (3): 45-47.

[42] GRABOWSKI J, SHEARER J, MERRILL J, et al. Agonist-like replacement pharmacotherapy for stimulant abuse and dependence [J]. Addict

Behav, 2004, 29 (7): 1439 -1464.

[43] VAN DEN B W, VAN REE J M. Pharmacological treatments for heroin and cocaine addictions [J]. Eur Neuropsychopharmacol, 2003, 13 (6): 476-487.

[44] RAWSON R, GONZALES R, MC C M, et al. Use of methamphetamine by young people: is there reason for concern? [J]. Addiction, 2007, 102: 1021-1022.

[45] MIURA H, FUJIKI M, SHIBATA A, et al. Prevalence and profile of methamphetamine users in adolescents at a juvenile classification home [J]. Psychiatry Clin Neurosci, 2006, 60: 352-357.

[46] GONZALES R, ANG A, MC CANN M J, et al. An emerging problem: methamphetamine abuse among treatment seeking youth [J]. Subst Abus, 2008, 29: 71-80.

[47] EMBRY D, HANKINS M, BIGLAN A, et al. Behavioral and social correlates of methamphetamine use in a population-based sample of early and later adolescents [J]. Addict Behav, 2009, 34: 343-351.

[48] ZAPATA L B, HILLIS S D, MARCHBANKS P A, et al. Methamphetamine use is independently associated with recent risky sexual behaviors and adolescent pregnancy [J]. J Sch Health, 2008, 78: 641-648.

[49] LI S X, YAN S Y, BAO Y P, et al. Depression and alterations in hypothalamic-pituitary-adrenal and hypothalamic-pituitary-thyroid axis function in male abstinent methamphetamine abusers [J]. Hum Psychopharmacol, 2013, 28: 477-483.

[50] SALO R, FLOWER K, KIELSTEIN A, et al. Psychiatric comorbidity in methamphetamine dependence [J]. Psychiatry Res, 2011, 186: 356-361.

[51] KING G, ALICATA D, CLOAK C, et al. Neuropsychological deficits in adolescent methamphetamine Abusers [J]. Psychopharmacology, 2010, 212: 243-249.

[52] KING G, ALICATA D, CLOAK C, et al. Psychiatric symptoms and HPA axis function in adolescent Methamphetamine users [J]. Neuroimmune Pharmacol, 2010, 5: 582-591.

[53] SCOTT J C, WOODS S P, MATT G E, et al. Neurocognitive effects of methamphetamine: a critical review and meta-analysis [J]. Neuropsychol Rev, 2007, 17 (3): 275-297.

[54] NORDAHL T E, SALO R, LEAMON M. Neuropsychological effects of chronic methamphetamine use on neurotransmitters and cognition: a review [J]. Neuropsychiatry Clin Neurosci, 2003, 15: 317-325.

[55] PRICE K L, DE SANTIS S M, SIMPSON A N, et al. The impact of clinical and demographic variables on cognitive performance in methamphetamine dependent individuals in rural South Carolina [J]. Am J Addict, 2011, 20: 447-455.

[56] SIMON S L, DEAN A C, CORDOVA X, et al. Methamphetamine dependence and neuropsychological functioning: evaluating change during early abstinence [J]. Stud Alcohol Drugs, 2010, 71: 335-344.

[57] HYMAN S E, MALENKA R C, NESTLER E J. Neural mechanisms of addiction: the role of reward-related learning and memory [J]. Annu Rev Neurosci, 2006, 29: 565-598.

[58] SHOHAMY D, MYERS C E, KALANITHI J, et al. Basal ganglia and dopamine contributions to Probabilistic category learning [J]. Neurosci Biobehav Rev, 2008, 32: 219-236.

[59] DELLOSSO B, PALAZZO M C, OLDANI L, et al. The noradrenergic action in antidepressant treatments: pharmacological and clinical aspects [J]. CNS neuroscience & therapeutics, 2011, 17: 723-732.

[60] SOFUOGLU M, DEVITO E E, WATERS A J, et al. Cognitive enhancement as a treatment for drug addictions [J]. Neuropharmacology, 2013, 64 (1): 452-463.

[61] GOSSOP M, STEWART D, BROWNE N, et al. Factors associated with abstinence, lapse or relapse to heroin use after residential treatment: Protective effect of coping responses [J]. Addiction, 2002, 97 (10): 1259-1267.

[62] BRANDS B, COREA L, STRIKE C, et al. Demand for substance abuse treatment related to use of crystal methamphetamine in Ontario: An observa-

tional study [J]. International Journal of Mental Health and Addiction, 2011, 10 (5): 696-709.

[63] TRUDEAU D L, SOKHADZE T M, CANNON R L. Neurofeedback in alcohol and drug dependency [M]. Waltham, MA: Academic Press, 2009: 1-20.

[64] SOKHADZE E, STEWART C M, TASMAN A, et al. Review of rationale for neurofeedback application in adolescent substance abusers with comorbid disruptive behavioral disorders [J]. Journal of Neurotherapy, 2011, 15 (3): 232-261.

[65] SOKHADZE T M, CANNON R L, TRUDEAU D L. EEG biofeedback as a treatment for substance use disorders: Review, rating of efficacy, and recommendations for further research [J]. Applied Psycho-physiology and Biofeedback, 2008, 33 (1): 1-28.

[66] VOLKOW N D, FOWLER J S, WANG G J. The addicted human brain viewed in the light of imaging studies: Brain circuits and treatment strategies [J]. Neuropharmacology, 2004, 47: 3-13.

[67] NEWTON T F, COOK I A, KALECHSTEIN A D, et al. Quantitative EEG abnormalities in recently abstinent methamphetamine dependent individuals [J]. Clinical Neurophysiology, 2003, 114: 410-415.

[68] WHITE N E, RICHARDS L M. Alpha-theta neurotherapy and the neurobehavioral treatment of addictions, mood disorders and trauma [M]. Waltham, MA: Academic Press, 2009: 10-15.

[69] SCOTT W C, KAISER D, OTHMER S, et al. Effects of an EEG biofeedback protocol on a mixed substance abusing population [J]. The American Journal of Drug and Alcohol Abuse, 2005, 3: 1455-1469.

[70] SIMKIN D R, THATCHER R W, LUBER J. Quantitative EEG and neurofeedback in children and adolescents anxiety disorders, depressive disorders, comorbid addiction and attention-deficit/hyperactivity disorder, and brain injury [J]. Child and Adolescent Psychiatric Clinics of North America, 2014, 23 (3): 427-464.

[71] BURKETT V S, CUMMINS J M, DICKSON R M, et al. An open clinical trial utilizing real-time EEG Operant conditioning as an adjunctive therapy in the treatment of crack cocaine dependence [J]. Journal of Neurotherapy, 2005, 9 (2): 27-47.

[72] UNTERRAINER H F, CHEN M J, GRUZELIER J H. EEG-neurofeedback and psychodynamic psychotherapy in a case of adolescent an hedonia with substance misuse: Mood/theta relations [J]. International Journal of Psychophysiology, 2014, 93 (1): 84-95.

[73] DEHGHANI A F, ROSTAMI R, NADALI H. Neurofeedback training for opiate addiction: improvement of mental health and craving [J]. Applied Psychophysiology and Biofeedbck, 2013, 38 (2): 133-141.

[74] 李荔. 脑电生物反馈治疗在物质依赖障碍中的应用 [J]. 中国药物依赖性杂志, 2013, 22 (2): 81-84.

[75] TRUDEAU D L. Applicability of brain wave biofeedback to substance use disorder in adolescents [J]. Child and Adolescent Psychiatric Clinics of North America, 2005, 14 (1): 125-136.

[76] ROSTAMI R, DEHGHANI A F. Neurofeedback training as a new method in treatment of crystal methamphetamine dependent patients: A preliminary study [J]. Appl Psychophysiol Biofeedback, 2015, 40: 151-161.

第四章

冰毒依赖青少年执行功能特征的相关性研究

第一节 文献回顾：毒品滥用对机体生物原胺类神经递质变化的影响研究

毒品滥用是全球重要的公共卫生问题之一，长期滥用不仅会引发大量的社会问题，给毒品滥用者家庭造成严重的经济负担，也会造成滥用者自身健康条件的恶化。滥用毒品者不但体内多器官、多系统会出现问题，体内的一系列神经递质也会出现改变，从而导致其大脑的进一步病理变化。故本文就毒品对滥用者体内神经递质变化造成的影响做一综述。

一、毒品的概述

（一）毒品的概念

目前国际上认为的毒品是指受到管控的麻醉品和精神药品。而我国通常意义上认为的毒品，一般是指能够使人上瘾的药物。长期使用这些毒品，不但会造成严重的社会卫生问题，也会给滥用毒品者本身带来严重的健康问题。众所周知使用毒品是非法的，虽然受管制的麻醉药品和精神药品本身并非毒品，但当被非法违禁使用时，它们也就变成了毒品。因此绝大多数的国家都已确立起严厉打击毒品犯罪的共识，对以海洛因、冰毒为代表的毒品进行了严格的管束和控制[1]。毒品的种类每年都在增加，至今已有几百种。主要毒品种类为大麻、阿片类、苯丙胺兴奋剂和可卡因等[2]。目前对毒品的区分为传统毒品和新型毒品。传统毒品主要以吗啡、鸦片、海洛因等为代表；而新型毒品则是近年来较为流行的冰毒、可卡因、摇头丸等为代表的合成毒品。

（二）毒品的致依赖性

长期滥用毒品，会导致滥用者对毒品产生依赖性。这种依赖不仅表现在生理方面的依赖，还包括精神方面的依赖。如吸食海洛因等传统毒品的人，常表现出生理上的依赖性，一旦其停止吸食毒品时，身体通常会出现一系列的戒断反应，这种反应即是停用或减少毒品的使用后所致的综合征，临床表现为精神症状、躯体症状或社会功能受损[3]。而精神依赖性则常出现在吸食冰毒等新型毒品的人身上，当其停止吸食冰毒时，身体常常不会出现戒断反应，但却会出现渴望继续用药的强烈欲望和相应的觅药行为，导致心瘾难除。因此，不管是生理上的依赖，还是精神上的依赖，最终都会导致吸毒者戒毒失败，重新复吸。

（三）毒品的危害性

毒品还具有严重的危害性，这种危害性不仅体现在对吸毒者自身的危害上，也体现在对社会的危害上。在对吸毒者自身的危害方面表现为，毒品常产生神经毒性，除能兴奋或抑制中枢神经外，长期吸食还会导致吸食者存在兴奋、抑郁、狂躁、易怒等情绪状态，并出现致幻、烦躁、记忆力下降、意志消沉等症状，严重者还会导致吸食者的呼吸中枢麻痹，甚至意外死亡[4][5][6][7]。多数常年吸食毒品者随着吸食毒品年限的增长，兴奋的阈值会越来越高，到后期时会采用静脉注射毒品的方式来尽快达到快感。然而因为毒品中的杂质以及交叉使用不洁注射器、静脉注射时消毒不规范等原因，常引起此类吸食者发生如感染性心内膜炎、血栓性静脉炎、血管栓塞、坏死性脉管炎等心血管疾病以及如乙肝、梅毒、艾滋病等传染性疾病[8]。此外毒品对消化系统也有很大的损害，除能抑制消化液的分泌，影响食物吸收外，吸食入体的毒品绝大部分都在肝脏内进行分解，导致肝功能受到损伤[9]。长期使用毒品对依赖者的生殖能力也会产生影响，毒品不但使依赖者性欲降低，还会让女性经期紊乱，增加女性患妊娠期高血压疾病、宫内死胎、流产、早产、新生儿及婴儿死亡的发生概率[10]。在社会危害方面则表现在，大部分吸毒者都处于青壮年期，吸毒不但造成了生产力的减少，还造成如抢劫、走私、贩运、盗窃、毒驾和卖淫等多种违法犯罪活动，严重影响了国家的经济发展以及社会的稳定和谐[2]。

二、毒品成瘾的机制

海洛因和冰毒是众多毒品中被泛滥使用较多的两种毒品。其中冰毒是近年来较为流行的一种新型毒品,它主要产生的是精神依赖,躯体戒断症状较轻。虽然冰毒具有代谢快的特点,但是它吸食一次即可成瘾,且难以戒断,因此对吸食者和社会的危害,已远远甚于海洛因[11]。而海洛因作为传统毒品,它的成瘾原理与冰毒是不同的。海洛因是中枢神经抑制剂,吸食后常与中枢不同脑区内的抑制性GABA能神经元突触前膜上的阿片受体相结合,激活阿片受体,从而实现对GABA能神经元的突触前抑制,降低GABA能神经通路对奖赏环路中位于中脑腹侧被盖区的多巴胺能神经元的抑制作用,导致奖赏环路被激活,功能上调,引起成瘾[12]。而冰毒等苯丙胺类毒品是中枢神经兴奋剂,其致成瘾的机制则要复杂得多,这类毒品进入人体后会激活MLDS,在毒品的作用下,VTA多巴胺神经元的放电活动增强,NAc多巴胺释放量增加,调节多巴胺传导通路产生奖赏效应从而形成依赖性,因此以冰毒、摇头丸为代表的苯丙胺类精神活性物质成瘾机制亦与该系统密切相关。而Gouzoulis[13]在对新型毒品滥用者进行功能性磁共振的研究时也发现,冰毒滥用者其背外侧前额皮层激活减退超出阈值,且达到了显著性的水平,因此推断这可能与其长期滥用冰毒对前额叶皮层的多巴胺神经元的蓄积神经损害有关。

三、毒品滥用对神经递质的影响

神经递质的种类很多,目前在脑白质中已经证实的神经递质有谷氨酸能、嘌呤能(ATP和腺苷)、GABA能、甘氨酸能、肾上腺素能、胆碱能、多巴胺能、血清素能等递质,它们通过与各种离子型或代谢型受体结合发挥作用[12]。而本文主要是对生物原胺类神经递质做一综述,其中包括的神经递质有:多巴胺、5-羟色胺、肾上腺素、去甲肾上腺素。

(一)毒品滥用对多巴胺的影响

多巴胺(Dopamine,DA)是一种脑内分泌物,属于神经递质,用来帮助细胞传送脉冲,可影响一个人的情绪。这种脑内分泌物主要负责大脑的情欲、感觉,将兴奋及开心的信息传递,也与上瘾有关。多巴胺主要激动心脏β1受体，也具释放去甲肾上腺素作用，能使收缩性加强，心输出量增加。一般剂量对心率影响不明显，大剂量可加快心率。多巴胺能增加收缩压和脉压，而对舒张压无作用或稍增加，这可使心输出量增加，血压上升。

有研究发现[14]，当吗啡等毒品被使用后，会直接作用于多巴胺能神经元，导致多巴胺释放增加，多巴胺通过作用于脑内多巴胺受体而完成奖赏效应，产生毒品成瘾作用同时，吗啡同时还可以抑制多巴胺的重摄取或直接作用于多巴胺受体而增强多巴胺功能。而关于海洛因成瘾动物的实验[15]表明，在不同脑区其多巴胺水平变化不同，其中纹状体中多巴胺水平下降显著，并且在对海洛因成瘾死亡者脑组织进行研究时也印证了这一观点，这主要是由于其主导脑组织中多巴胺代谢的酪氨酸羟化酶（tyrosinehydroxylase，TH）含量明显降低[16]。

在动物方面的研究表明，当实验动物快速暴露于高剂量的苯丙胺和甲基苯丙胺时，大脑纹状体（特别是尾状壳核）部位的多巴胺能神经通路会发生改变[17][18]。Stefanski 等[19]在观察一群已学会自我给药服用冰毒的大鼠局部多巴胺 D1 和 D2 受体变化规律时发现，当释放的药物处在相对较低的剂量时，不会产生进一步的病理表现。这一实验结论说明当使用的冰毒剂量太低时，不会发生神经毒性作用以及相应的依赖性。而国内学者梁若冰的研究[20]显示，偶尔吸食冰毒后升高的多巴胺的水平虽有一定波动，但是总体上却呈现出下降的趋势，并随着时间的推移逐渐回落，在 2 周左右时就会接近正常人的水平，而冰毒依赖者的多巴胺的水平持续降低，在距离末次吸食的 11h 至 72d 过程中的外周血清中的多巴胺的水平变化趋势不大，另外，冰毒还可以通过伪递质的作用，与多巴胺能神经末梢的多巴胺转运体（DAT）相结合，并促进多巴胺的释放，导致轴突间隙中的多巴胺含量增高，同时抑制多巴胺的再摄取，导致神经元末梢多巴胺耗竭[21]。并且冰毒还能通过促进神经轴突末梢释放多巴胺等神经递质，激活纹状体、蓝斑、海马等脑区神经细胞，导致动物运动、认知功能和精神发生改变[22]。因此，当冰毒依赖者在停止吸食毒品后多巴胺的水平会明显低于健康人，身体就会有相应的不适，而为了保证其体内多巴胺的水平达到其生命活动的需要，吸食者在没有外力干预的情况下就会继续寻觅和滥用此类物质，最终不得不陷入反复摄入此类物质的泥潭。

(二)毒品滥用对 5-羟色胺的影响

5-羟色胺(5-hydroxytryptamine,5-HT)又名血清素,最早是从血清中发现的,是一种重要的神经递质,内源性活性物质,与人类的一系列行为问题有关,同时也与性格和情感障碍有关。在脑内可参与多种生理功能及病理状态调节,如睡眠、摄食、体温、精神情感性疾病调节。

在毒品对 5-羟色胺的影响方面,有学者做动物实验的时候发现,当实验动物快速地暴露于高剂量的摇头丸时,会改变 5-羟色胺能神经通路的活性,导致前脑中 5-羟色胺的长期消耗,并出现 5-羟色胺释放减少、激素分泌的改变等症状以及持续性的焦虑样行为[23][24]。而且在对使用摇头丸的大鼠模型进行分析时还发现,与健康对照组的大鼠相比,使用摇头丸的大鼠枕叶皮层以及海马部位的 5-羟色胺的水平均有所下降,且其海马的 5-羟色胺转运体(SERT)mRNA 的信号表达也会下降,这表明摇头丸会耗竭大脑皮层直接能源物质 ATP,对中枢神经的 5-HT 系统具有明显的毒性[25][26]。近年来在使用苯丙胺类似物(amphetamine analogs)进行研究时发现,苯丙胺类似物可刺激 5-HT 的释放和抑制 5-HT 的再摄取,导致血浆中游离的 5-HT 浓度增加,增强 5-HT 的缩血管反应,这提示使用苯丙胺类物质可能与心脏病和肺疾病的发生密切有关[27][28]。同时,3,4 亚甲基二氧基甲基苯丙胺(MDMA)引起的 5-HT 的释放,通过作用于 5-HT2A 受体进一步促进 MDMA 引起的 DA 释放,并且给予 5-HT2A 拮抗剂还可以减弱由 MDMA 引起的 DA 的释放作用[29]。

(三)毒品滥用对肾上腺素的影响

肾上腺素(adrenaline,epinephrine,A 或 E)是由人体分泌出的一种激素。当人经历某些刺激(例如兴奋、恐惧、紧张等)分泌出这种化学物质,能让人呼吸加快,心跳与血液流动加速,瞳孔放大,为身体活动提供更多能量,使反应更加快速。肾上腺素是一种激素和神经传送体,由肾上腺释放。

使用冰毒对大鼠进行长时间给药后,选取合适时间测定大鼠的外周血中的肾上腺素含量,结果显示,随着用药时间的延长,大鼠的外周血中的肾上腺素含量始终保持在较高的水平,这提示我们长期地应用冰毒,可以使机体外周血中肾上腺素的浓度保持在较高的水平上,这可能是冰毒对心脏产生毒性的机制之一[30]。以往有研究显示,在对海洛因依赖者进行脱毒治疗前,其外周血液中的肾上腺素含量比正常组高[31]。

（四）毒品滥用对去甲肾上腺素的影响

去甲肾上腺素（Norepinephrine，NE 或 NA），是肾上腺素去掉 N-甲基后形成的物质，在化学结构上也属于儿茶酚胺。循环血液中的去甲肾上腺素主要来自肾上腺髓质，常在机体面临短期压力时分泌产生。它的增加能提高大脑的醒觉度，在注意力、情绪、睡眠、做梦和学习方面扮演重要角色。

当冰毒被摄入人体后，会促使突触前膜中多巴胺和去甲肾上腺素的释放，并抑制单胺氧化酶的活性，阻断突触后膜儿茶酚胺的再摄取，使体内的多巴胺和去甲肾上腺素等神经递质增加，发挥兴奋中枢的作用，使毒品滥用者出现如兴奋、幻觉、焦虑以及食欲下降等表现，甚至当大剂量使用冰毒时，还可能会出现急性中毒，表现出如血压升高、心动过速等症状，并最终造成毒品滥用者因呼吸循环系统衰竭而死亡的严重后果[32]。海洛因成瘾也会造成包括多巴胺、去甲肾上腺素、5-羟色胺、γ-氨基丁酸和谷氨酸等多种神经递质紊乱[33]。

综上所述，随着认知神经科学的研究发展，越来越多的证据表明，毒品对动物或是人类的神经递质会产生毒性作用，导致精神心理问题及认知功能损害，并进一步造成吸食毒品者身体健康状况的恶化。由于目前的研究常集中对多巴胺、5-羟色胺等神经递质方面，而对其他的神经递质关注较少。因此，对这方面的研究还存在很大的范围等待探索。加强对这一现象及机制的研究，有助于深化了解其临床特征及指导临床治疗，为以后的研究和戒毒治疗提供一定的理论基础和现实意义。

参考文献

[1] 钟娜，赵敏. 甲基苯丙胺对人类认知功能的影响 [J]. 中国药物依赖性杂志，2013，22（5）：324-328.

[2] 鲍彦平. 我国的药物滥用形势与干预策略 [J]. 中国药物依赖性杂志，2015，24（2）：85-88.

[3] 张开镐. 甲基苯丙胺的戒断反应与复吸 [J]. 药物不良反应杂志，2010，12（3）：194-196.

[4] 夏国美，杨秀石，李骏，等. 新型毒品滥用的成因与后果 [J]. 社会科学，2009，3：73-81.

[5] LAWS K R, KOKKALIS J. Ecstasy (MDMA) and memory function: a

meta-analytic update [J]. Hum Psycho-pharmacol, 2007, 22: 381-388.

[6] SCHILT T, WIN M M, JAGER G, et al. Specific of ecstasy and other illicit drugs on cognition in poly-substance users [J]. Psycho Med, 2008, 38: 1309-1317.

[7] 丁福红. 毒品的危害 [J]. 生活与健康, 2001, 2 (6): 7.

[8] 朱京虎. 滥用毒品对机体的危害 [J]. 中国药事, 2000, 14 (5): 337-338.

[9] 塞冬. 远离毒品避免危害 [J]. 家庭医学, 2006, (4): 37.

[10] GORMAN M C, ORME K S, NGUYEN N T, et al. Outcomes in pregnancies complicated by methamphetamine use [J]. Androl, 2012, 33 (4): 515-528.

[11] 邹海鸥, 郭瑞卿, 李峥, 等. 甲基苯丙胺滥用者对新型毒品的认知、态度以及滥用倾向 [J]. 中国药物依赖性杂志, 2012, 21 (6): 459-463.

[12] ROGERS S C, PRUITT C W, CROUCH D J, et al. Rapid urine drug screens: diphenhy dramine and methadone cross-reactivity [J]. Pediatr Emerg Care, 2010, 26 (9): 665-666.

[13] GOUZOUHS M E, DAUMANN J, FIMM B, et al. Cerebral activation in abstinent ecstasy (MDMA) users during a working memory task: a functional magnetic resonance imaging (fMRI) study [J]. Cognit Brain Res, 2003, 16: 479-487.

[14] BUTT AM, FERN RF, MATUTE C, et al. 白质内的神经递质信号 [J]. 神经损伤与功能重建, 2014 (6): 501-501.

[15] 谭北平, 李勇辉, 隋南. 药物依赖过程中多巴胺受体的作用及其研究进展 [J]. 中国药物依赖性杂志, 2003, 12 (2): 81-85.

[16] 邱平明, 王慧君, 李学锋, 等. 海洛因成瘾大鼠相关脑区多巴胺及其代谢产物的变化 [J]. 广东医学, 2007, 28 (5): 690-692.

[17] KISH S J, KALASINSKY K S, DERKACH P, et al. Striatal dopaminergic and serotonergic markers in human heroin users [J]. Neuropsychoparmacology, 2001, 24 (5): 561-567.

[18] GIBB J W, HANSON G R, JOHNSON M. Neuro chemical mechanisms of toxicity [D] //In Cho AK, Segal DS, Eds. Amphetamine and its Analogs Psychopharmacology Toxicology and abuse. SanDiego, CA: AcademicPress, 1994: 269-296.

[19] STEFANSKI R, LADENHEIM B, LEE S H, et al. Neuro adaptations in the dopamine system after active self-administration but not after passivead ministration of methamphetamine [J]. Eur J Pharmacol, 1999, 371: 123-135.

[20] 梁若冰, 周延明, 赵秀丽, 等. 甲基苯丙胺滥用者外周血清多巴胺水平变化的临床研究 [J]. 中国药物依赖性杂志, 2010, 19 (6): 481-484.

[21] SULZER D, CHEN T K, LAU Y Y, et a1. Amphetamine redistributes dopamine from synaptic vesicles to the eytosol and promotes reverse transport [J]. J Ncurosei, 1995, 15: 4102-4108.

[22] LOGAN B K. Amphetamine: an update on forensic issues [J]. JAnal Toxicol, 2001, 25: 400-404.

[23] SEIDEN L S, SABOL K E. Methamphetamine and methylenedioxy methamphetamine neurotoxicity: possible mechanisms of cell destruction [J]. NIDA Res Monogr, 1996, 163: 251-276.

[24] BAUMANN M H, WANG X, ROTHMAN R B. 3, 4-Methylened-ioxy methamphetamine (MDMA) neurotoxicity in rats: areap-praisal of pastand present findings [J]. Psychopharmacology (Berl.), 2007, 189: 407-424.

[25] 李素霞, 孙爱民, 王雪, 等. MDMA神经毒性机制——氧化应激损害的初步研究 [J]. 四川大学学报（医学版）, 2006, 37 (2): 191-195.

[26] 王雪, 彭祖贵, 况伟宏, 等. 3, 4亚甲基二氧基甲基苯丙胺神经毒性的实验研究 [J]. 中国临床康复, 2004, 8 (31): 6916-6917.

[27] ZOLKOWSKA D, ROTHMAN R B, BAUMANN M H. Amphetamine analogs increase plasma serotonin: implications for cardiac and pulmonary disease [J]. Phannacol Exp Ther, 2006, 318: 604-6l0.

[28] ROTHMAN, BAUMANN M H. Methamphetamine and idiopathic pulmonary arterial hypenension: role of the serotonin transporter [J]. Chest, 2007, 132: 1412-1413.

[29] 李素霞, 黄明生. MDMA 的神经毒性及其机理的研究进展 [J]. 国际精神病学杂志, 2005, 32 (3): 162-165.

[30] 李明, 曾晓锋, 周志全, 等. 甲基苯丙胺对大鼠外周血中肾上腺素、去甲肾上腺素及肿瘤坏死因子-α 的影响 [J]. 中国法医学杂志, 2011, 26 (1): 19-21.

[31] 殷彬, 臧德馨. 海洛因对依赖者去甲肾上腺素和肾上腺素的影响 [J]. 中国民康医学杂志, 2004, 16 (3): 138-139.

[32] 时杰, 贾少微, 李綦民, 等. 电针对摇头丸滥用者^{99m}Tc—ECD 脑灌注显像及脑功能活动的影响 [J]. 中国药物依赖性杂志, 2002, 11 (2): 111-116.

[33] 何海涛, 李鸿梅, 李昆, 等. 嘌呤核苷酸补偿对海洛因依赖大鼠脑组织中 DA 和 NE 水平的影响及其机制 [J]. 吉林大学学报, 2010, 36 (1): 123-126.

第二节 冰毒依赖青少年执行功能特征与生物原胺类神经递质相关性研究

目的: 通过进行冰毒依赖青少年与健康青少年的执行功能及体内的生物原胺类神经递质的对照, 来分析冰毒依赖青少年的执行功能的损害情况以及生物原胺类神经递质的改变情况, 探讨导致执行功能的损害及生物原胺类神经递质的改变的相关因素以及生物学机制, 为当前青少年戒毒提供一定的理论和实证依据。材料与方法: 于 2017 年 1 月至 5 月, 在某两所强制隔离戒毒所选取女性冰毒依赖青少年 50 名, 男性冰毒依赖青少年 50 名作为实验组, 同时在某学校招募与实验组年龄、性别相匹配的正常青少年 (男性 50 名、女性 50 名) 作为对照组。使用自编的信息问卷收集相关人口学信息, 使用成套执行功能测验范式 (N-back 测验、Stroop 测验、威斯康星卡片分类测验、数字转换任务测验、河内塔测验) 对被试进行测试, 采用高效液相色谱—荧光检测法检测其血液生物原胺类神经递质 (多巴胺、5-羟色胺、肾上腺素、去甲肾上腺素) 的含量。采用 SPSS21.0 统计软件进行统计学分析, 主要方法包含有 T 检验以及相关分析。结果：1. 在对实验组与对照组执行功能特点及相关因素分析时发现，两组间 N-back 测验相关指标、Stroop 测验相关指标、威斯康星卡片分类测验相关指标、数字转换任务测验部分指标、河内塔测验部分指标差异具有显著统计意义（$P_{均}<0.01$ 或 $P_{均}<0.05$）。实验组执行功能与吸食行为相关分析显示，吸毒时间与数字转换任务测验中的正确反应数呈显著负相关（$P_{均}<0.01$）。戒毒时间与数字转换任务测验中的混合大小正确反应数呈显著正相关（$P<0.05$）。通过对不同性别实验组与对照组执行功能的两两比较得出：对照组男、女性各项执行功能除 N-back 测验中的当前正确反应时男性显著低于女性外（$P<0.05$），其余差异均无统计学意义。而实验组男、女性与对照组男、女性相比，除河内塔测试中的移动时间、数字转换任务测验中的正确反应时无显著差异外，其余各项指标差异均具有显著统计学意义（$P_{均}<0.01$）。而且，实验组女性执行功能受损更为严重，具体表现在数字转换任务测验中的正确反应数（$P_{均}<0.01$）。2. 在对实验组与对照组生物原胺类神经递质含量的差异性分析及相关因素分析时发现，实验组血液中多巴胺、5-羟色胺、肾上腺素、去甲肾上腺素的含量均高于对照组，其差异均具有非常显著的统计意义（$P<0.01$）。由实验组血液中生物原胺类神经递质含量与吸食行为的相关分析得出，5-羟色胺的含量与吸毒时间呈负相关（$P<0.05$）。不同性别实验组与对照组生物原胺类神经递质含量的两两比较得出：对照组男、女性除肾上腺素具有一定差异外（$P<0.05$），其余指标均无统计学差异。实验组男、女性与对照组男、女性相比，各项指标均有显著提高，且差异均具有统计学意义（$P_{均}<0.01$），实验组男性 5-羟色胺、肾上腺素含量的提高明显高于实验组女性（$P<0.01$ 或 $P<0.05$）。3. 实验组执行功能特点与生物原胺类神经递质的相关分析显示：血液中 5-羟色胺、肾上腺素含量与数字转换任务测验中的正确反应数呈显著正相关（$P_{均}<0.05$）。结论：1. 冰毒依赖青少年的执行功能均不同程度受到损伤。吸毒时间越长，受损情况越严重，而戒毒时间越长，执行功能恢复越好。对于不同性别而言，吸毒对于女性执行功能的损伤更为严重。2. 吸食冰毒可以大幅度提升血液中生物原胺类神经递质的含量，其含量的变化与吸食时间密切相关。对于不同性别而言，冰毒对于男性 5-羟色胺、肾上腺素含量的影响更大。3. 冰毒依赖青少年执行功能特点与血液中神经递质含量密切相关。

冰毒，学名甲基苯丙胺（methamphetamine，MA），是当前社会中一种极为流行的新型毒品，也是旨在制造快感的苯丙胺类（amphetamine-type stimulants，ATS）中枢神经兴奋剂中的一种，不但具有极强的精神活性，还具有很强的依赖潜能和致神经细胞损伤作用。2017年世界毒品报告显示，全球目前约有2950万毒品成瘾者，占世界人口的0.6%，除大麻仍是被使用得最多的毒品外，以冰毒为首的ATS滥用增加显著，且造成的相关损害也明显上升[1]。而我国2017年登记的234.5万吸毒人员中，男性有200.7万名，占85.6%；女性有33.8万名，占14.4%；不满18岁的有4.3万名，占1.8%；18岁到35岁的有142.2万名，占60.6%；其中在新发现的53.1万名吸毒人员中，滥用冰毒等苯丙胺类的人员占73.2%[2]。这说明以冰毒为首的ATS兴奋剂近年来不仅是在世界范围内泛滥流行，在我国滥用的人群也在不断蔓延扩大，并且人群低龄化趋势明显[3]。作为一种新型化学合成药品，冰毒具有很强的成瘾性，吸食一次即可成瘾[4]，不但对心、脑、肾等器官有严重的损害，还可以使人的中枢神经系统产生兴奋。若是长期滥用冰毒还会对认知神经产生很强的毒性，最终引起多方面的认知功能障碍。而损伤涉及的范围则从最基本的运动功能到更复杂、更高级的功能，并最终发展到影响如计划能力、解决能力、决策能力和控制情绪行为能力等执行功能[5]。

而执行功能的相关研究一直是当今心理学及认知神经科学方面的热点问题，对于其概念很多学者对其有不同的界定。但通常地来讲，执行功能是认知功能中的一个重要组成部分，它不但是对信息加工和行为控制进行协调的一系列重要的高级认知加工过程，也是个体在实现某一个特定目标的时候，以灵活、优化的方式来控制大脑中的多种认知加工过程[6]，常被认为包含抑制、转换、刷新三个方面的能力，采用Stroop测验（Stroop Color-Word Test）、爱荷华赌博任务（IOWA Gambling Task，IGT）等方法来进行评估[7][8]。郑涵予等人在使用Stroop测验对新型毒品滥用者的认知执行功能进行检测时发现，毒品滥用者的海马功能出现缺陷，除记忆受到损害外，执行功能也受损严重[9]。在用威斯康星卡片分类测验对冰毒依赖者的转换能力进行考察时发现，冰毒依赖者的错误应答数和持续性错误数都比健康对照组高，这说明冰毒严重损害了依赖者的转换能力[10]。有神经心理学方面的研究显示，吸毒者虽然意识到了毒品对身心造成的伤害，但是仍然不能克制自己想要吸食毒品的冲动，究其原因是滥用毒品导致了执行控制功能受损，自身的抑制能力下降，因此个体自我控制避免继续使用毒品的能力减弱[11][12]。但这种损害是可逆的，随着戒断时间的延长，抑制能力是可以慢慢恢复到正常的[13][14][15]。并且有研究发现长期滥用冰毒还会损害吸食者的工作记忆，即使在戒断后的损害仍然会持续地存在[16]。研究冰毒对小鼠空间学习能力的影响时发现[17]，在短期内对小鼠使用大剂量冰毒会使其产生强烈的兴奋性，运动活性也得到极大增强，但最终会导致脑损伤，而小剂量的喂食时则无明显影响。

同时以往的研究[18][19]表明执行功能的损害跟神经递质变化是有一定相关性的。近年来许多的动物实验都表明[17][20]，以冰毒为代表的新型毒品会损伤大脑多巴胺能神经元，对动物存在有记忆及学习方面的影响。并且在测定实验动物外周血中肾上腺素（Epinephrine，E）和去甲肾上腺素（Norepinephrine，NE）含量时，结果显示随用药时间的延长，其外周血 E 和 NE 含量始终保持在较高的水平，提示长期滥用冰毒，可能对机体心脏产生影响。

除此之外，在人体实验方面也得出了与动物实验相同的结论。Daviden 在进行冰毒等苯丙胺类毒品成瘾机制的研究时发现，在单胺氧化酶和自身氧化应激作用下，会引起吸食者 DNA 和蛋白质的功能的损伤甚至丧失，从而最终导致多巴胺能神经元的损伤及其神经元末梢的多巴胺（Dopamine，DA）耗竭[21]。Thomasius 等人在使用正电子发射型计算机断层显像研究苯丙胺类物质滥用者脑部五羟色胺转运体（5-HTT）的水平时，也发现苯丙胺类兴奋剂滥用者 5-HTT 水平下降[22]。这也说明冰毒对人体神经产生毒性的作用机制是通过刺激中枢和外周神经末梢单胺类神经递质的释放，并阻断其再摄取，使突触间隙的 DA、5-羟色胺（Serotonin，5-HT）、NE 的含量升高来产生药理作用的，因此长期吸食不但会造成冰毒依赖者海马、纹状体等脑区的神经元损伤，还会损害其学习记忆能力及身体运动功能，进而影响其执行功能[23]。

综上所述，国内外研究者对冰毒依赖导致执行功能损害做了许多有意义的探索，并且取得了一定的进展。但目前国内外的相关研究对象多为男性成年人，而对青少年的关注较少，曾有文献显示，冰毒依赖青少年的执行功能损伤比成年冰毒依赖者更明显[13]。而在研究毒品依赖对机体损伤的生物学机制时，多数文献的研究对象为实验动物，并且对于毒品依赖导致的神经递质的改变文献记载尚较缺乏。因此本研究在研究对象上进行了一定的创新，不仅以青少年这一特殊年龄为例，还增设了不同性别的匹配，通过进行成套执行功能的测试及生物原胺类神经递质的高效液相色谱—荧光检测，来分析冰毒对不同性别青少年执行功能的损害程度，同时探讨执行功能损害与神经递质改变的相关机制，为临床戒毒提供一定的理论与实践依据。

一、研究对象与方法

（一）研究对象

该研究经伦理委员会批准，所有被试在接受正式实验前均签署知情同意书，并在参加完实验后给予了一定的报酬。

1. 实验组人员

于2017年1月至2017年5月，选取四川省某强制隔离戒毒所的男性冰毒依赖青少年50名，某女子强制隔离戒毒所的女性冰毒依赖青少年50名作为实验组。纳入标准：符合《中国精神障碍分类与诊断标准》（第3版）(Chinese Classification of Mental Disorders, CCMD-3) 苯丙胺所致精神障碍的诊断标准；年龄为16~25岁的青少年；已度过生理脱毒期，且没有使用美沙酮等替代性药物治疗者；右利手者。排除标准：有神经系统疾病及躯体疾病者；有颅脑外伤史者；有酒精、药物等其他物质依赖者（除烟草外）；有暴力行为者；有色盲者。

2. 对照组人员

于同一时间段在某学校招募与实验组年龄相匹配的正常男性青少年50名、正常女性青少年50名作为对照组参与本研究，同时要求对照组被试人员在性别、年龄等方面与实验组相匹配。纳入标准：年龄为16~25岁的青少年；右利手者。排除标准：有神经系统疾病及躯体疾病者；有颅脑外伤史者；有酒精、药物等其他物质依赖者（除烟草外）；有暴力行为者；有色盲者。

（二）实验材料与程序

1. 自编一般信息问卷

主要收集被试的年龄、性别、民族、婚姻情况以及受教育程度等一般情况，对于实验组人员还要收集其首次吸食毒品的时间、吸食毒品的原因以及吸毒种类、吸/戒毒时间等具体内容。

2. 成套执行功能测验

本研究采用成套的执行功能范式进行测验。主要包括：N-back 测验、Stroop 测验、威斯康星卡片分类测验、数字转换任务测验、河内塔测验。

（1）N-back 测验的程序及相关统计指标

N-back 测验主要是采用 0-back 范式和 2-back 范式，测试被试人员执行功能中的刷新能力。整个实验过程分两部分。当电脑屏幕上显示"当前"二字时，即意味着目前正在进行的是 0-back 范式的测试（见图 4-1）。在当前测试中，屏幕上每次随机出现"1""2""3""4"中的任一数字。每个数字的出现时间为 200 ms，两个数字的间隔时间为 800 ms。实验要求被试人员根据电脑屏幕上出现的数字来按下与之相对应的数字键。如电脑屏幕上出现"1"，则在电脑键盘上按数字"1"键。而当电脑屏幕上显示"前二"二字时，即意味着目前正在进行的是 2-back 范式的测试（见图 4-2）。在该测试中依然是屏幕上每次随机出现"1""2""3""4"中的任一数字，但被试人员需按下当前出现的这位数字的之前两位的数字。即第 1 个数字和第 2 个数字出现时不按键，第 3 个数字出现时，在键盘上按与第 1 个出现的数字相对应的数字键。第 4 个数字出现时，则按第 2 个出现的数字相对应的键，以此类推。本测验的主要统计指标为：当前正确反应数、当前正确反应时、前二正确反应数及前二正确反应时。

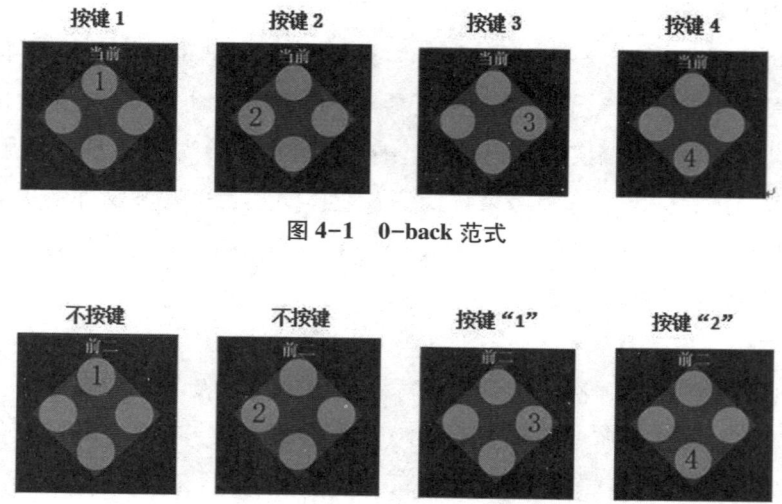

图 4-1　0-back 范式

图 4-2　2-back 范式

（2）Stroop测验的程序及相关统计指标

色词干扰测验（Stroop Color-Word Test）即 Stroop 测验，主要用于测量被试人员执行功能中的抑制能力。在本测验中，电脑屏幕上会任意出现红、黄、蓝、绿这四个汉字，这四个汉字在键盘上分别对应的则是"S""D""K""L"键，这四个键也代表着和这四个汉字字义所表达的相对应的颜色。但是每个汉字都是由其他的无关颜色书写的，因此本测验要求的是被试人员选择书写汉字的墨水的颜色，而不是汉字字义所表达的颜色。如出现一个用黄颜色书写的"绿"字，则应该在电脑键盘上按"D"键，而不是"L"键（见图4-3、图4-4）。本测验的统计指标为：正确反应时和正确反应数。

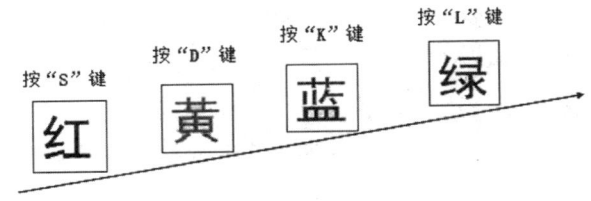

图4-3　Stroop 测验色词一致范式

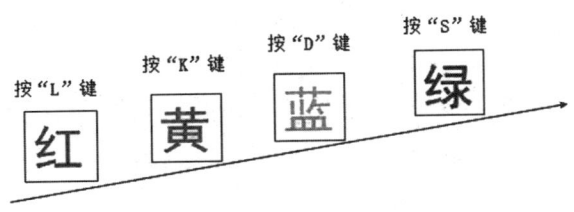

图4-4　Stroop 测验色词不一致范式

（3）威斯康星卡片分类测验的程序及相关统计指标

威斯康星卡片分类测验主要用于测量被试人员执行功能中的转换能力。本测验分为选择区和卡片区，其中选择区有4张刺激卡，卡片区则有128张反应卡。选择区每次出现4张刺激卡，但卡片区每次只出现1张反应卡，所有的卡片用颜色、形状和数目3种概念区分。被试人员在进行测验时，需先观看刺激卡片，然后对反应图片进行分类，即判断反应卡与刺激卡到底是颜色相同、形状相同，还是数目相同。分类好后，再从选择区中选择与卡片区相对应的卡片。当做出选择后，电脑屏幕上会显示"正确"或"错误"的字样作为反馈。若正确，则进行下一张卡片的判断；若错误，则继续进行本张图片的分类，直到做出正确答案为止（见图4-5）。本测验统计指标为：错误应答数和持续性应答数。

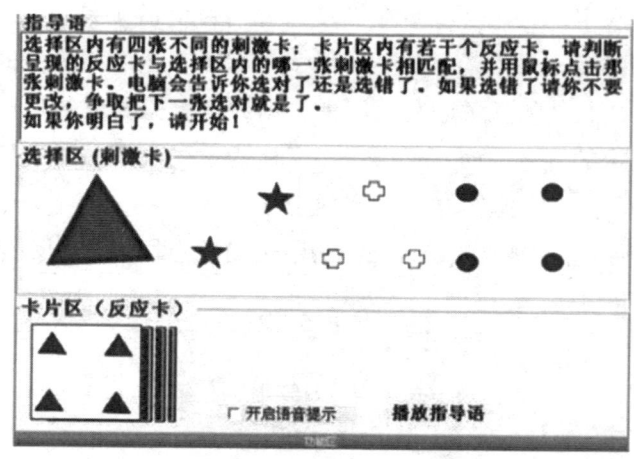

图4-5 威斯康星测验示意图

（4）数字转换任务测验的程序及相关统计指标

数字转换任务测验主要用于测量被试人员执行功能中的转换能力。在本测验中，电脑屏幕上每次会在1~9中（不包含5）任意出现一个数字，每个数字的持续时间为200 ms，两个数字之间的时间间隔为800 ms。测验要求是被试人员必须根据三种判断任务来对数字进行判断。当电脑屏幕上出现"判断大小"时，如果接下来出现的数字是小于5的，则在电脑键盘上按"F"键；如果出现的数字是大于5的，则在键盘上按"J"键。当屏幕上出现"判断奇偶"时，接下来出现的数字若是奇数，则在键盘上按"F"键；若是偶数，则按"J"键。当"判断大小"和"判断奇偶"这两个任务随机出现时，则按照之前出现的相关要求进行操作（见图4-6、图4-7）。本测验的统计指标为：单独大小正确反应数、单独奇偶正确反应数、混合大小正确反应数、混合奇偶正确反应数以及单独大小正确反应时、单独奇偶正确反应时、混合大小正确反应时、混合奇偶正确反应时。

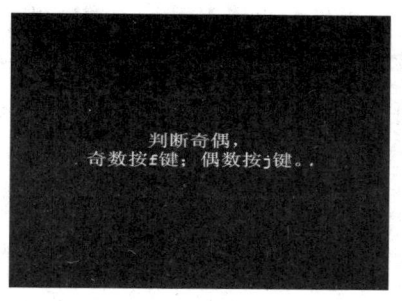

图 4-6　判断奇偶示意图

图 4-7　判断大小示意图

（5）河内塔测验的程序及相关统计指标

河内塔测验主要用于测量被试人员的高级执行功能。本测验不需要使用电脑完成，而是使用由 7 块大小不一的移动圆盘、3 根柱子和 1 个底座组成的益智玩具来进行被试人员计划能力、注意力和解决问题等多种能力的考察。在测验开始前，告知被试人员测验规则，即被试人员需将所有套在铁柱上的移动圆盘从起始座移动到目标座，简单来说就是将所有移动圆盘从最左侧的铁柱上移动到最右侧的铁柱上。但是在移动过程中，要求被试人员每一次只能移动一块圆盘，且必须让圆盘套在柱子上，而不能随意放在底座的空隙上。同时不管圆盘在哪根柱子上，都必须始终保持小的圆盘在大的圆盘上面，大圆盘不能压着小圆盘（见图 4-8）。在本研究的河内塔测验中，将原本要求完成的 7 块圆盘的移动任务改为了完成 5 块圆盘的移动任务即可。本测验的统计指标为移动步数和移动时间。

图 4-8　河内塔测验示意图

在以上所有测验正式开始前，主试人员与被试人员需相互熟悉，以便消除被试人员的紧张情绪，使其能在平和的状态下测验出自己的真实水平。所有需在电脑上完成的测验程序都采用 E-prime 编制而成。作答时，让被试人员身处室温25℃的房间,并嘱其调整最佳姿势坐在距离电脑屏幕50~60厘米的位置。在讲解具体测验方法后,因被试人员集中反映测验难度较大,难以完成所有测验,为解决这一问题,以上所有的测验在正式开始前,都进行了预实验。

3. 生物原胺类神经递质含量的检测

在本研究中,采用高效液相色谱—荧光检测法(HPLC-FLD)来测量所有被试人员血清中生物原胺类神经递质的含量。生物原胺类神经递质主要包括:多巴胺、5-羟色胺、肾上腺素以及去甲肾上腺素。

HPLC-FLD检测前准备。(1)血液的采集及保存:在采血前一晚告知所有的被试人员晚餐不吃油腻腥辣的食物,当晚0时开始不能喝水及进食,且务必早睡。并于次日晨8时开始使用一次性注射器在被试人员的上肢肘正中静脉进行抽血,共抽取全血4mL,将血液静置2小时后分离出血清,置于-80℃冰箱中低温保存待测。(2)实验仪器、试剂与材料。实验仪器:高效液相色谱仪型号为美国Agilent 1260,并配备荧光检测(FLD)检测器、自动进样器,以及四元泵和柱温箱;ULUP-I-10T型优普超纯水机购于成都超纯科技有限公司;CQ-250型超声波清洗器购于上海必能信有限公司;Sartorius BP121s电子天平购于北京赛多利斯科学仪器有限公司;TDZ5-W5型离心机购于湖南湘仪实验室仪器开发有限公司;XW-80A型涡旋混合器购于上海青浦沪西仪器厂;移液枪(规格:1000 μL、200 μL,由北京虹湖联合化工产品有限公司生产)。试剂与材料:色谱级甲醇购自美国Fisher公司,水为超纯水,分析级甲醇、磷酸、高氯酸均购自成都市科龙化工试剂厂;DA、5-HT、E、NE对照品均购自Sigma公司,纯度>98%,符合HPLC含量测定要求。(3)色谱条件:InertSustain HPLC C_{18} 色谱柱(4.6 mm × 250 mm,5 μm);激发波长为275 nm,发射波长350 nm;柱温:30℃;流速:0.5 mL/min;进样量:50 μL;流动相:甲醇(A)-0.2%磷酸水溶液(B);梯度洗脱程序:0~20 min,5%~15% A;20~30 min,15%~30% A。

(1)多巴胺的测量与相关统计指标

取9.34 mg多巴胺对照品,精密称定,置于10 mL的容量瓶中,加甲醇溶解并稀释至刻度,再精确量取1 mL溶液置于100 mL的容量瓶中,加甲醇稀释至刻度,得每1mL含9.34 μg的多巴胺对照品溶液。

取人血清 0.80 mL，置 10 mL 具塞试管中，加入高氯酸 0.16 mL，涡旋振荡 2 min，放置 20 min，4000 r/min 离心 10 min，取上清液，过 0.45 μm 微孔滤膜，滤液进行 HPLC 测定，根据标准曲线测定多巴胺的浓度。

取 9.34 μg/mL 的多巴胺对照品溶液，分别精密吸取 1 μL、3 μL、5 μL、8 μL、10 μL 和 15 μL，注入高效液相色谱仪，并测定其峰面积。以对照品进样量（ng）为横坐标，相应的峰面积为纵坐标绘制标准曲线。结果多巴胺的线性回归方程为：$Y = 0.7206 X + 0.0067$（$R^2 = 0.9997$），详见表 4-1 和图 4-9。

表 4-1　多巴胺线性关系考察

进样量（ng）	9.34	28.02	46.70	74.72	93.40	140.1
峰面积	6.8	20.3	32.8	54.2	68.1	100.5

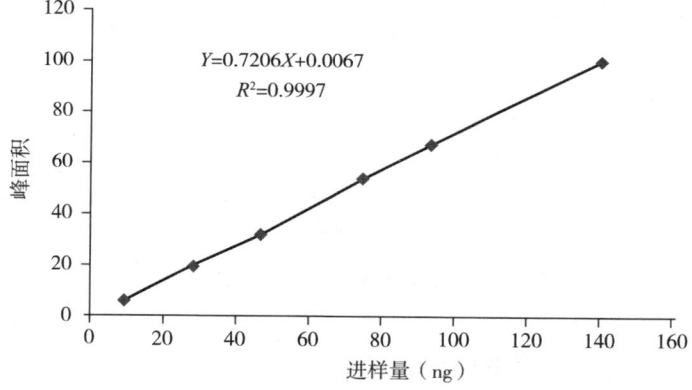

图 4-9　多巴胺对照品的标准曲线

（2）5-羟色胺的测量及相关统计指标

取 9.22 mg 5-HT 对照品，精密称定，置于 10 mL 的容量瓶中，加甲醇溶解并稀释至刻度，再精确量取 1 mL 溶液置于 100 mL 的容量瓶中，加甲醇稀释至刻度，得每 1mL 含 9.22 μg 的 5-HT 对照品溶液。

取人血清 0.80 mL，置 10 mL 具塞试管中，加入高氯酸 0.16 mL，涡旋振荡 2 min，放置 20 min，4000 r/min 离心 10 min，取上清液，过 0.45 μm 微孔滤膜，滤液进行 HPLC 测定，根据标准曲线测定 5-羟色胺的浓度。

取 9.22 μg/mL 的 5-羟色胺对照品溶液，分别精密吸取 1 μL、3 μL、

5 μL、8 μL、10 μL 和 15 μL，注入高效液相色谱仪，并测定其峰面积。以对照品进样量（ng）为横坐标，相应的峰面积为纵坐标绘制标准曲线。结果5-羟色胺的线性回归方程为：$Y = 30.693X + 10.13$（$R^2 = 0.9996$），详见表4-2和图4-10。

表4-2　5-羟色胺线性关系考察

进样量（ng）	9.22	27.66	46.10	73.76	92.20	138.3
峰面积	283.6	851.8	1403.6	2333.7	2854.7	4226.8

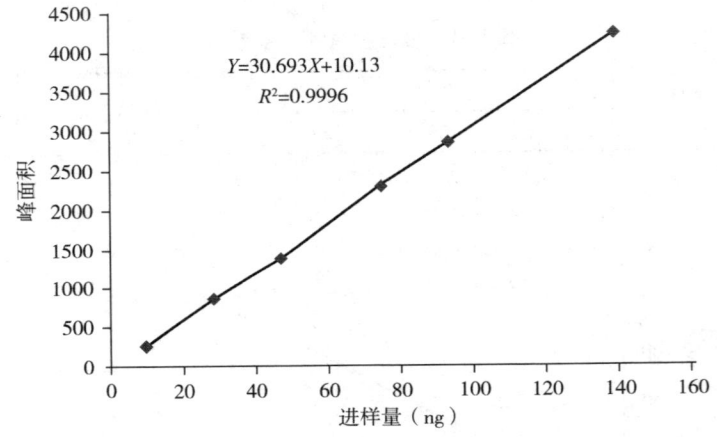

图4-10　5-羟色胺对照品的标准曲线

（3）肾上腺素的测量及相关统计指标

取 9.44 mg 肾上腺素对照品，精密称定，置于 10 mL 的容量瓶中，加甲醇溶解并稀释至刻度，再精确量取 1 mL 溶液置于 100 mL 的容量瓶中，加甲醇稀释至刻度，得每1mL 含 9.44 μg 的肾上腺素对照品溶液。

取人血清 0.80 mL，置 10 mL 具塞试管中，加入高氯酸 0.16 mL，涡旋振荡 2 min，放置 20 min，4000 r/min 离心 10 min，取上清液，过 0.45 μm 微孔滤膜，滤液进行 HPLC 测定，根据标准曲线测定肾上腺素的浓度。

取 9.44 μg/mL 的肾上腺素对照品溶液，分别精密吸取 1 μL、3 μL、5 μL、8 μL、10 μL 和 15 μL，注入高效液相色谱仪，并测定其峰面积。以对照品进样量（ng）为横坐标，相应的峰面积为纵坐标绘制标准曲线。结果肾上腺素的线性回归方程为：$Y = 0.8481X - 1.5264$（$R^2 = 0.9997$），详见表

4-3和图 4-11。

表 4-3　肾上腺素线性关系考察

进样量（ng）	9.44	28.32	47.20	75.52	94.40	141.6
峰面积	7.2	22.3	38.6	61.8	77.8	119.4

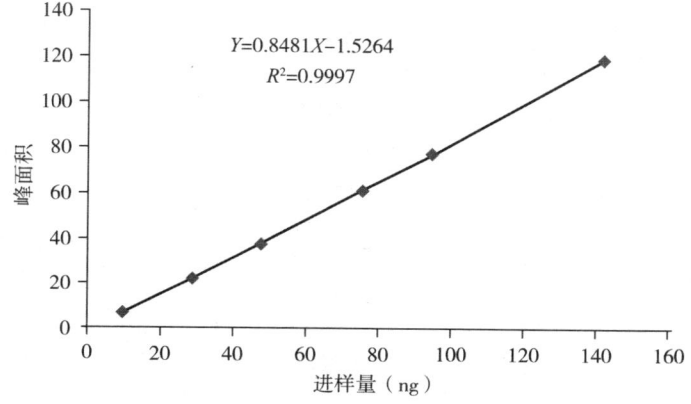

图 4-11　肾上腺素对照品的标准曲线

（4）去甲肾上腺素的测量及相关统计指标

取 9.40 mg 去甲肾上腺素对照品，精密称定，置于 100 mL 的容量瓶中，加甲醇溶解并稀释至刻度，再精确量取 1 mL 溶液置于 50 mL 的容量瓶中，加甲醇稀释至刻度，得每 1mL 含 1.88 μg 的去甲肾上腺素对照品溶液。

取人血清 0.80 mL，置 10 mL 具塞试管中，加入高氯酸 0.16 mL，涡旋振荡 2 min，放置 20 min，4000 r/min 离心 10 min，取上清液，过 0.45 μm 微孔滤膜，滤液进行 HPLC 测定，根据标准曲线测定去甲肾上腺素的浓度。

取 1.88 μg/mL 的去甲肾上腺素对照品溶液，分别精密吸取 3 μL、5 μL、8 μL、10 μL、15 μL 和 20 μL，注入高效液相色谱仪，并测定其峰面积。以对照品进样量（ng）为横坐标，相应的峰面积为纵坐标绘制标准曲线。结果去甲肾上腺素的线性回归方程为：$Y = 0.8785X + 0.2087$（$R^2 = 0.9998$），详见表 4-4 和图 4-12。

表 4-4　去甲肾上腺素线性关系考察

进样量（ng）	5.64	9.40	15.04	18.80	28.20	37.60
峰面积	5.3	8.6	13.2	16.6	24.9	33.4

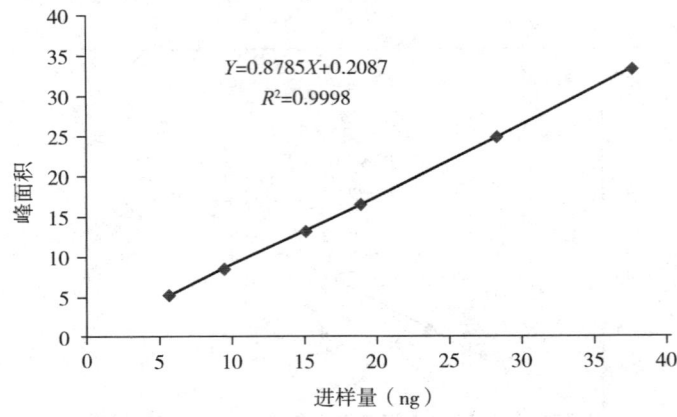

图 4-12　去甲肾上腺素对照品的标准曲线

在进行样品测定时，取各组血清样品，按上述"血清样品处理"方法制备各供试品溶液，并分别注入高效液相色谱仪，在上述色谱条件下依次进行测定，记录色谱峰面积，最终根据标准曲线计算血清中多巴胺、5-羟色胺、肾上腺素、去甲肾上腺素的含量。对照品及血清样品溶液的 HPLC 色谱图见图 4-13。

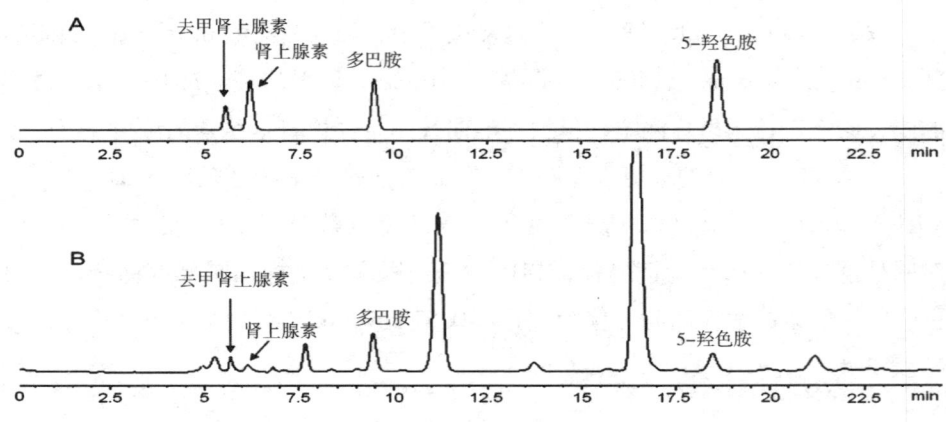

图 4-13　对照品（A）和血清样品（B）的 HPLC 色谱图

(三) 数据分析

实验所获得的数据均采用 SPSS 21.0 统计软件来进行分析处理,使用 T 检验来进行两组数据的差异性分析,使用双变量相关分析法考察执行功能与生物原胺类神经递质含量之间的相关性。

二、结果

(一) 人口学资料的分析

由于实验程序复杂,周期较长,导致实验样本有所丢失,主要丢失原因有:部分戒毒人员中途出所;恐惧抽血;未能坚持完成实验。最终实验组样本量为 77 人 (丢失 23 人,占最初入选人数的 23%),其中男性 33 人 (占 42.9%),女性 44 人 (占 57.1%),男性平均年龄为 19.61±0.70 岁,教育水平为 8.55±1.52 年,吸毒时间为 42.36±19.87 月,戒毒时间为 14.67±5.42 月。女性平均年龄为 22.09±1.94 岁,教育水平为 9.98±1.87 年,吸毒时间为 60.27±25.76 月,戒毒时间为 12.52±5.56 月。对照组样本量为 81 人 (丢失 19 人,占最初入选人数的 19%),其中男性 39 人 (占 48.1%),女性 42 人 (占 51.9%),男性平均年龄为 20.59±0.99 岁,教育水平为 14.82±0.40 年。女性平均年龄为 20.52±0.94 岁,教育水平为 14.82±0.51 年。

(二) 实验组和对照组的执行功能比较

1. 实验组和对照组 N-back 测验的结果比较

由表 4-5 可知,实验组的当前正确反应数、前二正确反应数显著低于对照组,差异均具有非常显著的统计学意义 ($t_1 = -4.285$, $t_3 = 3,143$, $P < 0.01$)。而实验组的当前正确反应时、前二正确反应时却显著高于对照组,差异具有非常显著的统计学意义 ($t_2 = 4.753$, $t_4 = -6.530$, $P < 0.01$)。说明实验组相较于对照组而言花费了更长的反应时间,但正确反应数却比对照组少。

表 4-5 实验组和对照组 N-back 测验结果比较 ($\bar{X} \pm S$)

	实验组	对照组	t	P
当前正确反应数	105.38±17.00	114.05±5.29	-4.285	0.000**
当前正确反应时	728.82±110.95	652.24±89.88	4.753	0.000**

续表

	实验组	对照组	t	P
前二正确反应数	54.78±23.04	74.01±12.01	3.143	0.002**
前二正确反应时	585.74±245.35	477.44±181.26	−6.530	0.000**

注:**表示 $P<0.01$

2. 实验组和对照组 Stroop 测验的结果比较

由表4-6中可知,实验组的正确反应数显著低于对照组的正确反应数,其差异有非常显著的统计学意义($t_1 = -3.392$,$P<0.01$),实验组的正确反应时高于对照组,其差异有显著统计学意义($t_2 = 2.024$,$P<0.05$)。

表4-6 实验组与对照组 Stroop 测验结果比较($\bar{X}±S$)

	实验组	对照组	t	P
正确反应数	29.68±7.19	33.60±7.36	−3.392	0.001**
正确反应时	973.73±228.27	916.11±98.54	2.024	0.044*

注:*表示 $P<0.05$,**表示 $P<0.01$

3. 实验组和对照组威斯康星卡片分类测验的结果比较

由表4-7可知,实验组的错误应答数和持续性应答数明显高于对照组,差异均有非常显著的统计学意义($t_1=7.333$,$t_2=6.558$,$P_{均}<0.01$)。

表4-7 实验组和对照组威斯康星测验结果比较($\bar{X}±S$)

	实验组	对照组	t	P
错误应答数	37.58±20.40	17.42±13.21	7.333	0.000**
持续性应答数	20.47±15.20	7.06±9.78	6.558	0.000**

注:**表示 $P<0.01$

4. 实验组和对照组数字转换任务测验的结果比较

由表4-8可知,实验组在各个数字转换任务类型上的正确反应数均低于对照组,而在各数字转换任务类型上的正确反应时均高于对照组。其在数字转换任务测验中的单独大小正确反应数、单独奇偶正确反应数、混合大小正确反应数指标上差异均有十分显著的统计学意义($t = -2.871$,-3.061,-3.187,$P<0.01$),混合奇偶正确反应数也有统计学意义($t = -2.603$,$P<0.05$),但在各数字转换任务类型中的正确反应时的差异却无统计学意义

($P>0.05$)。

表 4-8 实验组与对照组数字转换任务测验结果比较 ($\bar{X}\pm S$)

	实验组	对照组	t	P
单独大小正确反应数	31.16±11.03	36.37±11.79	-2.871	0.005**
单独奇偶正确反应数	28.96±12.25	34.83±11.84	-3.061	0.003**
混合大小正确反应数	19.55±7.95	23.51±7.67	-3.187	0.002**
混合奇偶正确反应数	21.21±8.74	24.69±8.08	-2.603	0.010*
单独大小正确反应时	292.99±125.84	278.15±100.86	0.815	0.416
单独奇偶正确反应时	367.10±148.19	349.11±110.27	0.862	0.390
混合大小正确反应时	415.74±199.46	402.07±151.55	0.483	0.630
混合奇偶正确反应时	470.77±229.56	466.85±144.72	0.128	0.899

注：* 表示 $P<0.05$，** 表示 $P<0.01$

5. 实验组和对照组河内塔测验的结果比较

由表 4-9 可知，实验组完成测验时所用的移动步数和花费的移动时间均高于对照组。其中二者的移动步数差异有统计学意义（$t_1=2.251$，$P<0.05$），而移动时间差异无统计学意义（$P>0.05$）。

表 4-9 实验组与对照组河内塔测验的结果比较 ($\bar{X}\pm S$)

	实验组	对照组	t	P
移动步数	99.42±32.83	87.70±32.55	2.251	0.026*
移动时间	352.12±175.66	339.74±190.96	0.423	0.673

注：* 表示 $P<0.05$

（三）不同性别实验组与对照组执行功能的两两比较

1. 正常女性与正常男性执行功能的差异

由表 4-10 可知，正常男性在 N-back 测验中的当前正确反应时少于正常女性，且差异具有统计学意义（$t=2.045$，$P<0.05$），其余各项指标的差异均无统计学意义（$P>0.05$）。

表 4-10 正常女性和正常男性执行功能结果比较 ($\bar{X}\pm S$)

	正常女性	正常男性	t	P
当前正确反应数	115.05±3.98	112.97±6.29	1.758	0.084
当前正确反应时	671.54±93.61	631.46±81.83	2.045	0.044*

续表

	正常女性	正常男性	t	P
前二正确反应数	73.81±9.34	74.23±14.47	-0.157	0.876
前二正确反应时	495.17±149.29	458.34±210.70	0.913	0.364
Stroop 测验正确反应数	34.48±6.82	32.67±7.89	1.107	0.272
Stroop 测验正确反应时	909.43±99.70	923.30±98.08	-0.631	0.530
错误应答数	16.55±9.40	18.36±16.38	-0.614	0.541
持续性应答数	6.81±8.03	7.33±11.47	-0.240	0.811
单独大小正确反应数	36.71±11.69	36.00±12.05	0.271	0.787
单独奇偶正确反应数	35.60±11.13	34.00±12.66	0.600	0.550
混合大小正确反应数	23.79±7.65	23.21±7.78	0.338	0.736
混合奇偶正确反应数	25.14±7.85	24.21±8.41	0.519	0.605
单独大小正确反应时	270.98±103.39	285.87±98.83	-0.661	0.510
单独奇偶正确反应时	335.00±92.61	364.30±126.06	-1.185	0.240
混合大小正确反应时	409.06±146.27	394.54±158.61	0.429	0.669
混合奇偶正确反应时	473.52±142.65	459.66±148.44	0.429	0.669
移动步数	86.00±24.77	89.54±39.52	-0.479	0.634
移动时间	357.90±188.48	320.18±194.11	0.887	0.378

注：＊表示 $P<0.05$

2. 冰毒依赖女性与正常女性执行功能的差异

由表 4-11 可知，冰毒依赖女性在 N-back 测验中的当前正确反应数、前二正确反应数均少于正常女性，且差异有非常显著的统计学意义（$t_1=-2.961$，$t_3=-4.778$，$P<0.01$），同时其当前正确反应时、前二正确反应时均长于正常女性，两者的当前正确反应时有非常显著的统计学意义（$t_2=3.247$，$P<0.01$），而前二正确反应时也有统计学意义（$t_4=2.051$，$P<0.05$）。在 Stroop 测验中冰毒依赖女性的正确反应数低于正常女性，且差异有非常显著的统计学意义（$t=-3.462$，$P<0.01$）。在威斯康星卡片分类测验中，冰毒依赖女性的错误应答数及持续性应答数均高于正常女性，且差异有非常显著的统计学意义（$t=5.827$，5.281，$P<0.01$）。在数字转换任务测验中，冰毒依赖女性的单独大小正确反应数、单独奇偶正确反应数、混合大小正确反应数、混合奇偶正确反应数均低于正常女性，且二者差异有非常显著的统计学意义（$t=-7.403$，-7.382，-7.730，-7.905，$P<0.01$）。而在河内塔测验中，冰毒依

赖女性的移动步数多于正常女性，且两者差异有统计学意义（$t=2.338$，$P<0.05$）。

表 4-11 冰毒依赖女性和正常女性执行功能结果比较（$\bar{X}\pm S$）

	冰毒依赖女性	正常女性	t	P
当前正确反应数	106.48±18.76	115.05±3.98	−2.961	0.005**
当前正确反应时	744.39±113.03	671.54±93.61	3.247	0.002**
前二正确反应数	57.39±20.70	73.81±9.34	−4.778	0.000**
前二正确反应时	587.66±257.20	495.17±149.29	2.051	0.044*
Stroop 测验正确反应数	29.00±7.79	34.48±6.82	−3.462	0.001**
Stroop 测验正确反应时	915.49±228.08	909.43±99.70	0.161	0.873
错误应答数	36.61±20.67	16.55±9.40	5.827	0.000**
持续性应答数	19.43±13.56	6.81±8.03	5.281	0.000**
单独大小正确反应数	22.52±4.32	36.71±11.69	−7.403	0.000**
单独奇偶正确反应数	20.48±7.41	35.60±11.13	−7.382	0.000**
混合大小正确反应数	13.59±3.90	23.79±7.65	−7.730	0.000**
混合奇偶正确反应数	14.27±4.32	25.14±7.85	−7.905	0.000**
单独大小正确反应时	284.84±140.22	270.98±103.39	0.523	0.602
单独奇偶正确反应时	369.79±168.05	335.00±92.61	1.196	0.236
混合大小正确反应时	406.41±221.17	409.06±146.27	−0.066	0.948
混合奇偶正确反应时	489.42±275.75	473.52±142.65	0.338	0.737
移动步数	102.02±37.73	86.00±24.77	2.338	0.022*
移动时间	327.75±148.68	357.90±188.48	−0.821	0.414

注：*表示 $P<0.05$，**表示 $P<0.01$

3. 冰毒依赖男性与正常男性执行功能的差异

由表 4-12 可知，冰毒依赖男性在 N-back 测验中的当前正确反应数、前二正确反应数均少于正常男性，且差异有非常显著的统计学意义（$t_1=-3.343$，$t_3=-4.544$，$P<0.01$），同时其当前正确反应时、前二正确反应时均长于正常男性，两者的当前正确反应时有非常显著的统计学意义（$t_2=3.453$，$P<0.01$），而前二正确反应时也有统计学意义（$t_4=2.389$，$P<0.05$）。在 Stroop 测验中冰毒依赖男性的正确反应时长于正常男性，且差异有非常显著的统计学意义（$t=3.255$，$P<0.01$）。在威斯康星卡片分类测验中，冰毒依赖男性的错误应答数及持续性应答数均高于正常男性，且差异有非常显著的统计

学意义（$t=4.665$，4.122，$P<0.01$）。在数字转换任务测验中，冰毒依赖男性的单独大小正确反应数、混合大小正确反应数、混合奇偶正确反应数均低于正常男性，且二者差异有非常显著的统计学意义（$t=3.147$，2.999，4.567，$P<0.01$），同时两者的单独奇偶正确反应数相比也有统计学意义（$t=2.632$，$P<0.05$）。

表 4-12　冰毒依赖男性和正常男性执行功能结果比较（$\bar{X}\pm S$）

	冰毒依赖男性	正常男性	t	P
当前正确反应数	103.91±14.46	112.97±6.29	-3.343	0.002**
当前正确反应时	708.06±106.27	631.46±81.83	3.453	0.001**
前二正确反应数	51.30±25.75	74.23±14.47	-4.544	0.000**
前二正确反应时	583.18±232.50	458.34±210.70	2.389	0.020*
Stroop 测验正确反应数	30.58±6.31	32.67±7.89	-1.250	0.216
Stroop 测验正确反应时	1051.38±207.28	923.30±98.08	3.255	0.002**
错误应答数	38.88±20.29	18.36±16.38	4.665	0.000**
持续性应答数	21.85±17.26	7.33±11.47	4.122	0.000**
单独大小正确反应数	36.00±12.05	42.67±5.02	3.147	0.003**
单独奇偶正确反应数	34.00±12.66	40.27±7.20	2.632	0.011*
混合大小正确反应数	23.21±7.78	27.48±4.00	2.999	0.004**
混合奇偶正确反应数	24.21±8.41	30.45±1.42	4.567	0.000**
单独大小正确反应时	303.85±104.76	285.87±98.83	0.749	0.457
单独奇偶正确反应时	363.52±119.10	364.30±126.06	-0.027	0.979
混合大小正确反应时	428.20±168.74	394.54±158.61	0.871	0.387
混合奇偶正确反应时	445.90±147.87	459.66±148.44	-0.393	0.696
移动步数	95.94±24.97	89.54±39.52	0.834	0.408
移动时间	384.61±204.14	320.18±194.11	1.370	0.175

注：* 表示 $P<0.05$，** 表示 $P<0.01$

4. 冰毒依赖女性与冰毒依赖男性执行功能的差异

由表 4-13 可知，冰毒依赖女性在 Stroop 测验中的正确反应时低于冰毒依赖男性，且差异有非常显著的统计学意义（$t=-2.689$，$P<0.01$）。而在数字转换任务测验中，冰毒依赖男性的单独大小正确反应数、单独奇偶正确反应数、混合大小正确反应数、混合奇偶正确反应数均高于冰毒依赖女性，且二者差异有非常显著的统计学意义（$t=-18.482$，-11.748，-15.322，-23.234，

$P<0.01$)。

表 4-13 冰毒依赖女性和冰毒依赖男性执行功能结果比较（$\bar{X}\pm S$）

	冰毒依赖女性	冰毒依赖男性	t	P
当前正确反应数	106.48±18.76	103.91±14.46	0.654	0.515
当前正确反应时	744.39±113.03	708.06±106.27	1.431	0.156
前二正确反应数	57.39±20.70	51.30±25.75	1.149	0.254
前二正确反应时	587.66±257.20	583.18±232.50	0.079	0.937
Stroop 测验正确反应数	29.00±7.79	30.58±6.31	-0.951	0.344
Stroop 测验正确反应时	915.49±228.08	1051.38±207.28	-2.689	0.009**
错误应答数	36.61±20.67	38.88±20.29	-0.480	0.633
持续性应答数	19.43±13.56	21.85±17.26	-0.688	0.493
单独大小正确反应数	22.52±4.32	42.67±5.02	-18.482	0.000**
单独奇偶正确反应数	20.48±7.41	40.27±7.20	-11.748	0.000**
混合大小正确反应数	13.59±3.90	27.48±4.00	-15.322	0.000**
混合奇偶正确反应数	14.27±4.32	30.45±1.42	-23.234	0.000**
单独大小正确反应时	284.84±140.22	303.85±104.76	-0.654	0.515
单独奇偶正确反应时	369.79±168.05	363.52±119.10	0.191	0.849
混合大小正确反应时	406.41±221.17	428.20±168.74	-0.490	0.625
混合奇偶正确反应时	489.42±275.75	445.90±147.87	0.890	0.377
移动步数	102.02±37.73	95.94±24.97	0.850	0.398
移动时间	327.75±148.68	384.61±204.14	-1.353	0.181

注：**表示 $P<0.01$

通过对不同性别实验组与对照组执行功能的两两比较得出：对照组男、女性各项执行功能除 N-back 测验中的当前正确反应时男性显著低于女性外（$P<0.05$），其余差异均无统计学意义。而实验组男、女性与对照组男、女性相比，除河内塔测试中的移动时间、数字转换任务测验中的正确反应时无显著差异外，其余各项指标差异均具有显著统计学意义（$P_{均}<0.01$）。而且，实验组女性执行功能受损更为严重，具体表现在数字转换任务测验中的正确反应数（$P_{均}<0.01$）。

（四）实验组执行功能与吸/戒毒时间相关性分析

1. 吸/戒毒时间与实验组 N-back 测验的相关性分析

由表 4-14 可知，吸/戒毒时间与 N-back 测验中的当前正确反应数、当前正确反应时、前二正确反应数和前二正确反应时的相关均不显著（$P_{均}$ > 0.05）。

表 4-14 吸/戒毒时间与 N-back 测验的相关性分析（r）

	当前正确反应数	当前正确反应时	前二正确反应数	前二正确反应时
吸毒时间	0.057	0.119	0.115	0.123
戒毒时间	0.111	0.056	0.076	-0.073

2. 吸/戒毒时间与实验组 Stroop 测验相关性分析

由表 4-15 可知，吸/戒毒时间与 Stroop 测验中的正确反应数和正确反应时相关性不显著（r_1 = 0.161，r_2 = -0.198，r_3 = 0.020，r_4 = 0.079，$P_{均}$ > 0.05）。

表 4-15 吸/戒毒时间与 Stroop 测验的相关性分析（r）

	正确反应数	正确反应时
吸毒时间	0.161	-0.198
戒毒时间	0.020	0.079

3. 吸/戒毒时间与实验组威斯康星卡片分类测验相关性分析

由表 4-16 可知，吸/戒毒时间与威斯康星卡片分类测验中的错误应答数、持续性应答数相关性不显著（r_1 = 0.023，r_2 = -0.050，r_3 = 0.040，r_4 = -0.062，$P_{均}$ > 0.05）。

表 4-16 吸/戒毒时间与威斯康星卡片分类测验的相关性分析（r）

	错误应答数	持续性应答数
吸毒时间	0.023	-0.050
戒毒时间	0.040	-0.062

4. 吸/戒毒时间与实验组数字转换任务测验相关性分析

由表 4-17 可知，吸/戒毒时间与数字转换任务测验中的单独大小正确反应数、单独奇偶正确反应数、混合大小正确反应数和混合奇偶正确反应数均呈非常显著性的负相关（r_1 = -0.357，r_3 = -0.316，r_5 = -0.325，r_7 = -0.391，$P_{均}$ < 0.01），说明吸毒时间越长，在数字转换任务测验中的这几项指标越低，即测验中得到的正确反应数越少。而戒毒时间与数字转换任务测验中的混合大小正确反应数呈显著正相关（r = 0.272，P < 0.05），说明戒毒时间越长，在

数字转换任务测验中的得到的混合大小正确反应数越多。

表 4-17 吸/戒毒时间与数字转换任务测验的相关性分析（r）

	单独大小正确反应数	单独奇偶正确反应数	混合大小正确反应数	混合奇偶正确反应数	单独大小正确反应时
吸毒时间	-0.357**	-0.316**	-0.325**	-0.391**	-0.022
戒毒时间	-0.019	0.205	0.272*	0.224	0.206

	单独奇偶正确反应时	混合大小正确反应时	混合奇偶正确反应时
吸毒时间	0.035	0.067	0.045
戒毒时间	0.133	0.121	0.134

注：*表示 $P < 0.05$，**表示 $P < 0.01$

5. 吸/戒毒时间与实验组河内塔测验相关性分析

由表 4-18 可知，吸/戒毒时间与河内塔测验中的移动步数、移动时间相关性不显著（$r_1 = -0.132$，$r_2 = -0.182$，$r_3 = -0.074$，$r_4 = -0.091$，$P_{均} > 0.05$）。

表 4-18 吸/戒毒时间与河内塔测验的相关性分析（r）

	移动步数	移动时间
吸毒时间	-0.132	-0.182
戒毒时间	-0.074	-0.091

（五）实验组和对照组的神经递质含量比较

由表 4-19 可知，实验组血液中的 DA、5-HT、E、NE 含量均高于对照组，且差异均具有非常显著的统计学意义（$t_1 = 6.648$，$t_2 = 12.925$，$t_3 = 15.651$，$t_4 = 12.344$，$P_{均} < 0.01$）。

表 4-19 实验组与对照组神经递质含量的结果比较（$\bar{X} \pm S$）

	实验组	对照组	t	P
DA（μg/mL）	5.06±1.55	3.18±1.97	6.648	0.000**
5-HT（ng/mL）	351.94±119.90	149.27±69.24	12.925	0.000**
E（ng/l）	555.66±225.55	129.20±81.39	15.651	0.000**
NE（ng/mL）	3.63±0.96	2.03±0.64	12.344	0.000**

注：**表示 $P < 0.01$

（六）不同性别实验组与对照组神经递质含量的两两比较

1. 正常女性与正常男性神经递质含量的差异

由表4-20可知，正常女性血液中的E含量高于正常男性，且差异具有统计学意义（$t=2.643$，$P<0.05$）。除此之外的其他各项神经递质的含量则无统计学意义（$P>0.05$）。

表4-20　正常女性和正常男性神经递质含量的结果比较（$\bar{X}\pm S$）

	正常女性	正常男性	t	P
DA（μg/mL）	3.45±1.61	2.89±2.27	1.301	0.197
5-HT（ng/mL）	151.17±81.45	147.21±54.08	0.255	0.799
E（ng/l）	150.91±100.19	105.82±45.11	2.643	0.011*
NE（ng/mL）	1.96±0.69	2.10±0.58	-1.004	0.318

注：*表示$P<0.05$

2. 冰毒依赖女性与正常女性神经递质含量的差异

由表4-21可知，冰毒依赖女性血液中的DA、5-HT、E、NE含量均高于正常女性，且冰毒依赖女性该项参数指标与正常女性相比差异均具有十分显著的统计学意义（$t_1=4.249$，$t_2=8.980$，$t_3=10.600$，$t_4=8.240$，$P_{均}<0.01$）。

表4-21　冰毒依赖女性和正常女性神经递质含量的结果比较（$\bar{X}\pm S$）

	冰毒依赖女性	正常女性	t	P
DA（μg/mL）	4.99±1.72	3.45±1.61	4.249	0.000**
5-HT（ng/mL）	321.71±93.89	151.17±81.45	8.980	0.000**
E（ng/l）	466.18±168.55	150.91±100.19	10.600	0.000**
NE（ng/mL）	3.55±1.07	1.96±0.69	8.240	0.000**

注：**表示$P<0.01$

3. 冰毒依赖男性与正常男性神经递质含量的差异

由表4-22可知，冰毒依赖男性血液中的DA、5-HT、E、NE含量均高于正常男性，且冰毒依赖男性该项参数指标与正常男性相比差异均具有十分显著的统计学意义（$t_1=5.304$，$t_2=9.524$，$t_3=13.498$，$t_4=10.208$，$P_{均}<0.01$）。

表 4-22　冰毒依赖男性和正常男性神经递质含量的结果比较（$\bar{X}\pm S$）

	冰毒依赖男性	正常男性	t	P
DA（ug/mL）	5.15±1.29	2.89±2.27	5.304	0.000**
5-HT（ng/mL）	392.24±139.17	147.21±54.08	9.524	0.000**
E（ng/l）	674.97±238.65	105.82±45.11	13.498	0.000**
NE（ng/mL）	3.74±0.78	2.10±0.58	10.208	0.000**

注：**表示 $P<0.01$

4. 冰毒依赖女性与冰毒依赖男性神经递质含量的结果差异

由表4-23可知，冰毒依赖女性血液中的DA、5-HT、E、NE含量均低于冰毒依赖男性，其中两组人员5-HT含量的差异具有统计学意义（$t=-2.514$，$P<0.05$），E含量的差异具有十分显著的统计学意义（$t=-4.501$，$P<0.01$）。

表 4-23　冰毒依赖女性和冰毒依赖男性神经递质含量的结果比较（$\bar{X}\pm S$）

	冰毒依赖女性	冰毒依赖男性	t	P
DA（ug/mL）	4.99±1.72	5.15±1.29	-0.469	0.640
5-HT（ng/mL）	321.71±93.89	392.24±139.17	-2.514	0.015*
E（ng/l）	466.18±168.55	674.97±238.65	-4.501	0.000**
NE（ng/mL）	3.55±1.07	3.74±0.78	-0.868	0.388

注：* 表示 $P<0.05$，**表示 $P<0.01$

通过不同性别实验组与对照组生物原胺类神经递质含量的两两比较得出：对照组男、女性除肾上腺素具有一定差异外（$P<0.05$），其余指标均无统计学差异。实验组男、女性与对照组男、女性相比，各项指标均有显著提高，且差异均具有统计学意义（$P_{均}<0.01$），实验组男性5-HT、E含量的提高明显高于实验组女性（$P<0.01$ 或 $P<0.05$）。

（七）实验组神经递质含量与吸/戒毒时间相关分析

由表4-24可知，血液中5-HT的含量与吸毒时间呈负相关（$r=-0.234$，$P<0.05$），说明吸毒时间越长，血液中5-HT含量越低。而其余各项神经递质与吸/戒毒时间的相关均不显著（$P_{均}>0.05$）。

表 4-24 实验组神经递质含量与吸/戒毒时间相关分析（r）

	DA	5-HT	E	NE
吸毒时间	-0.083	-0.234*	-0.041	-0.201
戒毒时间	0.051	0.183	0.153	0.150

注：*表示 $P<0.05$

（八）实验组执行功能与神经递质含量的相关性分析

由表 4-25 可知，冰毒依赖者血液中 5-HT 含量与数字转换任务测验中的单独大小正确反应数、混合奇偶正确反应数呈显著正相关（$r=0.306$，0.315，$P<0.01$），与单独奇偶正确反应数、混合大小正确反应数呈正相关（$r=0.262$，0.281，$P<0.05$）。而其血液中 E 含量与单独大小正确反应数、单独奇偶正确反应数、混合大小正确反应数以及混合奇偶正确反应数也呈显著正相关（$r=0.311$，0.352，0.412，0.414，$P<0.01$）。

表 4-25 神经递质含量与冰毒依赖者执行功能的相关分析（r）

	DA	5-HT	E	NE
当前正确反应数	-0.182	-0.085	-0.176	-0.084
当前正确反应时	-0.027	0.012	-0.220	-0.111
前二正确反应数	0.026	-0.109	-0.111	0.018
前二正确反应时	0.056	0.017	-0.070	-0.065
Stroop 测验正确反应数	-0.165	0.083	-0.040	0.019
Stroop 测验正确反应时	-0.177	0.041	0.088	0.063
错误应答数	0.054	0.025	-0.020	0.153
持续性应答数	0.056	-0.027	-0.006	0.060
单独大小正确反应数	0.000	0.306**	0.311**	0.147
单独奇偶正确反应数	-0.034	0.262*	0.352**	0.161
混合大小正确反应数	-0.021	0.281*	0.412**	0.080
混合奇偶正确反应数	0.050	0.315**	0.414**	0.142
单独大小正确反应时	-0.028	-0.044	0.061	-0.032
单独奇偶正确反应时	0.012	-0.012	-0.139	0.007
混合大小正确反应时	-0.125	-0.018	0.028	0.016
混合奇偶正确反应时	-0.211	-0.066	-0.103	-0.029
移动步数	0.183	-0.035	-0.095	0.155
移动时间	0.069	0.110	0.188	0.133

注：*表示 $P<0.05$，**表示 $P<0.01$

三、讨论

（一）冰毒依赖青少年的执行功能特点及影响因素分析

1. 冰毒依赖青少年执行功能特点

执行功能是个体的许多认知加工过程的协同操作，包括计划、工作记忆、冲动控制、抑制、定势转移或心理灵活性以及动作产生和监控等一系列功能，与日常生活密切相关[24]。以往也有神经心理学研究发现，冰毒滥用或依赖可导致许多执行功能损害[25]。本研究采用的成套执行功能测试包括：Stroop 测验、威斯康星卡片分类测验、N-back 测验、河内塔测验、数字转换测验，分别对冰毒依赖青少年执行功能的抑制能力、转换能力、刷新能力进行了考察。

本研究发现在 Stroop 测验中，冰毒依赖青少年的正确反应数明显少于正常青少年，但正确反应时却显著高于正常青少年，且在 Stroop 测验中，实验组和对照组在正确反应数和正确反应时两个指标上的差异均有统计学意义，这说明冰毒严重损害了青少年的抑制能力。这与前人的研究结果是相一致的[4][26][27]。Fillmore 用停止信号任务对可卡因吸食者的抑制能力进行考察时发现，其抑制能力也是降低的[28]。Brook 等人使用人类行为监控模式还发现伴随着冰毒依赖者抑制控制能力的下降，冲动性、回避危险的能力也下降[29]。在通过 Stroop 测验来考察选择性抑制的能力时，有研究发现认知控制加工需要扣带—前额通路在内的前额叶内不同亚区的功能协同[30]，而长期滥用冰毒会导致相关脑区的损害，因此在该测验中得到的正确反应数会较低，也往往会花费更长的时间来抑制优势反应倾向，表现出更长的正确反应时，最终在注意和抑制等多个方面均有损害的体现。

本研究中发现在威斯康星卡片分类测验中冰毒依赖青少年的错误应答数和持续性应答数都显著高于正常青少年，并且所有的数字转换任务测验中，冰毒依赖青少年的正确反应数都低于正常青少年，但正确反应时却又都高于对照组。虽然这一实验常常会因为使用不同的范式而得出不同的结论，但最终两组范式的测验结果显示和许多前人的研究结果是相一致的。Fox 等人在用威斯康星卡片分类测验考察冰毒依赖者的执行功能时发现，其在该测验中完成的分类数较低，分类的能力也较差，导致其错误应答数和持续性错误数都比正常青少年高，最终结果提示冰毒依赖者认知转移能力差，注意力集中困难,这说明冰毒依赖者的执行功能严重受损和减退[31]。

在 N-back 实验范式中,本研究发现冰毒依赖青少年的当前正确反应数和前二正确反应数都显著低于正常青少年,但当前正确反应时和前二正确反应时却高于正常青少年。这两种指标目前都是用来考察被试人员的工作记忆能力的。因此本研究的实验结果显示冰毒依赖青少年的工作记忆能力严重受损与国外的很多研究结果是相一致的[32][33]。Roger[34]等使用数字广度任务研究了摇头丸滥用者的工作记忆,发现同正常对照组相比,摇头丸滥用者的工作记忆存在缺陷,且短时间的戒断无法恢复正常水平。Alasdair[35]等人发现具有冰毒滥用史者多花 18%~30% 的时间完成与工作记忆相关的听觉言语学习回顾任务。此外滥用冰毒导致的执行功能受损还表现在诸如冰毒滥用相关的攻击行为、觅药行为、高危性行为等行为控制能力减退而导致的行为异常情况。并且有研究显示[36]冰毒滥用者的即刻言语回忆、延迟言语回忆和注意力这三方面的能力均受损。

本研究发现在河内塔测验中冰毒依赖青少年的移动步数多于正常青少年,移动时间也比正常青少年要长。这说明吸食冰毒严重地损伤了依赖者的执行功能。King 等人的研究发现,与正常人相比,青少年冰毒依赖者在戒断后的 4~11 个月,其执行功能受损情况并未改善[37][38],同样,戒断期的成年冰毒依赖者也表现出长期的执行功能受损[39]。因此,长期使用冰毒不仅会损伤脑结构,还可能导致认知功能的障碍,包括注意偏向,记忆障碍,甚至有 26%~46% 的长期依赖者出现精神病性症状等等,其中执行功能的损害显著[23][25][40][41]。

2. 吸/戒毒时间与执行功能的关系

本研究中考察的吸食行为主要为吸毒时间和戒毒时间。在对执行功能进行相关测验后发现,吸毒时间与执行功能中的抑制能力和刷新能力没有显著性的相关,但吸毒时间与数字转换任务测验中的单独大小正确反应数、单独奇偶正确反应数、混合大小正确反应数和混合奇偶正确反应数几个指标均呈显著性的负相关,说明随着吸毒时间的延长,吸毒人员的这几项指标越低,意味着他们的转换能力越差。

另外本研究中发现戒毒时间与抑制能力和刷新能力的相关并不显著,也就是说随着戒毒时间的延长,戒毒人员的抑制能力和刷新能力并没有完全恢复。在这方面也有研究表明毒品的滥用会造成认知脑区的损伤和认知系统的损伤[42]，并且李明哲[43]在使用 N-back 任务测量冰毒戒断者工作记忆特征后也发现，冰毒戒断者言语工作记忆系统存在明显的缺陷。但在本研究中的戒毒时间与数字转换任务测验中的混合大小正确反应数却呈正相关，说明戒毒时间与冰毒依赖者转换能力有一定关系，但相关性却并不明显，或者说与我们预先判断的结果并不完全一样。造成这种结果的可能原因是：本研究中选取的实验组研究对象为强制隔离戒毒所的人员，平时主要通过劳动教养和强制隔离的方法来达到使吸毒人员脱毒的目的，然而这一戒毒模式使被试人员很少接触到新鲜的刺激，也容易引起他们抑郁、低落的情绪，使其大脑活动往往处于抑制状态，从而影响执行功能的恢复。

3. 不同性别冰毒依赖青少年执行功能的差异分析

虽然许多研究都表明冰毒依赖者的执行功能受其自身主客观条件以及药物滥用史等因素影响，但是性别却是其中先天形成，并能够导致执行功能差异的影响因素之一。本研究中发现，女性冰毒依赖者的执行功能差于正常女性，同时男性冰毒依赖者的执行功能也差于正常男性，这说明吸食冰毒对执行功能造成的损伤是十分显著的。在进行同组比较时发现正常男、女性的执行功能差异不大。而女性冰毒依赖者虽然在 Stroop 测验中的正确反应时低于男性冰毒依赖者，但正确反应数低于男性冰毒依赖者，并且在数字转换任务测验中，男性冰毒依赖者的单独大小正确反应数、单独奇偶正确反应数、混合大小正确反应数、混合奇偶正确反应数均高于女性冰毒依赖者，男性冰毒依赖者执行功能任务完成往往比女性要好，这说明冰毒对女性造成的损害往往比男性更严重。George[34]在对 54 名青少年冰毒依赖者和 74 名年龄匹配的比较受试者（12 至 23 岁）进行神经心理学测试时发现，女性冰毒吸食者在 Stroop 干扰任务以及智力量表上的表现比男性更差。有学者在使用爱荷华州赌博任务对可卡因或冰毒吸食者进行工作记忆和认知灵活性的测验时，发现女性的决策能力比服用这些药物的男性损伤更为明显[23]。另有多个研究表明[24][44]，女性成瘾者执行功能任务完成往往比男性要差。虽然性别可能影响冰毒滥用者执行功能的评估，但是并不是每个测验任务对男性和女性潜在的差异足够敏感。

(二)冰毒依赖青少年神经递质特点与影响因素相关分析

冰毒具有强烈的中枢神经兴奋作用和欣快作用。研究表明冰毒可促进神经递质的释放、阻止递质再摄取、抑制单胺氧化酶的活性而间接发挥其毒性作用。神经递质共分为四类,其中生物原胺类神经递质是最先发现的一种,主要包括DA、5-HT、E和NE。本研究采用高效液相色谱—荧光检测技术对冰毒依赖者血液中的生物原胺类神经递质含量进行测试,并进行对照研究和相关分析,结果发现如下。

1. 冰毒依赖青少年神经递质特点

本研究发现,冰毒依赖青少年的DA、5-HT、E、NE的含量均比正常青少年高。然而以往的研究却显示,冰毒不但对实验动物的大脑多巴胺能/或5-羟色胺能神经元具有明显的神经毒性。在高剂量下,还会选择性地进行人体大脑纹状体中单胺能神经元的终端的改变,使得突触间隙中DA、5-HT的浓度增加,细胞内的DA、5-HT含量减少,从而导致突触前膜DA等神经递质的耗竭[45][46]。本研究中出现该种情况的原因,可能是实验组中的冰毒依赖者选取的是强制隔离戒毒所中的戒毒人员,该类人员在所时作息规律,极少接触到外界的人或物,因此在进行实验操作时,难免是一个应激事件,使得其情绪激动,导致DA和5-HT的急剧上升,且该类人员大部分都有烟草依赖史,故检测时,其血液中相关的神经递质也许会受到影响,当然这些影响因素尚待进一步证实。

2. 吸/戒毒时间与神经递质含量的关系

本研究未发现DA、E、NE与吸毒时间及戒毒时间的关系,但数据分析显示5-HT与吸毒时间却呈负相关,说明随着吸毒时间的增长,人体血清中的5-HT含量会越低。有研究表明,偶吸冰毒后升高的多巴胺水平虽有一定波动,但总体呈现下降趋势,随着时间的推移逐渐回落,在2周左右接近正常人水平,而依赖者多巴胺水平持续降低,在距末次吸食的11小时至72小时过程中外周血清DA水平变化趋势不大[47]。

3. 不同性别冰毒依赖青少年神经递质含量的差异分析

本研究中显示正常男性、女性比较时,除女性E含量高于男性外,其余差异无统计学意义。吸食冰毒后,不论是男性还是女性,其生物原胺类神经递质均有明显升高,而且男性冰毒吸毒人员的5-HT、E明显高于女性。其可能的原因是，男性吸毒人员较女性吸毒人员而言，有更多的烟草依赖者，而有研究表明吸烟可能导致血液中肾上腺素、去甲肾上腺素等儿茶酚胺物质的释放水平增加[48]。而对照组中女性 E 水平高于正常男性的原因，可能是紧张等情绪状态所导致的。

（三）冰毒依赖青少年执行功能与神经递质相关性分析

本研究中冰毒依赖者血液中 5-HT 及 E 的含量与执行功能中的转换能力呈显著正相关。说明当冰毒依赖者血液中 5-HT 和 E 含量升高时，其执行功能是升高的，而当这两项神经递质的含量降低时，其执行功能就会受到损伤。Volkow[49]发现冰毒滥用者丘脑中多巴胺转运体和多巴胺受体密度下降，五羟色胺转运体（5-HTT）和囊泡单胺转运体（VMAT2）显示低密度。Reichel等[50]进行动物实验时也发现，在给予实验大鼠冰毒后，大鼠找寻物体的能力会下降，表明其发生了记忆混乱，且其大脑海马中的 5-HTT 表达降低，这不但可能是冰毒引起的记忆缺失和认知功能障碍的基础，也说明冰毒对广泛脑区的 5-HT 系统有明显的毒性[51]。已有研究显示[52][53][54]，慢性、长期使用冰毒会造成多巴胺能神经系统的损害以及 5-羟色胺转运蛋白密度的减少，导致执行功能的损害，出现抑郁、焦虑、偏执等精神病性症状。

虽然本研究中 DA、NE 与执行功能的相关并不显著，但是有研究显示，药物成瘾与多巴胺系统、去甲肾上腺素系统关系密切[55]。当以冰毒为首的 ATS 兴奋剂吸食入体后，会作用于儿茶酚胺神经细胞的突触前膜，通过促进突触前膜内神经递质（如 NE、DA 和 5-HT 等）的释放、阻止递质再摄取、抑制单胺氧化酶（MAOI）的活性而间接发挥药理或毒性作用[56]。并且冰毒还会使如 E 和 NE 等儿茶酚胺类物质的释放过载，导致吸食者心肌线粒体功能的损伤、血管痉挛、缺血，而长期心肌缺血会影响到机体的全身供血，并最终导致大脑长时间缺血缺氧，损伤其认知执行功能。

四、结论

本研究中对执行功能的考察主要是集中在抑制能力、转换能力和刷新能力三个部分。在整个实验过程中，我们使用 N-back 测验来考察被试人员的刷新能力；Stroop 测验来考察被试人员的抑制能力；数字转换任务测验和威斯康星卡片分类测验来考察被试人员的转换能力；河内塔测验考察被试人员总的执行功能。并通过实验来最终达到了解冰毒依赖青少年执行功能的损伤情况及导致其损伤的相关因素的目的。与此同时，为了考察被试人员执行功能损伤的相关神经生物学因素，本研究还采用了高效液相色谱—荧光检测法测量被试人员血液中的 DA、5-HT、E 和 NE 几项神经递质的含量。经过相关的测验及分析，得出了如下结论。

（1）冰毒依赖青少年的执行功能均不同程度受到损伤。吸毒时间越长，受损情况越严重，而戒毒时间越长执行功能恢复越好。对于不同性别的执行功能损伤情况而言，吸毒对于女性执行功能的损伤更为严重。

（2）吸食冰毒可以大幅度提升血液中生物原胺类神经递质的含量，其含量的变化与吸食时间密切相关。对于不同性别而言，冰毒对于男性 5-HT、E 含量的影响更大。

（3）冰毒依赖青少年执行功能特点与血液中神经递质含量密切相关。

参考文献

［1］United Nations Office on Drugs and Crime. 2017 World Drug Report［R］. Geneva：2017.

［2］国家禁毒委员会办公室. 2017 年中国禁毒报告［R］. 北京：公安部禁毒局，2017.

［3］宋月红，赵敏，杜江. 苯丙胺类兴奋剂的神经毒性研究［J］. 精神医学杂志，2010，23（2）：144-146.

［4］SIMONS S L, DOMIER C, CARNELL J, et al. Cognitive impairment in individuals currently using methamphetamine［J］. Am J Addict, 2000, 9（3）: 222-231.

［5］季春梅. 威斯康星卡片分类测验在执行功能障碍研究中的应用［J］. 神经疾病与精神卫生，2005，5（4）：322-324.

［6］KIM S J, LYOO I K, WANG J H, et al. Frontal Glucose Hypometabolism in Abstinent Methamphetamine Users［J］. Neuropsychopharmacology, 2005, 30: 1383-1391.

［7］薛芬，阎锴娟，李亚琼. 冰毒依赖者的行为决策［J］. 中国健康心理学杂志，2014，22（8）：1152-1153.

[8] 陈伏建,韩彬,孙海巍,等. 甲基苯丙胺依赖者抑郁症状与执行功能的相关性 [J]. 中华行为医学与脑科学杂志, 2015, 24 (4): 340-342.

[9] 郑涵予,彭祖贵,王朝敏,等. 42例新型毒品滥用者的临床分析及认知功能损害的研究 [J]. 中国药物依赖性杂志, 2012, 21 (4): 290-294.

[10] HOSAK L, PREISS M, BAZANT J, et al. Comparison of Wisconsin card sorting test results between Czech subjects dependent on methamphetamine versus healthy volunteers [J]. Psychiatria Danub, 2012, 24 (2): 188-193.

[11] WIERS C E, LUDWIG V U, GLADWIN T E, et al. Effects of cognitive bias modification training on neural signatures of alcohol approach tendencies in male alcohol–dependent patients [J]. American Journal of Psychiatry, 2015, 172 (4): 335-343.

[12] SOFUOGLU M, DEVITO E E, WATERS A J, et al. Cognitive Enhancement as a Treatment for Drug Addictions [J]. Neuropharmacology, 2013, 64: 452-463.

[13] ELLEN A, EVELINE A, WERY P, et al. Executive control deficits in substance–denpendent indiciduals: A comparison of alcohol, cocaine, and methamphetamine and of men and women [J]. Chin Exp Neuropsychol, 2009, 31 (6): 706-719.

[14] SALO R, NORDAHL T E, GALLOWAY G P, et al. Drug Abstinence and Cognitive Control in Methamphetamine Dependent Individuals [J]. Subst Abuse Treat, 2009, 37 (3): 292-297.

[15] SALO R, URSU S, BUONOCORE M H, et al. Impaired prefrontal cortical function and disrupted adaptive cognitive control in methamphetamine abusers: a functional magnetic resonance imaging study [J]. Biol Psychiatry, 2009, 65: 706-709.

[16] BRADFORD T, WINSLOW, LITTLETON, et al. Methamphetamine Abuse [J]. Am Fam Physician, 2007, 76 (8): 1169-1176.

[17] 薛涛,刘彦玲,张振光. 甲基苯丙胺对小鼠空间学习记忆能力的影响 [J]. 临沂大学学报, 2012, 6: 54-58.

[18] FNA J, JOHN F, TOBIAS S, et al. Mapping the genetic variation of

executive attention onto brain catifity [J]. Proceedings of the National Academy of Sciences of the United States, 2003, 100: 7406-7411.

[19] 任其欢, 赵敏. 甲基苯丙胺滥用对执行功能影响的研究进展 [J]. 精神医学杂志, 2013, 26 (1): 68-71.

[20] 王欣, 刘新民. 甲基苯丙胺对空间记忆功能的短期和长期影响 [J]. 皖南医学院学报, 2010, 29 (6): 412-414.

[21] DAVIDEN C, GOW A J, LEE T H, et al. Methamphetamine neurotoxicity: necrotic and apoptptic mechanisms and relevance to human abuse and treatment [J]. Brain Res Rev, 2001, 36 (1): 1-22.

[22] THOMASIUS R, ZAPLETALIVA P, PETERSEN K, et al. Mood, cognition and serotonin trans porter availability in current and former ecstasy (MDMA) users: the longitudinal perspective [J]. Psychopharmacol, 2006, 20 (2): 211-225.

[23] LEW R, MALBERG J E. Evidence for and Mechanism of Action of Neurotoxicity of Amphetamine Related Compounds [J]. Contemporary Neuroscience, 1998: 235-268.

[24] MAHLON R, DE L, THOMAS W. Circuits and Circuit Disorders of the Basal Ganglia [J]. Arch Neurol, 2007, 64: 20-24.

[25] CREAN R D, CRANE N A, MASON B J. An Evidence Based Review of Acute and Long-Term Effects of Cannabis Use on Executive Cognitive Functions [J]. Addict Med, 2011, 5 (1): 1-8.

[26] SIMON S L, RICHARDSON K, DACEY J, et al. A comparison of patterns of methamphetamine and cocaine use [J]. Addict Dis, 2002, 21: 35-44.

[27] CHANG L, ERNST T, SPEACK O, et al. Perfusion MRI and computerized cognitive test abnormalities in abstinent methamphetamine users [J]. Psychiatry Res, 2002, 114: 65-79.

[28] FILLMORE M T, CRAIG R R, HAYS L. Acute effects of cocaine in two models of inhibitory control: implications of non-linear dose effects [J]. Addiction, 2006: 101, 1323-1332.

[29] BROOK I, HENRY J, ARPI M, et al. Effect of methamphetamine dependence on inhibitory deficits in a novel human open field paradigm [J]. Psychopharmacology, 2011, 215: 697-707.

[30] 彭淼, 郭启勇, 刘加成, 等. Stroop 任务的执行加工成分及其神经机制的功能磁共振研究 [J]. 中国医学影像技术, 2006, 22 (6): 836-84.

[31] FOX H C, MCLEAN A. Neurepsyehologieal evidence ofa relatively eelectiveproflle of temporal dysfunction in drug-free MDMA ("ecstasy") polydrug users. Psychopharmacology, 2002, 162: 203-214.

[32] BECHARA A, MARTIN E M. Impaired Decision-Making Related to Working Memory Deficits in Individuals with Substance Addictions [J]. Neuropsychology, 2004, 18 (1): 152-162.

[33] WOODS S P, RIPPETH J D, CONOVER E, et al. Deficient strategic control of verbal encoding and retrieval in individuals with methamphetamine dependence [J]. Neurpsychology, 2005, 19 (1): 35-43.

[34] ROGERS G, ELSTON J, GARSIDE R. Neuropsychological evidence of recreational ecstasy: a systematic review of observational evidence. Health TechnolAssess, 2009, 13 (6): 334-341.

[35] BARR A M, PANENKA W J, MAC-EWAN G W, et al. The need for speed: an update on methamphetamine addition. [J]. Psychiatry Neurosci, 2006, 31 (5): 301-313.

[36] MC C K, LUEBBERS S, CARTER J D, et al. Chronic MDMA (ecstasy) use, cognition and mood [J]. Psychopharmacology, 2004, 173 (3-4): 434-439.

[37] KING G, ALICATA D, CLOAK C, et al. Neuropsychological deficits in adolescent methamphetamine Abusers [J]. Psychopharmacology, 2010, 212: 243-249.

[38] KING G, ALICATA D, CLOAK C, et al. Psychiatric symptoms and HPA axis function in adolescent Methamphetamine users [J]. Neuroimmune Pharmacol, 2010, 5: 582-591.

[39] SCOTT J C, WOODS S P, MATT G E, et al. Neurocognitive effects of

methamphetamine: a critical review and meta-analysis [J]. Neuropsychol Rev, 2007, 17 (3): 275-297.

[40] IZQUIERDO A, BELCHER A M. Reversal specific learning impairements after a binge regimen of methamphetamine in rats: possible involvement of striatal dopamine [J]. Neuro -psychopharmacology, 2010, 35 (2): 505-514.

[41] 赵敏, 郝伟. 苯丙胺类兴奋剂所致精神障碍的临床诊治问题 [J]. 上海精神医学, 2011, 23: 324-328.

[42] 段曦, 康殿民. 新型毒品滥用的特征与危害 [J]. 中国药物滥用防治杂志, 2014, 6 (20): 346-348.

[43] 李明哲, 徐平, 李煜, 等. 甲基苯丙胺戒断者记忆障碍的毒品相关N-back任务 [J]. 中国药物依赖性杂志, 2013, 22 (2): 107-111.

[44] HACHINSKI V, IADECOLA C, PETERSEN R C, et al. National Institute of Neurological Disorders and Stroke-Canadian Stroke Network vascular cognitive impairment harmonization standards [J]. Stroke, 2006, 37: 2220-2241.

[45] MCFADDEN L M, VIEIRA-BROCK P L, HANSON G R, et al. Methamphetamine self-administration attenuates hippocampal serotonergic deficits: role of brain-derivedneurotrophic factor [J]. Int J Neuropsychopharmacol, 2014, 17 (8): 1315-1320.

[46] SIMMLER L D, RICKLI A, HOENER M C, et al. Monoamine transporter and receptor interaction profiles of a new series of designer cathinones [J]. Neuropharmacology, 2014, 79 (4): 152-160.

[47] 梁若冰, 周延明, 赵秀丽, 等. 甲基苯丙胺滥用者外周血清多巴胺水平变化的临床研究 [J]. 中国药物依赖性杂志, 2010, 19 (6): 481-484.

[48] 赵志博, 程志华, 周雪艳. 吸烟对冠心病患者外周血去甲肾上腺素水平的影响 [J]. 中国实验诊断学, 2015, 19 (4): 623-624.

[49] VOLKOW N D, CHANG L, WANG G J, et al. Low level of brain dopamine D2 receptors in methamphetamine abusers: association with metabolism in the or bitofrontal cortex [J]. Am J Psychiatry, 2001, 158 (12): 2015-2021.

[50] REICHEL C M, RAMSEY L A. Methamphetamine-induced changes in the object recognition memory circuit [J]. Neurophar METH cology, 2012, 62

(2): 1119-1126.

[51] 王雪, 祝三平. 甲基苯丙胺的神经毒性及 5-羟色胺转运体信使 RNA 的表达 [J]. 中国临床康复, 2006, 10 (10): 118-120.

[52] NORDAHL T E, SALO R, LEAMON M. Neumpshchological effects of chronic methamphetaraine use on neurotansmitters and cognition: a review [J]. Neuropsyehiatry Clin Neurosci, 2003, 15 (3): 317-325.

[53] CHANG L, ALICATA D, ERNST T, et al. Structural and metabolic brain changes in striatum associated with methamphetanfine abuse [J]. Addiction, 2007, 102 (1): 16-32.

[54] ZWEBEN J E, COHEN J B, CHRISTIAN D, et al. Psychiatric symptonm in methamphetamine users [J]. Am J Addict, 2004, 13 (2): 181-190.

[55] 张栋梁, 沈泽虹, 陈德兴, 等. 多巴胺系统与药物成瘾的关系 [J]. 神经解剖学杂志, 2010, 26 (5): 564-568.

[56] KAMIJO Y, SOMA K, NISHIDA M, et al. Acute liver failure following intravenous methamphetamine [J]. Vet Hum Toxico, 2002, 44 (4): 216-217.

第五章

冰毒依赖青少年的生理学相关研究

第一节 冰毒依赖对青少年生命体征的影响研究

目的：通过对照研究，分析冰毒依赖青少年生命体征的特征及其影响因素。方法：根据入选标准选取冰毒依赖青少年98名，其中在成都市某男子强制戒毒所抽取49名吸毒男青少年，在绵阳市某女子强制戒毒所抽取49名吸毒女青少年；并在某医学院选取健康志愿者85名，在人数、年龄相匹配的情况下将研究对象分为实验组和对照组，分别进行生命体征（血压、心率、呼吸、体温）的数据收集。结果：实验组心率高于对照组，其差异具有统计学意义（$t=3.29$，$P<0.01$），两组收缩压、舒张压、呼吸、体温的差异均不具有统计学意义（$t_1=-1.66$，$t_2=-1.82$，$t_3=1.41$，$t_4=0.76$，$P_{均}>0.05$）。通过对实验组男性和女性的生命体征与其毒品使用情况的相关分析，发现实验组女性的年龄与其收缩压呈显著负相关（$r=-0.41$）；实验组女性的每日吸食的剂量与其心率呈显著正相关（$r=0.3$）；实验组男性的年龄、每日吸食剂量、每日吸毒次数与其各项生命体征均没有显著相关。结论：冰毒依赖青少年的心率明显高于正常青少年。冰毒依赖女性青少年年龄越小，收缩压越高；冰毒依赖女性青少年每日吸食剂量越多，心率越快。而冰毒依赖男性青少年生命体征不受年龄、每日吸食剂量、每日吸毒次数的影响。

冰毒又称"甲基苯丙胺"，它是21世纪滥用最为广泛的新型毒品之一，具有强烈的药物依赖性，2012年联合国毒品与犯罪问题办公室报告显示，以冰毒为代表的苯丙胺类兴奋剂已成为世界上仅次于大麻的第二大类滥用毒品。根据《2015年中国禁毒报告》，在滥用合成毒品人员中，冰毒滥用占81.6%[1]。在我国，青少年已成为冰毒滥用的主要人群。据报道，25岁以下青少年已占冰毒滥用人群的32.17%[2]。生命体征是生理健康的重要指标，青少年作为易成瘾群体，冰毒依赖对其生命体征的影响更值得关注。有些学者采用大鼠作为被试，注射冰毒前后对血压和心电图进行监测，结果发现冰毒给药后大鼠会发生心率增快、血压升高，并发生多种心律失常[3][4][5][6]。也有学者指出冰毒短期大剂量应用易致体温升高甚至引起动物死亡[7]。在给家兔注射冰毒数分钟后，家兔呼吸增快、心率增加、血压升高，并出现间歇性四肢震颤[8]，这与以人类为研究对象的躯体症状反应基本一致[9]。但也有文献显示，静脉注射冰毒用量过大可直接抑制呼吸中枢，呼吸减慢而弱，使机体急性缺氧，导致急性呼吸、循环衰竭而死亡[10]。吸食过量冰毒也会给心血管系统带来许多不良的影响，其中可导致血管收缩、心率加快、血压上升、心律失常和猝死[11][12][13]。Swalwell等人在对人的尸体检验中发现，在滥用冰毒者体内检出主动脉壁夹层形成，由此推测是长期应用冰毒引起血压升高而造成的[14]。进一步研究发现，血压升高更可能和冰毒滥用剂量大、时间长以及频繁使用有关[15]。冰毒还具有强烈的中枢兴奋作用，对心血管系统的兴奋作用则可引起心动过速、心悸及心律不齐[16]。对于冰毒急性中毒的患者，还经常出现高热的症状[15]。

综上所述，国内外研究者在冰毒依赖对机体的血压、心率等的影响方面做了许多有意义的探索和研究。为了进一步全面了解冰毒对生命体征的影响，本研究采用对照法分析冰毒依赖青少年对生命体征的影响，对冰毒依赖者生命体征与其年龄和吸毒情况进行相关分析，进一步阐明吸食冰毒后对人体的危害，以期为临床戒毒治疗提供一定的理论依据。

一、研究对象与方法

（一）研究对象及分组

1. 冰毒依赖组：在成都市某男子强制戒毒所抽取49名吸毒男青少年，在绵阳市某女子强制戒毒所抽取49名吸毒女青少年作为实验组。纳入因素：（1）符合美国《精神疾病诊断与统计手册》第4版（DSM-Ⅳ）关于苯丙胺类兴奋剂依赖的诊断标准；（2）无明显躯体戒断症状。排除因素：（1）精神疾病，包括焦虑症、情感障碍、重精神病等；（2）伴有除冰毒之外的其他物质依赖史者；（3）神经系统疾病，包括脑血管病、脑肿瘤、癫痫等疾病；（4）不能自主配合实验者。

2. 健康对照组：根据人数、性别相匹配的原则在某医学院选取健康志愿者85名（男性42人，女性43人）作为对照组。纳入因素：无药物滥用史、精神疾病及其他基础疾病。排除因素：（1）精神疾病，包括焦虑症、情感障碍、重精神病等；（2）神经系统疾病，包括脑血管病、脑肿瘤、癫痫等疾病；（3）不能自主配合实验者。

（二）研究方法

1. 评测工具

（1）一般信息调查问卷：该问卷包括一般人口学资料（性别、年龄、受教育程度等）和吸毒行为（包括每日吸毒剂量和吸毒次数），收集到的数据用spss统计处理。

（2）实验工具：（1）台式水银式血压计——中国江苏省鱼跃医疗有限公司生产，袖带标准为12厘米×22厘米，经国家计量部门批准和定期校准；（2）普通体温计——欧姆龙MC-246。

2. 实验方法

（1）实验条件：治疗室保持安静，温度适宜。被试治疗前先休息5~10分钟，再进行相应的生命体征数据的收集。

（2）实验程序

①呼吸测量：在测量脉搏之前或之后，实验人员手仍按在被试手腕处，以转移其注意力，避免因紧张而影响检查结果。观察被试胸部或腹部起伏次数，一吸一呼为一次，观察1分钟。

②心率（脉搏）测量：诊脉前被试应安静，不紧张，呼吸自然，卧位或坐位。食指、中指、无名指并拢。测30秒，将所测脉搏值乘2，即为脉率。

③体温测量：测腋温。避免饮食和运动导致的体温变化。

④血压测量：按照台式水银式血压计的正规测量方法实施。

（三）数据处理

所有数据都利用基于Windows平台的SPSS21.0软件进行统计分析。一般人口统计学资料采用描述统计方法，实验组和对照组生命体征的差异比较采用独立样本 t 检验，采用 spearsman 等级相关系数比较冰毒依赖组的生命体征与其吸毒行为的相关程度，$P<0.05$ 被认为有统计学意义。

二、结果

实验组 98 例，其中男性 49 人，女性 49 人，平均 19.85±2.70 岁；受教育年限以初中为主；婚姻状况以未婚为主；平均每日吸毒剂量 0.79±0.11g/d。对照组 85 例，其中女性 43 人，男性 42 人，平均年龄 20.54±0.97 岁。

表 5-1　实验组和对照组血压的差异比较（$\bar{X}\pm S$）

项目	组别	n	平均数±标准差	t 值	P 值
收缩压	实验组	98	107.22±9.23	-1.66	0.10
	对照组	85	109.82±11.89		
舒张压	实验组	98	68.40±7.93	-1.82	0.07
	对照组	85	70.60±8.40		

由表 5-1 可知，两组血压的差异不具有统计学意义（$P>0.05$）。

表 5-2　实验组和对照组心率的差异比较（$\bar{X}\pm S$）

项目	组别	n	平均数±标准差	t 值	P 值
心率	实验组	98	73.00±7.67	3.29	0.001**
	对照组	85	69.06±8.52		

注：**表示 $P<0.01$，*表示 $P<0.05$

由表 5-2 可知，实验组心率高于对照组，且两组的差异具有统计学意义（$P<0.05$）。

表 5-3　实验组和对照组呼吸的差异比较（$\bar{X}\pm S$）

项目	组别	n	平均数±标准差	t 值	P 值
呼吸	实验组	98	19.55±2.57	1.41	0.16
	对照组	85	19.04±2.36		

由表 5-3 可知，两组呼吸的差异不具有统计学意义（$P>0.05$）。

表 5-4　实验组和对照组体温的差异比较（$\bar{X}\pm S$）

项目	组别	n	平均数±标准差	t 值	P 值
体温	实验组	98	36.52±0.40	0.76	0.45
	对照组	85	36.48±0.29		

由表 5-4 可知，两组体温的差异不具有统计学意义（$P>0.05$）。

表 5-5　实验组女性生命体征与年龄相关性分析

项目	收缩压	舒张压	心率	体温	呼吸
年龄	-0.41**	-0.09	0.04	-0.15	-0.01

注：**在 0.01 水平（双侧）上显著相关；*在 0.05 水平（双侧）上显著相关

由表 5-5 可知，实验组女性的收缩压与其年龄呈显著负相关。

表 5-6　实验组女性生命体征与吸毒状况的相关性分析

项目	收缩压	舒张压	心率	体温	呼吸
每日剂量	0.24	0.02	0.30*	-0.05	0.18
每日次数	-0.13	-0.11	0.09	0.01	-0.06

注：**在 0.01 水平（双侧）上显著相关；*在 0.05 水平（双侧）上显著相关

由表 5-6 可知，实验组女性的心率与其每日吸食的剂量呈显著正相关。

表 5-7　实验组男性生命体征与年龄的相关程度分析

项目	收缩压	舒张压	心率	体温	呼吸
年龄	0.21	0.03	-0.18	-0.22	-0.10

由表 5-7 可知，实验组男性的生命体征与其年龄的相关性不具有统计学意义。

表 5-8　实验组男性生命体征与吸毒状况的相关程度分析

项目	收缩压	舒张压	心率	体温	呼吸
每日剂量	0.14	0.08	-0.19	-0.15	-0.14
每日次数	-0.17	0.08	-0.27	0.13	0.14

由表 5-8 可知，实验组男性的生命体征与其每日吸食剂量、每日吸毒次数的相关性均无统计学意义。

三、讨论

吸毒不仅是举世关注的社会问题，也是一个严重的医学问题。生命体征是维持机体正常活动的支柱，缺一不可，不论哪项异常都会导致严重或致命的疾病，冰毒依赖也可导致这四大体征的变化：血压和体温升高，心率加快，呼吸减慢。青少年作为易成瘾群体，冰毒依赖对其生命体征的影响更值得我们关注。

（一）冰毒依赖青少年与正常青少年血压的差异分析

冰毒属苯丙胺类兴奋剂（ATS），ATS为间接儿茶酚胺激动剂，能刺激多巴胺（DA）和去甲肾上腺素（NA）等单胺类物质释放，出现拟交感作用，使小动脉收缩，同时交感神经的兴奋还可促使肾素释放增多，导致血压升高[17]。从本研究结果看，冰毒依赖青少年血压低于正常青少年的均值，但两者之间没有统计学意义。这与王双双、李明等人在对家兔和大鼠的研究中，发现注射冰毒后，机体血压会明显升高[3][4][5][6][7][8][9]的研究结果不一致，但与近期国内曹永孝等[18]的报道结果基本一致：在对1024例阿片依赖者研究中发现他们的血压在注射冰毒后会降低。这提示冰毒依赖青少年在注射冰毒后可能出现严重腹泻、食欲减轻和饮水量减少等情况，致使循环血量减少，因此冰毒依赖青少年的血压主要表现为降低而不是升高。

（二）冰毒依赖青少年与正常青少年心率的差异分析

心律失常是冰毒依赖者常见的临床表现，已有不少报道发现冰毒依赖者的心电图改变非常明显，随着冰毒依赖者的逐年增加，冰毒导致的心脏毒性也逐渐被发现[19][20]，因为冰毒可直接作用于心肌细胞，导致其搏动频率加快。本研究通过对两组被试进行生命体征的差异检验后，发现两组心率的差异具有统计学意义（$P<0.05$），说明冰毒依赖会影响青少年的心率变化，导致心率加快。陈朝阳等人[4][7][8]把注射冰毒和不注射冰毒的大鼠和家兔做对照研究后发现：注射冰毒后的实验组心率明显加快，心率不规律，实验组心率与对照组的差异具有统计学意义。这与本研究结果一致，说明冰毒依赖青少年的心率明显高于正常青少年。

（三）冰毒依赖青少年与正常青少年呼吸的差异分析

吸食过量冰毒特别是静脉注射者用量过大直接抑制呼吸中枢，呼吸减慢而弱，使机体急性缺氧，导致呼吸减慢[21]。从本研究结果看，冰毒依赖青少年呼吸值趋于稳定，冰毒依赖青少年和正常青少年的呼吸并没有统计学上的差异。这提示我们冰毒依赖青少年在戒毒所期间，经过强制戒毒，冰毒依赖对呼吸中枢的抑制作用减轻，导致他们的呼吸和正常青少年没有统计学上的差异。

（四）冰毒依赖青少年与正常青少年体温的差异分析

吸食冰毒后直肠温度急剧上升，从而导致体温升高[22][23]。从本研究结果看，冰毒依赖青少年的体温略高于正常青少年的均值，但两者之间没有统计学意义。大剂量冰毒急性中毒的患者，还经常出现高热的症状[16]。两组没有差异的研究结果提示：在戒毒所戒毒期间，冰毒依赖青少年每日吸毒剂量明显减少，甚至有的已经不吸毒了，已经达不到导致高热的大剂量，体温相比吸毒时的状况来看可能已经达到平衡稳定的状态，更加证明了及早准确地戒毒能减小毒品对机体的伤害。

（五）不同性别冰毒依赖青少年生命体征与年龄的相关性分析

本研究通过对冰毒依赖青少年女性的生命体征与其年龄的相关分析，发现收缩压与其年龄呈显著负相关，其余生命体征与年龄均没有显著相关，说明年龄对收缩压的影响较大。通过对实验组男性的生命体征与其年龄的相关分析，发现实验组男性的各项生命体征与其年龄均没有显著相关。关于冰毒依赖者的收缩压和年龄之间的关系，有关文献研究较少，因此有待于进一步的研究。

（六）不同性别冰毒依赖青少年生命体征与吸毒状况的相关性分析

冰毒依赖者往往因为种种原因隐瞒自己真实的吸毒剂量和吸毒时间以及其他病情，直接影响了对其及时正确的救治，带来不良后果[24]。早期及时发现这类人群对冰毒依赖的救治和感化有重要意义。本研究通过对冰毒依赖青少年女性的生命体征与其吸毒情况的相关分析，发现实验组女性的心率与其每日吸食的剂量呈显著正相关。通过对实验组男性的生命体征与其毒品使用情况的相关分析，发现实验组男性的各项生命体征与其每日吸毒剂量、每日吸毒次数均没有显著相关。造成男女性的不同结果原因可能在于：一方面，由于冰毒依赖青少年群体的特殊性，被试在做问卷时可能会隐瞒自己的毒龄等吸毒的真实状况，导致数据与实际情况会有偏差；另一方面，冰毒依赖导致生命体征的性别差异与吸毒者的体质强弱、抗毒能力大小等有很大关系，但具体原因文献报道中很少有这方面的研究，因此有待于进一步探讨。

四、结论

本研究得出以下结论:

1. 冰毒依赖青少年的心率明显高于正常青少年;

2. 冰毒依赖女性青少年的收缩压受年龄的影响较大,年龄越小,收缩压越高;冰毒依赖女性青少年的心率受每日吸食的剂量影响较大,每日吸食剂量越多,心率越快。而冰毒依赖男性青少年生命体征不受年龄、每日吸食剂量、每日吸毒次数的影响。

参考文献

[1] 王小亚,景璐石,李辛茹,等.青少年冰毒依赖者心理健康与家庭教养方式及相关性研究 [J].中国药物依赖性杂志,2015,24(06):474-477.

[2] 关于2009年全国上网吸毒人员情况分析的通报 [R].北京:公安部禁毒报告,2009.

[3] 王双双.急慢性甲基苯丙胺中毒大鼠机体的毒性损伤作用研究 [D].广州:南方医科大学,2010.

[4] 李明.甲基苯丙胺对大鼠心脏毒性损害的实验研究 [D].昆明:昆明医学院,2010.

[5] ARORA H, OWENS S M, GENTRY W B. Intravenous (+) -methamphetamine causes complex dose-dependentphysiologic changes in awake rats. [J]. European Journal of Pharmacology, 2001, 426 (01-02): 192-195.

[6] MADDEN L J, FLYNN C T, ZANDONATTI M A, EtalModeling human-methamphe - talmneexposurein nonhumanprimates: chronic dosingin the rhesus-macaqueleads to behavioraland physiologicalabnormalities [J]. Neur-opsychopharma-cology, 2005, 30 (02): 350-359.

[7] 陈朝阳.苯丙胺类毒品分析及MDMA在家兔体内分布研究 [D].太原:山西医科大学,2004.

[8] 陈朝阳,王玉瑾,景志杰,等.MDMA在染毒家兔体内的分布 [J].中国药物依赖性杂志,2009,18(01):34-37.

[9] 李辉,张宪武.冰毒依赖患者药物治疗的研究进展 [J].世界最新

医学信息文摘, 2017, 17 (09): 52-53.

[10] 陈嘉宝, 叶拓丽, 孙新珺. 492例冰毒依赖者呼吸系统疾病临床分析 [J]. 中国药物滥用防治杂志, 2016, 22 (1): 19-21.

[11] MAENO Y, IWASA M, INOUE H, et al. Direct effects of methamphetamine on hypertrophy and microtubules in cultured adult rat ventricularmyocytes [J]. Forensic Science International, 2000, 113 (01-03): 343-346.

[12] WIJETUNGA M, SETO T, LINDSAY J, et al. Crystalmethamphetamine associated cardiomyopathy: tipof the iceberg? [J]. Clinical Toxicology, 2004, 41 (7): 292-296.

[13] 王双双, 谭晓辉, 刘增甲, 等. 甲基苯丙胺所致大鼠心肌损伤及相关指标的变化 [J]. 中国热带医学, 2010, 10 (06): 717-718.

[14] 董海晓, 杨晓菲. 527例冰毒依赖者情况调查分析 [J]. 中国药物滥用防治杂志, 2010, 16 (04): 238-241.

[15] 周晓群, 汪金生. 滥用冰毒致高血压升高临床分析 [J]. 中国药物滥用防治杂志, 2013, 19 (06): 356-357.

[16] ANGLIN M D, BURKE C, PERROCHET B, et al. Historyof the methamphetamine problem [J]. Journal of Psychoactive Drugs, 2000, 32 (2): 157-159.

[17] 叶任高. 内科学 [M]. 北京: 人民卫生出版社, 2002: 258-260.

[18] 曹永孝, 孙燕玲, 幸福, 等. 1024例阿片类身体依赖者戒断后血压的变化 [J]. 中国药物依赖性杂志, 1998, 7 (2): 19-22.

[19] 钱向新. 冰毒中毒心电机械分离13例分析 [J]. 中华急诊医学杂志, 2001, 10 (4): 268.

[20] 王穗雯, 李卫国. 吸毒者急性左心衰临床分析 [J]. 现代临床医学生物工程学杂志, 2002, 8 (4): 293.

[21] 刘志民. 新型毒品及其危害 [J]. 药物不良反应杂志, 2005, 7 (4): 272-274.

[22] 杜新忠. 实用戒毒医学 [M]. 北京: 人民卫生出版社, 2015: 253-292.

[23] 许绍芬. 神经生物学 [M]. 上海: 上海医科大学出版社, 1999:

170-183.

[24] 张谦. 海洛因依赖者心率变异性研究 [J]. 中国热带医学, 2012, 10 (04): 517-518.

第二节　冰毒依赖对机体血常规及血液生化指标的影响研究

目的：本文旨在研究冰毒依赖者发生的一系列血液常规及血生化指标的变化，希望能够直观地反映出吸食冰毒对其造成的影响。方法：采用 XN-1000 分析仪测定外周血血液指标，采用 7600 Series 全自动生化分析仪测定血清生化指标。检测项目包括红细胞计数、白细胞计数、血小板计数、总蛋白（TP）、谷草转氨酶（AST）、谷丙转氨酶（ALT）、总胆红素（TBIL）等项目。结果：冰毒依赖者血中，红细胞计数、血小板计数、淋巴细胞计数、平均血红蛋白量、血红蛋白、总胆红素、总胆汁酸、球蛋白、总蛋白的含量分别为（5.35±0.37）10^{12}/L、（259.78±58.60）10^9/L、（1.87±0.56）10^9/L、（30.75±1.64）pg、（164.00±8.68）g/L、（12.28±4.00）μmol/L、（4.18±4.61）μmol/L、（30.41±3.27）g/L、（81.69±4.01）g/L，而健康者血中，其含量分别为（5.16±0.52）10^{12}/L、（183.53±56.62）10^9/L、（2.24±0.68）10^9/L、（29.55±2.38）pg、（151.45±10.81）g/L、（17.25±6.94）μmol/L、（2.77±2.42）μmol/L、（25.46±3.28）g/L、（76.05±3.81）g/L。冰毒依赖者与健康者比较，血液中红细胞计数、总胆汁酸含量差异有显著的统计学意义（$P<0.05$），血小板计数、淋巴细胞计数、平均血红蛋白量、血红蛋白、总蛋白、总胆红素、球蛋白差异有非常显著的统计学意义（$P<0.01$）。

结论：冰毒依赖者的血液指标及血液生化指标的改变表明，冰毒依赖者机体较健康者有不同程度的损害，提示我们应重视冰毒依赖者因吸毒造成的健康疾病的治疗。

近年来，我国的毒品问题越来越严重。特别是以冰毒为首的甲基苯丙胺类新型毒品，随着滥用人数日趋增多，已成为严重危害社会安定、家庭稳定和身心健康的社会公害。虽然吸食冰毒后常使人精神振奋，即使超负荷工作或学习后依然感觉良好，但过量使用可导致急性中毒，出现心率失常、胸痛、痉挛等症状，并严重损伤脏器和脑组织，甚至当超过身体耐受的临界值会诱发精神障碍乃至死亡[1]。就目前为止，关于毒品对人体机能危害的研究仍然集中在传统毒品——海洛因的基础之上，现已证明长期使用海洛因可直接或间接造成机体的多系统、多器官的损害，影响组织代谢及正常生理功能[2][3][4]。然而对于吸食冰毒的依赖者的研究，现如今还主要侧重在冰毒对部分系统及器官造成的影响方面[5][6][7][8][9]，在血液指标变化方面的研究则相对较少。故本研究旨在探索冰毒对机体血液常规及血液生化指标的影响，并进一步阐明吸食冰毒后对人体的危害，为冰毒依赖者临床治疗提供一定的理论依据。

一、研究对象与方法

（一）研究对象

以四川省成都市某戒毒所2015年12月强制戒毒人员59名作为观察组，同时在成都某医院选取自愿体检的健康人员60名作为健康对照组，对两组人员进行血液分析与检测。受测者皆为男性，观察组平均年龄为17.42±0.79岁（16~20岁），对照组平均年龄为17.62±1.56岁（15~21岁），且观察组和对照组在民族、居住地方面相匹配。观察组纳入标准：符合ICD-10苯丙胺类药物依赖诊断标准；无躯体疾病；无精神疾病。同时确保对照组参试人员均无药物滥用史及其他基础疾病。两组人员均在知情同意后实施该研究。

（二）研究方法

1. 实验前嘱咐所有被试者饮食清淡，早睡，并禁饮禁食8小时。次日晨8时左右选取上肢肘正中静脉进行抽血，共抽取全血4mL，分别用绿色真空采血管（以测定血清生化指标）和紫色真空采血管（以测定血液常规指标）各收集血液2mL，后使用仪器分析，按仪器操作说明进行全血细胞检测及血液生化指标检测，对异常结果进行涂片、染色镜检。本实验共检测血液指标及血清生化指标34项。

2. 血液指标采用XN-1000分析仪测定，而血清生化指标采用7600 Series全自动生化分析仪测定。检测血液指标所用的指标试剂盒与质控品均购于希森美康医用电子（上海）有限公司。所用各项生化指标检测试剂盒购于和光公司，血清学质控物购于贝克曼公司，生化质控物购于四川迈克生物科技股份有限公司。

3. 数据处理：最终的试验数据使用SPSS21.0分析软件处理。以各生化值正常指标做参照，将冰毒依赖者血液常规指标、血液生化值指标与健康人血液常规指标、血液生化值指标对比，进行两样本均数比较t检验。

二、结果

（一）观察组与对照组的血液参数比较（见表5-9）

表5-9 观察组与对照组的血液常规参数比较

	观察组（n=59）	对照组（n=60）	t	P
红细胞计数	5.35±0.37	5.16±0.52	2.31	<0.05
白细胞计数	6.46±1.80	6.41±1.63	0.17	>0.05
血小板计数	259.78±58.60	183.53±56.62	7.22	<0.01
淋巴细胞计数	1.87±0.56	2.24±0.68	-3.22	<0.01
嗜碱性细胞计数	0.03±0.02	0.03±0.01	1.19	>0.05
中性粒细胞计数	3.85±1.55	3.52±1.23	1.30	>0.05
嗜酸性细胞计数	0.15±0.14	0.15±0.14	0.11	>0.05
平均血红蛋白量	30.75±1.64	29.55±2.38	3.20	<0.01
血红蛋白	164.00±8.68	151.45±10.81	6.99	<0.01

由表5-9可知：观察组红细胞计数高于对照组，且差异有显著的统计学意义。同时，观察组血小板计数、平均血红蛋白量、血红蛋白均高于对照组，淋巴细胞计数低于对照组，且两组差异均有非常显著的统计学意义，而观察组白细胞计数、嗜碱性细胞计数、中性粒细胞计数等血常规内的其他指标稍高于对照组，但差异不显著，无统计学意义。

（二）观察组与对照组的生化参数比较（见表5-10）

表5-10 观察组与对照组的生化参数比较

	观察组（n=59）	对照组（n=60）	t	P
总胆汁酸	4.18±4.61	2.77±2.42	2.09	<0.05

续表

	观察组（n=59）	对照组（n=60）	t	P
总胆红素	12.28±4.00	17.25±6.94	-4.79	<0.01
总蛋白	81.69±4.01	76.05±3.81	7.87	<0.01
白蛋白	51.28±2.05	50.59±2.33	1.72	>0.05
球蛋白	30.41±3.27	25.46±3.28	8.24	<0.01
丙氨酸氨基转移酶	30.00±55.15	27.08±12.68	0.40	>0.05
天门冬氨酸氨基转移酶	24.81±17.26	22.25±9.37	1.01	>0.05

由表5-10可知：观察组总胆汁酸与对照组相比有所升高，差异有显著的统计学意义。同时，观察组总胆红素较对照组相比，有所降低；观察组总蛋白、球蛋白较对照组相比，有所升高，且两组差异有非常显著的统计学意义。而观察组白蛋白、丙氨酸氨基转移酶及天门冬氨酸氨基转移酶等指标与对照组相比有所上升，但差异均无统计学意义。

三、讨论

长期吸毒者其机体免疫功能严重损害，血液常规方面一些指标常常异于正常人。以往报道海洛因依赖者的外周血细胞中红细胞数量、血红蛋白合成均较正常人群降低[10]，血小板计数较正常人群升高[4]。另对吸毒孕妇进行的血液方面研究发现，吸毒孕妇的白细胞总数、中性粒细胞计数升高，淋巴细胞计数降低[11]。而本次实验所得结果发现，冰毒依赖者血常规参数内的红细胞计数、平均血红蛋白量、血红蛋白均高于对照组，这与以往研究发现是不一致的，这可能是吸食毒品种类不同、性别不同及吸毒妇女处于妊娠期的特殊生理状态或红细胞出现代偿性增生等特殊情况导致的。同时，实验结果还显示，冰毒依赖者血小板计数、白细胞计数、中性粒细胞计数高于对照组，淋巴细胞计数较对照组降低，这与以往研究发现是一致的，说明长期吸毒者免疫调节功能异常，可能有感染的存在，故出现血液细胞的异常及炎性细胞浸润。

在肝功能方面，曾有研究表明[12]在对甲基苯丙胺吸食者进行尸体剖检时，被检者心、肝、肺、肾等内脏器官及横纹肌均有不同程度的损害，其中部分出现肝细胞坏死和/或出现脂肪变性，说明甲基苯丙胺对肝细胞有明显毒性。另有学者[13]也认为，毒品除对心血管系统、呼吸系统、内分泌系统、免疫系统、神经系统都有损害作用外，对肝脏的损害也不例外。本次实验在血液生化参数方面显示，观察组总胆红素与对照组相比有所下降，这与国内学者利用冰毒模拟物在犬类动物身上所进行的实验结果不一致[14]，这可能是物种不同、吸毒量不同，以及毒品含量、纯度不同等条件造成的。而实验组总胆汁酸、总蛋白、白蛋白、球蛋白等指标与对照组相比有所上升，这与国外研究的结果是相符合的[15]。说明吸食冰毒可导致肝脏功能的损害。而吸毒者肝功能异常的原因则认为是吸毒者使用注射器导致交叉感染乙肝、丙肝等，同时毒品对肝脏也可能造成直接或间接损害。另外，本研究中，观察组丙氨酸氨基转移酶结果异常是个别观察人员丙氨酸氨基转移酶异常升高所致，对研究无实际意义。

综上所述，冰毒依赖者血常规、生化指标都受到了不同程度的影响。在冰毒依赖者进行脱毒或维持治疗过程中，需及时检测血液及肝肾功能等生化指标，以了解其损害程度，并及时采取相应措施，促进其康复。

参考文献

[1] KAMIJO Y, SOMA K, NISHIDA M, et al. Acute liver failure following intravenous methamphetamine [J]. Vet Hum Toxicol, 2002, 44 (4): 216-217.

[2] 颜兴伟, 杨玉金, 龚俊平, 等. 海洛因依赖者血液中 5 种微量元素检测分析 [J]. 中国公共卫生, 2010, 26 (1): 42.

[3] 张明先, 张博文, 姜晓梅, 等. 吸毒者肝肾功能损伤信检测结果分析 [J]. 中国公共卫生, 2006, 22 (8): 991.

[4] 陈静. 400 例海洛因依赖者的外周血细胞变化 [J]. 实验与检验医学, 2010, 28 (4): 425-426.

[5] 薛芬, 阎锴娟, 李亚琼, 等. 冰毒依赖者的行为决策 [J]. 中国健康心理学杂志, 2014, 22 (8): 1152-1153.

[6] 王婷, 王秀菊, 王年生, 等. 冰毒滥用者 84 例脑电图分析 [J]. 中国实用神经疾病杂志, 2008, 11 (12): 39-41.

[7] 王婷, 张卫红, 李琳. 60 例冰毒依赖者戒断过程中的脑电图分析 [J]. 神经疾病与精神卫生, 2008, 8 (4): 308-309.

[8] 陈嘉宝, 叶拓丽, 孙新珺. 492 例冰毒依赖者呼吸系统疾病临床分析

[J]. 中国药物滥用防治杂志, 2016, 22 (1): 19-21.

[9] 梁冰玉, 李彧, 刘思扬. 冰毒对 HIV-1 在巨噬细胞内复制影响的体外实验研究 [J]. 中华疾病控制杂志, 2013, 17 (12): 1013-1016.

[10] 刘光美, 徐成惠, 李海英. 143 例海洛因依赖者的外周血细胞检测分析 [J]. 中国药物依赖性杂志, 2008, 17 (4): 289-292.

[11] 郭桂芝. 58 例吸毒孕妇外周血细胞检测分析 [J]. 贵州医药, 2013, 37 (2): 162-163.

[12] 胡早秀, 于建云, 李桢. 甲基苯丙胺的毒性及危害 [J]. 中国药物滥用防治杂志, 2005, 11 (4): 228-230.

[13] 黄凤兰. 海洛因依赖者肝功能异常分析 [J]. 中国药物滥用防治杂志, 2001, (2): 33-34.

[14] 李卿, 郑丽. 不同给药强度下两种冰毒气味模拟物对犬血清生化指标的影响 [J]. 贵州畜牧兽医, 2009, 33 (6): 5-7.

[15] YOUSEF M I, DEMERDASH K I, SALHEN K S, et al. Changes in some hematological and biochemical indices of rabbits induced by isoflavones and cypermethrin [J]. Toxicology, 2003, 189 (3): 223-234.

第三节　冰毒依赖对青少年性激素水平的影响研究

目的：通过对照研究分析冰毒依赖青少年性激素分泌特点及其相关因素。方法：按照纳入因素和排除因素在成都市男子、女子戒毒所抽取 68 名青少年作为实验组（男性 32 人，女性 36 人），在成都市某大学抽取 82 名青少年作为健康对照组（男性 39 人，女性 43 人）。使用自编一般信息问卷进行一般信息的收集，并采用生物素双抗体夹心酶联免疫吸附法（ELISA）测定样品血清雌二醇（E2）、孕酮（PROG）、睾酮（T）的水平。结果：实验组性激素水平较正常对照组性激素水平低，其差异均有显著统计学差异（$t = -2.931$，-2.645，-2.654；$P_{均} < 0.05$）；对照组男性雄激素水平、实验组女性孕激素水平、实验组女性雌激素水平与年龄存在显著负相关（$r = -0.382$，-0.531，-0.369；$P_{均} < 0.05$），实验组男性雄激素水平、对照组女性孕激素水平、对照

组女性雌激素水平与年龄相关性不显著（$r=-0.067$，-0.291，-0.279；$P_{均}>0.05$）。结论：长期吸食冰毒会显著影响青少年性激素水平，严重影响青少年的生长发育，应该尽早对冰毒依赖的青少年采取强制戒毒措施。

  冰毒，新型毒品的一种，又名甲基苯丙胺（methamphetamine，MA），属于苯丙胺类兴奋剂，以冰毒为代表的苯丙胺类兴奋剂（ATS）在我国滥用形势尤为严峻。根据《2015年中国禁毒报告》，我国登记在册的滥用以苯丙胺类兴奋剂（ATS）为代表的合成毒品的人数首次超过了滥用海洛因的人数，达到145.9万，并以每年40%的速度递增[1]；据估计合成毒品实际滥用人数可能超过700万。而在滥用合成毒品人员中，冰毒滥用占81.6%[2]。由于对合成毒品缺乏正确的认识，青少年已成为冰毒滥用的主要人群，据报道，25岁以下青少年已占冰毒滥用人群的32.17%[3]。冰毒滥用属于反复发作的慢性脑病，直接作用于中枢神经系统产生强烈的兴奋或抑制作用，使滥用者的心理发生改变[4]。大量文献显示，冰毒滥用可引起焦虑、抑郁、敌对等心理健康问题[4][5][6]。目前，毒品对人体功能的危害的研究仍然集中在传统毒品海洛因上，事实证明，长期使用海洛因会直接或间接地对人体多个器官和系统造成损害，影响组织代谢和正常生理功能[2][7][8]。然而，对冰毒成瘾者的研究集中于冰毒对某些系统和器官的影响[9][10][11][12][13]，比如，冰毒成瘾者呼吸系统疾病的患病率更高，也存在客观的脑功能损害，决策能力相对保存完整等。但目前对于冰毒对生殖系统的影响研究尚少，生殖系统受性激素的调控，性激素具有促进性器官成熟、副性征发育及维持性功能等作用。国内有研究者探究了睾酮与青少年攻击行为的关系，研究发现睾酮是影响青少年攻击性的内分泌激素[14]。在冰毒依赖者的临床治疗中也发现吸食冰毒对男性性欲和女性经期方面造成的影响。国外虽有少量关于苯丙胺类兴奋剂（ATS）滥用后内分泌激素水平变化的研究，但较为零散，主要为个别激素的研究，如睾酮、促肾上腺皮质激素以及皮质醇等，且以动物研究为主[15]。综上所述，为了更全面地认识吸食冰毒对于生殖系统内分泌的影响，我们以男性与女性青少年吸毒成瘾者为研究对象，以正常青少年为对照进行冰毒对生殖系统内分泌的影响系列研究，以期为临床青少年戒毒提供一定的临床资料。

一、研究对象和方法

（一）研究对象

以四川省成都市某戒毒所强制戒毒人员 68 名作为实验组，同时在成都某大学选取自愿体检的健康人员 82 名作为健康对照组，对两组人员进行血液分析与检测，实验组女性年龄范围为 18~26 岁，平均年龄为 22.08±2.00 岁；实验组男性年龄范围为 16~19 岁，平均年龄为 17.68±0.79 岁；对照组女性年龄范围为 18~22 岁，平均年龄为 20.52±0.94 岁；对照组男性年龄范围为 18~22 岁，平均年龄为 20.61±1.00 岁。两组人员均在知情同意后实施该研究。

纳入标准：（1）年龄要符合青少年的年龄范围；（2）符合 ICD-10 苯丙胺类药物依赖诊断标准；（3）只吸食冰毒，没有滥用其他传统毒品，如海洛因等。

排除标准：（1）患有感染性疾病患者；（2）有 HIV 感染史；（3）滥用传统毒品，如海洛因、鸦片、吗啡等；（4）既往有严重神经、精神疾病史者；（5）有自身免疫疾病病史。

（二）研究方法

1. 问卷

自编一般信息问卷（包括人口学因素及吸毒情况）

2. 仪器、耗材

Human E2 ELISA KIT；Human PROG ELISA KIT；Human T ELISA KIT。

枪头；EP 管；优普超纯水制造系统；手提式不锈钢压力蒸汽灭菌器；电子恒温水浴锅；移液枪；计算机；酶标仪。

3. 实验方法

实验前嘱咐被试者饮食清淡，早睡，并禁饮禁食。次日晨 8 时左右选取上肢肘正中静脉进行抽血。使用自编一般信息问卷进行一般信息的收集，并采用生物素双抗体夹心酶联免疫吸附法（ELISA）测定样品血清雌二醇（E2）、孕酮（PROG）、睾酮（T）的水平。（该实验操作由相应科研机构完成）。

（三）统计方法

最终的实验数据使用 SPSS21.0 分析软件处理。将实验组性激素水平和对照组性激素水平对比，进行独立样本 t 检验；使用皮尔逊积差相关分析实验组和对照组性激素水平和年龄的相关。

二、结果

（一）男性实验组和对照组雄激素水平的比较

由表 5-11 可知，实验组男性雄激素水平低于对照组男性雄激素水平，且差异有显著的统计学意义（$t=-2.931$，$P<0.05$）。

表 5-11　男性实验组和对照组雄激素水平的比较（$\bar{X}\pm S$）

	实验组	对照组	t	P
雄激素	6.85±3.35	9.52±4.32	-2.931	0.005

（二）女性实验组和对照组性激素水平的比较

由表 5-12 可知，实验组女性孕激素低于对照组女性孕激素水平，且差异有显著的统计学意义（$t=-2.645$，$P<0.05$）。实验组女性雌激素低于对照组女性雌激素水平，且差异有显著的统计学意义（$t=-2.654$，$P<0.05$）。

表 5-12　女性实验组和对照组性激素水平的比较（$\bar{X}\pm S$）

	实验组	对照组	t	P
孕激素	97.17±50.18	127.71±51.85	-2.645	0.02
雌激素	571.73±306.20	740.22±258.09	-2.654	0.01

（三）男性实验组和对照组性激素水平和年龄的相关性

由表 5-13 可知，实验组男性雄激素水平与年龄相关性不显著（$r=-0.067$，$P>0.05$）；对照组男性雄激素水平和年龄呈负相关，且具有显著统计学意义（$r=-0.382$，$P<0.05$）。

表 5-13　男性实验组和对照组性激素水平和年龄的相关性（r）

	实验组雄激素	对照组雄激素
年龄	-0.067	-0.382*

注：**表示 $P<0.01$；*表示 $P<0.05$

(四)女性实验组和对照组性激素水平和年龄的相关性

由表5-14可知,实验组女性孕激素水平和年龄呈负相关,且具有显著统计学意义($r=-0.531$,$P<0.01$);对照组女性孕激素水平和年龄相关性不显著($r=-0.291$,$P>0.05$);实验组女性雌激素水平和年龄呈负相关,且具有显著统计学意义($r=-0.369$,$P<0.05$);对照组女性雌激素水平和年龄相关性不显著($r=-0.279$,$P>0.05$)。

表5-14 女性实验组和对照组性激素水平和年龄的相关性(r)

	实验组孕激素	对照组孕激素	实验组雌激素	对照组雌激素
年龄	-0.531**	-0.291	-0.369*	-0.279

注:**表示$P<0.01$;*表示$P<0.05$

三、讨论

苯丙胺类兴奋剂是一大类具有类似化学结构的中枢神经系统兴奋剂及其他一些精神兴奋剂,统称"苯丙胺类兴奋剂"(amphetamine type stimulants,ATS),包括苯丙胺(amphetamine,AMPH)、甲基苯丙胺(methamphetamine,MA,俗称"冰毒")、3,4-亚甲基二氧基甲基苯丙胺(3,4-methylenedioxy-methamphetamine,MDMA,俗称"摇头丸")等[15]。在冰毒依赖者的临床治疗中也发现,冰毒依赖会造成女性停经、男性性欲异常和不良性行为,为了进一步弄清楚冰毒依赖者在行为方面变化的原因,本研究对冰毒依赖青少年性激素水平进行了系列研究,现结合研究结果进行以下几个方面的讨论分析。

(一)男性吸毒青少年和正常青少年性激素水平差异的讨论分析

雄性激素是以睾丸分泌的睾酮为主,是类固醇激素的一种,主要作用是促进男性附性器官成熟和第二性征的出现。男性睾酮水平会在24小时内发生节律性变化,早上最高,晚上最低,在成年后,睾酮水平会随着年纪的增长而下降。本研究结果显示实验组男性的雄激素水平较正常对照组男性雄激素水平有降低,具有明显的统计学差异,即男性吸毒青少年的雄激素水平明显低于正常男性青少年雄激素水平。国内袁晓菲等人的研究在湖北省武汉市精神卫生中心的"新型毒品自愿戒毒病房"选取28名在院接受治疗的冰毒依赖者,按照年龄匹配的原则在社区招募23名被试作为健康对照组,冰毒依赖者需要接受为期两周的戒断期,在接受戒断阶段后的实验组和健康对照组都需要抽取血液样本并检测雄激素水平,结果显示实验组雄激素水平低于健康对照组雄激素水平,本研究结果与该研究结果一致[16]。在 Yamamoto 等的实验中,在腹腔注射冰毒后观察各剂量组雄性大鼠精子活力和血清睾酮水平,结果表明,注射后精子活力降低;血清雄激素水平先下降后上升。因此冰毒对睾酮的影响可能是由于直接作用于睾丸,进而减少了雄激素的分泌[17]。因此男性吸毒青少年的雄激素水平会显著低于正常青少年雄激素水平。

(二)女性吸毒青少年和正常青少年性激素水平差异的讨论分析

女性性激素主要分为两大类,即雌激素和孕激素。雌激素主要作用是促进雌性动物第二性征发育和性器官成熟,天然的雌激素主要是雌二醇,由卵巢内卵泡的颗粒细胞分泌。孕激素的主要作用是促进女性性成熟,性欲的出现,维持正常的性功能和生殖功能,孕激素是由卵巢黄体细胞分泌的,以孕酮为主。本研究结果显示实验组女性的雌激素和孕激素水平较正常对照组女性有降低,具有明显的统计学差异,即女性吸毒青少年的雌激素和孕激素水平明显低于正常女性青少年水平。本研究结果与前人研究结果有一些出入,在蒋富贵和郭辉等人的研究中,选取 51 名在成都市第四人民医院住院治疗的冰毒成瘾者,在四川大学华西第四医院选取 53 名日常健康体检人员作为健康对照组,对所有研究对象清晨空腹采取静脉血,检测性激素水平,该研究结果显示不同的是实验组女性雌激素水平较对照组女性雌激素水平略高。女性吸毒青少年孕激素水平低于正常女性青少年水平,他们认为可能与吸食冰毒后性行为增加、性伙伴的选择性降低有关[18]。大量动物的实验研究表明,滥用苯丙胺类兴奋剂对性行为有刺激作用,滥用者会表现出性动机增强[19],性欲提高,对异性的选择性降低[20][21]。Dellovade 等人在用麝鼠进行研究时发现,在性交过程中特定脑区的合成促性腺激素释放激素的神经元数目显著增加,在性交结束后又下降,导致性激素的下降[22],因此女性吸毒青少年孕激素水平明显低于正常青少年。本研究结果显示女性吸毒青少年雌激素水平也显著低于正常青少年雌激素水平,与蒋富贵和郭辉等人的研究不符,考虑到可能是女性被试年龄的差异造成的,本研究实验组女性平均年龄为 22.08±2.00 岁(18~26 岁),对照组女性平均年龄为 20.52±0.94(18~22 岁),而郭辉和蒋福贵等人的研究中实验组女性年龄在 16~65 岁之间,对照组女性年龄在17~49岁之间，两个研究的被试年龄的差异造成研究结果的不同。

（三）男性吸毒青少年和正常青少年性激素水平与年龄的相关性讨论

本研究结果显示，对照组男性雄激素和年龄存在显著负相关，即男性正常青少年雄激素水平随着年龄的增加而降低。王崇新和叶大勋等人的关于青少年性激素水平的研究结果显示，在12岁以前雄激素水平是在不断增加，在12~13岁时骤增，然后持续增长到16~17岁，之后逐渐递减[23]，而本研究中对照组男性年龄范围为18~22岁，所以年龄段处于雄激素分泌减少时期，因此本研究对照组男性雄激素水平会随着年龄的增长而降低。

在实验组男性雄激素水平和年龄的相关性方面，本研究结果显示实验组男性雄激素水平与年龄相关性不显著，即男性吸毒青少年雄激素水平不随着年龄变化而变化。男性正常青少年雄激素水平会随着年龄的增长而降低，而男性吸毒青少年雄激素水平不随着年龄变化而变化，有可能是因为实验组男性年龄范围为16~19岁，年龄范围较小，被试年龄过于集中，所以年龄对于实验组男性雄激素水平影响较小，不存在显著相关。

（四）女性吸毒青少年和正常青少年性激素水平与年龄的相关性讨论

在对照组女性性激素水平和年龄的相关性方面，本研究结果显示对照组女性孕激素和雌激素水平和年龄相关性不显著，这就说明女性正常青少年孕激素和雌激素不随年龄的变化而变化。在王崇新的研究中，雌激素和孕激素水平是在12~13岁时骤增，以后一直处于递增水平，持续到19岁[23]；在林艺和李玲的研究中，在女性25岁以后，雌激素和孕激素水平随着年龄的增加持续下降[24]；而本研究对照组女性年龄18~22岁，按照前人研究推测可能在19~25岁这个年龄范围上，女性雌激素水平维持不变，因此女性正常青少年雌激素水平和年龄没有显著相关。

在实验组女性性激素水平和年龄的相关性方面，本研究结果显示实验组女性孕激素和雌激素水平和年龄都存在显著负相关，这就说明女性吸毒青少年性激素水平会随着年龄的增长而降低。在沈雯雯和张宜生等人的研究中，推测长期使用苯丙胺兴奋剂可能通过兴奋多巴胺系统，导致泌乳素水平的相对降低，并通过直接或间接的途径抑制垂体功能，引起垂体性腺激素水平的低下，从而进一步引起卵巢功能低下，进而引起女性雌激素和孕激素分泌的减少[25]，因此长期使用冰毒会抑制女性性激素水平的分泌，而女性正常青少年性激素水平不会随着年龄的变化而变化，因此女性吸毒青少年性激素水平受年龄这一因素的影响较大。推测可能的原因是女性吸毒青少年年龄越大，吸食冰毒的时间越长，使用量也越多，对机体内分泌的影响也越大，所以女性吸毒青少年性激素水平和年龄有显著负相关。

四、结论

（1）长期吸食冰毒会影响青少年的性激素水平，冰毒成瘾青少年性激素水平明显低于正常青少年，会严重影响青少年的生长发育，对冰毒成瘾青少年采取强制戒毒势在必行。

（2）吸食冰毒的时间越久，对青少年的性激素水平的影响越大，会严重影响青少年性激素的分泌，所以应该尽早对冰毒成瘾青少年采取戒毒措施，降低冰毒对机体的损害。

参考文献

［1］关于2009年全国上网吸毒人员情况分析的通报［R］.北京：公安部禁毒报告，2009.

［2］颜兴伟，杨玉金，龚俊平，等.海洛因依赖者血液中5种微量元素检测分析［J］.中国公共卫生，2010，26（1）：42.

［3］倪敏，陆叶.江苏省2006—2008年新型毒品（冰毒）滥用监测资料分析［J］.重庆医学，2010，39（6）：709-712.

［4］赵艳明，周延明，张忠明，等.甲基苯丙胺依赖者在戒断28周内心理状况调查分析［J］.中国药物依赖性杂志，2014（4）：294-298.

［5］BAO Y P, QIU Y, YAN S Y, et al. Pattern of drug use and depressive symptoms among amphetamine type stimulants users in Beijing and Guangdong province［J］. China. Plos One, 2013, 8（4）：e60544.

［6］CRUICKSHANK C C, DYER K R. A review of the clinical pharmacology of methamphetamine［J］. Addiction, 2009, 104（7）：1085.

［7］张明先，张博文，姜晓梅，等.吸毒者肝肾功能损伤信检测结果分析［J］.中国公共卫生，2006，22（8）：991.

［8］陈静.400例海洛因依赖者的外周血细胞变化［J］.实验与检验医

学，2010，28（4）：425-426.

［9］薛芬，阎锴娟，李亚琼，等. 冰毒依赖者的行为决策［J］. 中国健康心理学杂志，2014，22（8）：1152-1153.

［10］王婷，王秀菊，王年生，等. 冰毒滥用者84例脑电图分析［J］. 中国实用神经疾病杂志，2008，11（12）：39-41.

［11］王婷，张卫红，李琳. 60例冰毒依赖者戒断过程中的脑电图分析［J］. 神经疾病与精神卫生，2008，8（4）：308-309.

［12］陈嘉宝，叶拓丽，孙新珺. 492例冰毒依赖者呼吸系统疾病临床分析［J］. 中国药物滥用防治杂志，2016，22（1）：19-21.

［13］梁冰玉，李彧，刘思扬. 冰毒对HIV-1在巨噬细胞内复制影响的体外实验研究［J］. 中华疾病控制杂志，2013，17（12）：1013-1016.

［14］余毅震，黄艳，史俊霞. 青少年攻击行为与内分泌因素关系的研究［J］. 中国妇幼保健，2007，22（14）：1909-1911.

［15］闫世艳，刘志民. 苯丙胺类兴奋剂滥用后的行为特征及内分泌激素水平变化［J］. 中国药物依赖性杂志，2012，21（4）：241-248.

［16］杨秀萍. 性激素与性行为［J］. 中华行为医学与脑科学杂志，1997，3（2）：77-79.

［17］YAMAMOTO Y, YAMAMOTO K, HAYASE T. Effect of Methamphetamine on Male Mice Fertility［J］. Journal of Obstetrics & Gynaecology Research，1999，25（5）：353.

［18］蒋富贵，郭辉，王宗岭，等. 长期吸食冰毒对神经内分泌的影响［J］. 中国药物滥用防治杂志，2017，23（3）：154-157.

［19］AFONSO V M, MUELLER D J. Amphetamine pretreatment facilitates appetitive sexual behaviors in the female rat［J］. Psychopharmacology，2009，205（1）：35-43.

［20］HOLDER M K, MONG J A. Methamphetamine enhances paced mating behaviors and neuroplasticity in the medial amygdala of female rats［J］. Hormones & Behavior，2010，58（3）：519.

［21］HOLDER M K, HADJIMARKOU M M, ZUP S L, et al. Methamphetamine facilitates female sexual behavior and enhances neuronal activation in the medial amygdala and ventromedial nucleus of the hypothalamus [J]. Psychoneuroendocrinology, 2010, 35 (2): 197-208.

[22] DELLOVADE T L, HUNTER E, RISSMAN E F. Interactions with males promote rapid changes in gonadotropin – releasing hormone immunoreactive cells [J]. Neuroendocrinology, 1995, 62 (4): 385.

[23] 王崇新, 叶大勋. 青少年青春期性激素水平 [J]. 天津医药, 1997 (9): 531-535.

[24] 林艺, 李玲, 许瑞元. 不同年龄段女性的生理和疾病与性激素水平变化的关系 [J]. 河南预防医学杂志, 2010, 21 (3): 179-181.

[25] 沈雯雯, 张宜生, 刘昱, 等. 甲基苯丙胺导致女性性腺功能和性激素调节的长期紊乱 [J]. 中国药理学与毒理学杂志, 2012 (3): 458-459.

# 第六章

冰毒依赖青少年心理学相关研究

第一节 冰毒依赖青少年心理健康与家庭教养方式的相关性研究

目的:探讨青少年冰毒依赖者的心理健康状况、家庭教养方式特点及两者的关系。方法:采用症状自评量表(SCL-90)、家庭教养方式评价量表(EMBU)对62名冰毒依赖者和64名健康志愿者进行问卷调查。结果:(1)冰毒依赖组SCL-90总分及大部分因子得分明显高于健康对照组;(2)两组在FF1,FF2,FF5,MF1,MF3,MF4因子上差异有统计学意义(均为$p<0.05$);(3)冰毒依赖组SCL-90各因子及总分与FF2,FF3,FF5,FF6,MF2,MF4因子呈显著正相关($r=0.268\sim0.431$,$P<0.05$)。结论:青少年冰毒依赖者的心理健康水平较低,父母多采取消极的家庭教养方式,其心理健康水平与家庭教养方式密切相关,应引起家庭的重视。

冰毒,学名甲基苯丙胺,是一种具有精神活性的新型毒品,属于苯丙胺类兴奋剂[1]。2012年,联合国毒品与犯罪署报告显示苯丙胺类兴奋剂已成为世界上仅次于大麻的第二大类滥用毒品。由于对毒品缺乏正确认识,青少年已成为冰毒滥用的主要人群。据报道,25岁以下青少年已占冰毒滥用人群的32.17%[2]。冰毒滥用属于反复发作的慢性脑病,直接作用于中枢神经系统产生强烈的兴奋或抑制作用,使滥用者的心理发生病理性改变[3]。大量文献显示,冰毒滥用可引起焦虑、抑郁、敌对等心理健康问题[3][4][5]。而家庭作为个体生活的主环境之一,不仅为个体的发展提供物质上的保障,而且为个体的发展提供重要的心理和情感支持[6]。有学者指出家庭教养方式潜移默化地影响着子女,对子女一生的心理健康都有重要影响[7]。本文通过调查青少年冰毒依赖者的心理健康状况及家庭教养方式的特点,并进一步探究两者之间的相关性,为预防和干预治疗吸毒提供理论依据。

一、研究对象与方法

（一）研究对象

1. 冰毒依赖组：选取2014年6-8月份在成都市强制隔离戒毒所的青少年冰毒依赖者62例,性别均为男性,符合美国《精神疾病诊断与统计手册》第4版（DSM-IV）关于苯丙胺类兴奋剂依赖的诊断标准,无明显躯体戒断症状。年龄为16~25岁,平均年龄为18.23±2.09岁。吸毒时间为2~48个月,平均吸毒时间为21.51±15.31月。戒毒时间为1~24个月,平均戒毒时间为9.68±6.66月。父亲是否健在：是52人（83.9%）,否10人（16.1%）。母亲是否健在：是56人（90.3%）,否6人（9.7%）。父母是否离异：是19人（30.6%）,否43人（69.4%）。

2. 健康对照组：招募年龄、民族、性别等与戒毒组相匹配的健康志愿者64例。均无精神系列疾病及无精神活性物质滥用史。年龄为16~25岁,平均年龄为18.23±1.77岁。父亲是否健在：是61人（95.31%）,否3人（4.69%）。母亲是否健在：是63人（98.44%）,否1人（1.56%）。父母是否离异：是7人（10.94%）,否57人（89.06%）。

（二）研究方法

1. 自编一般信息调查问卷：该问卷主要包括年龄、民族、父母是否健在、父母是否离异等信息。

2. 症状自评量表（SCL-90）[8]：该量表包括躯体化、强迫症状、人际关系敏感、抑郁、焦虑、敌对、恐怖、偏执、精神病性、其他10个因子,共90个项目,每项按5个等级评分,得分越高,症状越严重。

3. 家庭教养方式评价量表（Egma Minnen av Bardndosnauppforstran EMBU）[8]：该量表包括父亲分量表和母亲分量表,其中父亲分量表包括父亲情感温暖、理解（FF1）,父亲惩罚、严厉（FF2）,父亲过分干涉（FF3）,父亲偏爱被试（FF4），父亲拒绝、否认（FF5）及父亲过度保护（FF6）6个因子；母亲分量表包括母亲情感温暖、理解（MF1），母亲过分干涉、过度保护（MF2），母亲拒绝、否认（MF3），母亲惩罚、严厉（MF4）及母亲偏爱被试（MF5）5个因子。经检验，父母教养方式各因子具有良好的信度；该量表在实证效度的考察中发现效度良好。

（三）统计分析

采用SPSS 19.0软件进行统计分析，对于连续性测量数据的差异性分析用t检验，对连续性测量数据的相关分析用皮尔逊积差相关进行分析。

二、结果

（一）冰毒依赖组与健康对照组SCL-90的差异性分析

表6-1　冰毒依赖组与健康对照组SCL-90的差异分析（$\bar{x}\pm s$）

因子	冰毒依赖组	健康对照组	t值	P值
躯体化	0.98±0.83	0.19±0.23	4.641	0.000**
强迫症状	1.26±0.71	0.98±0.64	1.683	0.096
人际关系敏感	1.05±0.77	0.80±0.55	1.463	0.147
抑郁	0.96±0.73	0.42±0.41	3.443	0.001**
焦虑	1.06±0.87	0.40±0.31	3.684	0.000**
敌对	1.21±1.02	0.49±0.55	3.350	0.001**
恐怖	0.72±0.72	0.27±0.34	2.972	0.004**
偏执	1.08±0.92	0.49±0.48	3.030	0.003**
精神病性	1.05±0.76	0.51±0.36	3.414	0.001**
总分	1.04±0.69	0.50±0.36	3.713	0.000**

注：*表示P<0.05，**表示P<0.01

由表6-1可知，冰毒依赖组的SCL-90各因子得分及总分均高于健康对照组，且除强迫症状与人际关系敏感因子外，其他因子与健康对照组的差异均存在统计学意义（p<0.05）。

（二）冰毒依赖组与健康对照组家庭教养方式的差异性分析

表 6-2　冰毒依赖组与健康对照组家庭教养方式的差异分析（$\bar{X}\pm S$）

因子	冰毒依赖组	健康对照组	t 值	P 值
父亲情感温暖、理解（FF1）	43.25±9.40	50.72±8.00	-3.491	0.001**
父亲惩罚、严厉（FF2）	21.68±5.74	17.51±4.79	3.194	0.002**
父亲过分干涉（FF3）	21.58±4.63	21.40±2.81	0.180	0.858
父亲偏爱被试（FF4）	10.89±3.80	10.50±2.87	0.466	0.642
父亲拒绝、否认（FF5）	10.68±3.76	9.04±2.65	1.985	0.050*
父亲过度保护（FF6）	11.05±3.65	11.28±2.25	-0.289	0.773
母亲情感温暖、理解（MF1）	45.09±9.88	55.38±7.53	-4.664	0.000**
母亲过分干涉、保护（MF2）	37.38±7.23	38.58±5.23	-0.752	0.454
母亲拒绝、否认（MF3）	15.96±5.87	12.63±4.12	2.588	0.011*
母亲惩罚、严厉（MF4）	15.62±5.28	13.04±4.94	2.089	0.040*
母亲偏爱被试（MF5）	10.78±3.88	11.29±2.96	-0.582	0.562

注：* 表示 P<0.05，** 表示 P<0.01

由表 6-2 可知，冰毒依赖组父母教养方式中父母亲情感温暖、理解（FF1，MF1），惩罚、严厉（FF2，MF4），拒绝、否认（FF5，MF3）因子与健康对照组相比差异有统计学意义（均为 p<0.05）。

（三）冰毒依赖组 SCL-90 与家庭教养方式的相关性分析

表 6-3　冰毒依赖组 SCL-90 与家庭教养方式的相关分析（r）

因子	躯体化	强迫症状	人际关系敏感	抑郁	焦虑	敌对	恐怖	偏执	精神病性	总分
FF1	0.162	0.149	0.001	-0.020	-0.047	-0.149	0.010	-0.001	-0.072	0.024
FF2	0.225	0.283*	0.194	0.326*	0.229	0.274*	0.300*	0.342**	0.326*	0.316*
FF3	0.308*	0.359**	0.228	0.307*	0.207	0.144	0.152	0.155	0.196	0.287*
FF4	0.024	0.061	-0.047	-0.151	-0.106	-0.097	-0.236	-0.053	-0.235	-0.088
FF5	0.289*	0.379**	0.310*	0.323*	0.306*	0.193	0.431**	0.331*	0.392**	0.375**
FF6	0.198	0.268*	0.148	0.252	0.251	0.272*	0.238	0.281*	0.248	0.288*
MF1	-0.108	0.088	-0.146	-0.121	-0.076	-0.074	-0.030	-0.057	-0.139	-0.077
MF2	0.275*	0.393**	0.299*	0.361**	0.304*	0.268*	0.183	0.276*	0.270*	0.339**
MF3	0.232	0.166	0.137	0.160	0.163	0.011	0.027	0.099	0.073	0.149
MF4	0.306*	0.212	0.080	0.164	0.105	0.016	0.205	0.079	0.123	0.171

续表

因子	躯体化	强迫症状	人际关系敏感	抑郁	焦虑	敌对	恐怖	偏执	精神病性	总分
MF5	-0.021	0.056	-0.044	-0.074	0.081	0.021	0.013	0.039	-0.073	0.011

注：* 表示 $P<0.05$，** 表示 $P<0.01$

由表6-3可知，冰毒依赖组SCL-90各因子及总分与父亲教养方式中父亲惩罚、严厉（FF2），父亲过分干涉（FF3），父亲拒绝、否认（FF5），父亲过度保护（FF6）因子呈显著正相关（$r=0.268\sim0.431$，$P<0.05$）；与母亲教养方式中母亲过分干涉、过度保护（MF2），母亲惩罚、严厉（MF4）因子呈显著正相关（$r=0.268\sim0.393$，$P<0.05$）。

三、讨论

（一）青少年冰毒依赖者的心理健康状况分析

本研究发现青少年冰毒依赖者的SCL-90的各项因子分均高于普通青少年，且躯体化、抑郁、焦虑、敌对、恐怖、偏执、精神病性因子得分显著高于普通青少年。这与国内的研究基本一致[9][10]。这提示我们冰毒依赖者在经历生理脱毒期后，仍存在一系列的心理健康问题。这种问题可能是吸毒前就存在的，通过访谈了解到部分青少年在吸毒前面临失去亲人和父母离异等负性生活事件，遭遇生活中的巨大变故而又无心理疏导时会很容易引起焦虑、抑郁等心理问题，这又会引起心身疾病，出现躯体化障碍。此外，这种问题也可能是吸毒之后产生的，冰毒作为一种兴奋剂，不仅对大脑造成损伤，食用后还可造成吸食者连续三四天不吃不睡，青少年一旦沾染上会引起躯体化生理反应，当其意识到毒品危害而又无法拒绝吸食时会产生严重的焦虑、抑郁等情绪。沾染上毒品后其生活和社会关系通常会发生巨大变化，他们的人格和尊严往往为社会规范所排斥，家人多有冷漠和鄙视，亲朋好友也将其视为不法分子而与之断绝往来[10]，加之面对失去自由、强制隔离的狱所环境，很容易引发敌对、恐怖、偏执等心理问题。

（二）青少年冰毒依赖者的家庭教养方式分析

青少年冰毒依赖者的父母表现出较少的情感温暖、理解，较多的拒绝、否认和严厉、惩罚的消极教养方式。缺少父母亲的情感温暖、理解，子女往往感受不到家的温暖也不懂得如何去温暖理解他人，这会影响子女的人际交往能力,使其缺少朋友并对社会充满敌意,很容易走向违法犯罪道路。相关研究也发现缺少情感温暖、理解是子女问题行为发生的首要因素,它会影响儿童社会化的进程,使孩子难以进行社会交流,更具有攻击性和挑衅性,容易发生越轨行为[11][12]。而拒绝和否认现象会减少孩子分辨是非的能力[13],还会使部分子女否定自我,意识不到自我的价值,较易形成胆小、懦弱、缺乏主见的品质。当朋友劝其吸食毒品时,没有能力或不敢拒绝。此外,严厉和惩罚的消极教养方式也是引起子女行为不端的关键因素。一方面,子女会模仿父母的行为去惩罚攻击他人;另一方面,父母的严厉和惩罚会使子女对其产生畏惧感,子女在遇到困难时因害怕惩罚而拒绝与父母沟通,而是选择毒品来麻痹自己。

(三)青少年冰毒依赖者心理健康状况与家庭教养方式的关系

本研究发现父母教养方式与心理健康状况呈显著性相关,父母越过分干涉、过度保护、严厉惩罚或拒绝和否认孩子,他们的心理健康水平越差。相关研究也发现家庭教养方式对青少年的心理发展和心理健康存在广泛的影响[14][15]。过分干涉、过度保护会剥夺子女在成长过程中的适度挫折,使其在日后生活中遇到困难时心理承受能力较弱,还会引起正处青少年期孩子的逆反心理,遇到问题时不愿与父母沟通,压抑自己而产生抑郁等心理问题。而惩罚在一定程度上可以矫正子女的不良行为,但惩罚过度会引起孩子抑郁、敌对、恐怖、内心封闭等一系列的心理问题。国外许多研究也表明民主、接纳、关心、温暖、理解和激励等积极的教养方式对心理健康具有促进和保护作用,而拒绝、放纵、独裁、粗暴、惩罚和控制等消极方式会损害心理健康或引发心理障碍[16][17]。此外,本研究还发现父亲的拒绝和否认态度对子女心理健康的影响比母亲的更大。分析这种现象的可能原因是中国父母在教育子女的过程中扮演着慈母严父的角色[18],父亲在子女心目中更有威信,父亲的拒绝和否认态度容易使男孩子否定自己,更容易导致男孩子的自卑感及消极的情绪反应。

综上所述,青少年冰毒依赖者的心理健康水平较低,常伴有焦虑、抑郁、敌对等负性情绪,其家庭教养方式存在明显障碍,心理健康水平与家庭教养方式密切相关。为此,在今后的研究中应从家庭角度出发进行适当的介入与治疗,力求更加有效地帮助青少年摆脱毒品的困扰。

参考文献

[1] 翁传波，钱若兵，傅先明. 甲基丙苯胺成瘾机制的研究进展 [J]. 国际神经病学神经外科学杂志，2012，39（1）：65-69.

[2] 倪敏，陆叶. 江苏省2006—2008年新型毒品（冰毒）滥用监测资料分析 [J]. 重庆医学，2010，39（6）：709-712.

[3] 赵艳明，周延明，张忠明，等. 甲基苯丙胺依赖者在戒断28周内心理状况调查分析 [J]. 中国药物依赖性杂志，2014，23（4）：294-298.

[4] BAO Y P, QIU Y, YAN S Y, et al. Pattern of drug use and depressive symptoms among amphetamine type stimulants users in Beijing and Guangdong province, China [J]. PLoS One, 2013, 8（4）: e60544.

[5] CRUICKSHANK C C, DYER K R. A review of clinical pharmacology of methamphetamine [J]. Addiction, 2009, 104（7）: 1085-1099.

[6] 苏银花，段功香. 家庭功能评定量表及临床应用进展 [J]. 护理研究，2008，20：1794-1796.

[7] 陈仲庚. 变态心理学 [M]. 北京：人民卫生出版社，1985：25.

[8] 汪向东. 心理卫生评定量表手册（增订版）[M]. 中国心理卫生杂志社，1999：12.

[9] 董开莎. 戒毒人员的社会认同状况与心理健康的调查 [J]. 中国药物依赖性杂志，2014，23（3）：224-227.

[10] 刘新民，赵方乔，韦克诚，等. 男女强制隔离戒毒者心理健康与社会支持的比较 [J]. 中国药物依赖性杂志，2012，21（5）：382-385.

[11] 邵海英. 父母教养方式对中学生问题行为的影响 [J]. 中国健康心理学杂志，2014，22（3）：439-441.

[12] 景璐石，辜慧，徐科，等. 犯罪青少年家庭教养方式及家庭关怀度分析 [J]. 中国学校卫生，2011，12：1451-1453.

[13] 缪丽珺，张继平. 吸毒男性家庭教养方式与心理健康状况研究 [J]. 教育学术月刊，2010（5）：53-54.

[14] HIRAMURA H, UJI M, SHIKAI N. et al. Understanding externalizing behavior from children's personality and parenting characterisitics [J]. Psychiatry

[15] BAYETR J K, SANSON A V, HEMPHILL S A. Parent influences on early childhood internalizing difficulties [J]. Journal of Applied Developmental Psychology, 2006, 27: 542-559.

[16] HIRAMURA H, UJI M, SHIKAI N, et al. Understanding esternalizing behavior from childrens personality and parenting characteristics [J]. Psychiatry Research, 2010, 175: 142-147.

[17] BAYER J K, SANSON A V, HEMPHILL S A. Parent influences on early childhood internalizing difficulties [J]. Journal of Applied Developmental Psychology, 2006, 27: 542-559.

[18] 蒋小娟, 赵利云, 程灶火, 等. 儿童和青少年心理障碍与家庭教养方式的关联研究 [J]. 中国临床心理学杂志, 2013, 21 (5): 800-803, 806.

第二节 冰毒依赖者心理健康与应对方式、社会支持的相关性研究

目的：分析冰毒依赖者的应对方式、社会支持特点，并探讨其与心理健康状况的关系，为进行有针对性的戒断治疗提供理论和实践指导。方法：在某省某市强制隔离戒毒所内选取84名冰毒依赖者作为戒毒组，招募年龄、民族等相匹配的健康志愿者88名作为对照组，采用自编一般信息问卷、症状自评量表（SCL-90）、应对方式量表、社会支持量表进行调查。结果：（1）戒毒组的SCL-90各因子得分及总分均高于对照组，且除强迫症状与人际关系敏感因子外，其他因子与对照组的差异均有统计学意义（$P<0.05$ 或 $P<0.01$）；（2）戒毒组的消极应对得分高于对照组，且差异有统计学意义；（3）戒毒组的家庭内支持度与家庭外支持度与对照组相比差异有统计学意义；（4）戒毒组的消极应对方式与除躯体化因子外的其他SCL-90各因子间存在显著的正相关；（5）家庭外支持与焦虑、敌对、精神病性因子均呈显著性负相关。结论：冰毒依赖者多采用消极应对方式，社会支持度较低，积极的应对方式和良好的社会支持可以提高他们的心理健康水平。

近年来，冰毒滥用在全球呈蔓延之势，根据 2012 年联合国世界毒品报告，以冰毒为代表的新型毒品成为世界范围内第二流行的毒品（仅次于大麻），2010 年度流行率达 0.3%~1.2%[1]。我国既往以海洛因为主要滥用物质，但近年来我国新型毒品滥用比例逐年增高。《2014 年中国禁毒报告》显示[2]，截至 2013 年年底，全国累计登记吸毒人员共 247.5 万名，其中滥用冰毒（含片剂）人员 84.7 万名，较上一年增长了 42.1%，占吸毒人员总数的 34.2%。大量研究表明[3][4][5]，吸食冰毒后可造成吸食者兴奋、狂躁、抑郁、易怒，且连续三四天不吃不睡，出现幻觉、错觉、猜疑、恐慌等精神病症状，严重者可发生自伤自残，甚至意外死亡。国内学者刘新民等人[6]的研究表明，吸毒人员的社会支持状况是影响其心理健康和心理康复的重要因素。因此，分析冰毒依赖者的应对方式特点、社会支持及心理健康状况，以及三者之间的关系，为戒毒人员提供心理干预和有效的戒断措施指导，从而改善戒毒人员的心理健康水平，减少复吸行为的发生。2014 年，四川省成都强制隔离戒毒所与成都医学院合作，抽取部分在所 16~25 岁冰毒依赖者进行调查。

一、研究对象与方法

（一）研究对象

戒毒组：在成都市强制隔离戒毒所内选取 84 名冰毒依赖者作为戒毒组，符合美国《精神疾病诊断与统计手册》第 4 版（DSM-IV）关于苯丙胺类兴奋剂依赖的诊断标准，无明显躯体戒断症状。

对照组：在成都市招募年龄、民族等相匹配的健康志愿者 88 名作为对照组，排除有精神系列疾病患者及近期服用抗精神药物者。

所有被试者均自愿参加本研究，并且已签署知情同意书。

（二）研究方法

（1）一般信息调查问卷

该问卷主要包括年龄、民族、受教育程度、居住地、父母文化程度、家庭收入、父母关系、父母是否健在、父母是否离异、是否是独生子女、吸毒时间、吸毒种类、复吸情况等信息。

（2）简易应对方式量表

该量表包括积极应对方式（1~12 题）和消极应对方式（13~20 题）2 个

因子，共 20 个项目，每个项目按 4 个等级评分。信度：量表重测系数为 0.89，d 系数为 0.90。效度：采用主成分分析法提取因子，并对因子模型做方差极大斜交旋转。因素分析结果表明，应对方式项目确实可以分为"积极"和"消极"应对两因子，与理想结构一致。人群测试表明简易应对方式问卷反映出人群不同应对方式特征及其与心理健康之间的关系。积极应对评分较高时，心理问题或症状分低；而消极应对评分高时，心理问题或症状评分也高。应对方式评分与心理健康水平显著相关。该量表具有良好的信效度。

(3) 领悟社会支持量表（PSSS）

该量表由 Blumenthal 介绍 Zimet 等编制，姜乾金等引入并做了一定的修订。PSSS 共含 12 个自评项目，每个项目采用（1~7）7 级计分法，即分为极不同意、很不同意、稍不同意、中立、稍同意、很同意、极同意 7 个级别。作者在国内经过因素分析将 12 个条目分成"家庭内支持"和"家庭外支持"两类。前者由 3、4、8、11 条目分累计，后者由其余各条目分累计。其内部一致性系数为 0.88，重测信度为 0.85。

(4) 症状自评量表（SCL-90）

该量表包括躯体化、强迫症状、人际关系敏感、抑郁、焦虑、敌对、恐怖、偏执、精神病性、其他 10 个因子，共 90 个项目，每项按 5 个等级评分，得分越高，症状越严重。总分低于 160 分为阴性症状，超过 160 分（含 160 分）则为阳性症状。该量表具有良好的信效度。

(三) 统计分析

采用 SPSS 19.0 软件进行统计分析，包括描述性统计分析、t 检验、皮尔逊积差相关分析。

二、结果

(一) 戒毒组与对照组应对方式的比较

表 6-4 戒毒组与对照组应对方式的差异分析（$\bar{X} \pm S$）

因子	戒毒组	对照组	t 值	P 值
积极应对	34.21±5.73	34.62±5.94	-0.386	0.700
消极应对	31.49±6.76	26.58±7.03	3.988	0.000**

注：* 表示 P<0.05，** 表示 P<0.01

由表 6-4 可知，戒毒组的积极应对得分低于对照组，但差异无统计学意义。戒毒组的消极应对得分高于对照组，且差异有统计学意义（P<0.01）。说明冰毒依赖者更多地采用消极应对方式。

（二）戒毒组与对照组社会支持的比较

表 6-5　戒毒组与对照组社会支持的差异分析（$(\bar{X}\pm S)$）

因子	戒毒组	对照组	t 值	P 值
家庭内支持	17.79±5.35	20.69±4.03	-3.285	0.002**
家庭外支持	34.37±8.49	40.86±6.38	-4.791	0.000**

注：* 表示 P<0.05，** 表示 P<0.01

由表 6-5 可知，戒毒组的家庭内支持与家庭外支持得分均低于对照组，且差异有统计学意义（均为 P<0.01）。

（三）戒毒组与对照组 SCL-90 的比较

表 6-6　戒毒组与对照组 SCL-90 的差异分析（$(\bar{X}\pm S)$）

因子	戒毒组	对照组	t 值	P 值
躯体化	0.86±0.83	0.20±0.28	5.845	0.000**
强迫症状	1.18±0.69	0.98±0.63	1.768	0.076
人际关系敏感	0.99±0.75	0.83±0.53	1.430	0.155
抑郁	0.88±0.75	0.44±0.46	3.962	0.002**
焦虑	0.99±0.89	0.44±0.33	4.609	0.001**
敌对	1.15±1.01	0.53±0.58	4.231	0.003**
恐怖	0.65±0.70	0.25±0.37	2.972	0.001**
偏执	1.03±0.93	0.56±0.54	3.963	0.002**
精神病性	1.00±0.79	0.58±0.44	3.631	0.000**
总均分	0.99±0.70	0.52±0.39	4.553	0.001**

注：* 表示 P<0.05，** 表示 P<0.01

由表 6-6 可知，戒毒组的 SCL-90 各因子得分及总分均高于对照组，且除强迫症状与人际关系敏感因子外，其他因子与对照组比较差异均有统计学意义（P<0.05）。由此可以看出，冰毒依赖者躯体化症状明显，存在焦虑、抑郁、敌对等不良情绪，心理健康水平较低。

（四）戒毒组应对方式与 SCL-90 的相关分析（r）

表 6-7　戒毒组应对方式与心理健康的相关分析（r）

因子	躯体化	强迫症状	人际关系敏感	抑郁	焦虑
积极应对	0.204	0.155	0.122	0.070	0.105
消极应对	0.262	0.372**	0.292*	0.401**	0.364**

因子	敌对	恐怖	偏执	精神病性
积极应对	−0.011	0.056	−0.035	0.026
消极应对	0.293*	0.309**	0.388*	0.396**

注：**表示在 0.01 水平（双侧）上显著相关，*表示在 0.05 水平（双侧）上显著相关。

由表 6-7 可知，戒毒组的积极应对方式与 SCL-90 各因子之间没有相关性；戒毒组的消极应对方式与除躯体化因子外的其他 SCL-90 各因子间存在显著的正相关（$P<0.05$ 或 $P<0.01$）。

表 6-8　戒毒组社会支持与心理健康的相关分析（r）

因子	躯体化	强迫症状	人际关系敏感	抑郁	焦虑
家庭内支持	0.013	−0.106	−0.086	0.011	0.064
家庭外支持	−0.182	−0.053	−0.067	−0.232	−0.268*

因子	敌对	恐怖	偏执	精神病性
家庭内支持	−0.023	−0.009	0.057	−0.026
家庭外支持	−0.240*	−0.236	−0.189	−0.274*

注：**表示在 0.01 水平（双侧）上显著相关，*表示在 0.05 水平（双侧）上显著相关。

由表 6-8 可知，家庭内支持与 SCL-90 的各项因子之间没有显著性相关，而家庭外支持与焦虑、敌对、精神病性因子均呈显著性负相关。

三、讨论

（一）戒毒组与对照组的应对方式分析

应对方式是人们应对内外环境要求及其有关的情绪困扰所采用的方法、策略[7]。本研究结果显示，青少年冰毒依赖者的积极应对得分低于对照组，消极应对得分高于对照组，且后者差异存在统计学意义，提示我们戒毒人员会使用更多的消极应对方式。即冰毒依赖者在面对困难或其他负性情绪干扰时会采取消极应对方式来解决问题。这与韩丹等人[8]的研究结果一致，即物质依赖者在面临应激刺激时较少采用正确解决问题的积极应对方式，而更多地采取幻想、悲观等消极的应对方式。

（二）戒毒组与对照组的社会支持分析

社会支持是个体对想得到或可以得到的外界支持的感知，是作为个体从他人社会关系网络中获得的一般或特定的支持性资源，这种资源可以帮助个体应付工作中的问题和危机[9]。姚斌等人的研究发现[10]，社会支持与许多疾病和心理障碍有关，缺少社会支持，不利于心理健康和人格的形成，易导致不良行为的发生。本研究结果显示，冰毒依赖者的家庭内支持与家庭外支持得分均较对照组差，表明他们获得的社会支持较少。而对毒品依赖者来说，来自家庭、朋友等方面的社会支持不仅对其起到监督作用，而且有利于改善其不良行为，有助于其成瘾行为的戒除。

（三）戒毒组与对照组的心理健康状况分析

本研究发现冰毒滥用者的心理健康水平显著低于健康对照组，这与罗旭等人[11]的研究一致。SCL-90测评结果显示，实验组的各项因子分均高于健康对照组，且躯体化、抑郁、焦虑、敌对、恐怖、偏执、精神病性因子得分显著高于对照组。这提示我们冰毒依赖者在经历生理脱毒期后，仍存在身体不适、情绪低落、苦闷、敌对思想、偏执等负性情绪。

在躯体化方面，戒毒人员通常会表现出各种各样的躯体症状，如胃肠道不适、高血压等，且通常伴有烦躁不安的情绪；有的会经常向民警反映头部不舒服，头晕，或胸闷，心慌，甚至有时会担心自己突然死去[12]。这些躯体症状可能是由于戒毒人员仍处于戒断期而产生的正常生理反应，也可能是在戒毒所被剥夺自由而产生的心身疾病，无论是何种原因，戒毒所的民警都应给予重视。

在焦虑、抑郁方面，戒毒人员会表现出生活兴趣减退，活动能力缺乏，心情苦闷、自我评价过低等症状。造成这种现象的原因是多方面的：失去自由的苦闷，对自己吸毒的懊恼，对未来生活的过度担忧，感觉家人对自己的不理解等。针对这种情况，戒毒所的心理咨询员应进行心理疏导，寻找抑郁的原因，尽快帮他们走出抑郁状态。

在敌对方面，主要表现在思想、情感及行为三个方面。戒毒人员在所内会表现出敌对情绪，脾气暴躁，与其他人员容易产生冲突，还会产生攻击行为。敌对情绪可能与强制隔离戒毒环境的抗拒有关。

在恐怖方面,戒毒人员表现出害怕情绪,害怕社交和人群恐惧。造成这种现象的原因可能有以下几个方面:第一,在戒毒所内没有朋友,缺乏安全感;第二,青少年首次吸毒多是受朋友的诱惑,导致吸毒成瘾行为,最终付出入狱、失去自由的惨痛代价,所以现在对所有的人产生不信任的感觉,害怕与人交往。

在偏执方面,戒毒人员表现出投射性的思维、夸大、妄想症状等。戒毒所民警会制定一系列的规章制度帮助他们戒除毒瘾,但戒毒人员会认为民警们通过这些方式在惩罚他们,对他们没有任何帮助。

在精神病性方面,戒毒人员表现出精神病性症状和行为,这可能是毒品刺激大脑对大脑造成的损伤。

(四)戒毒人员应对方式与心理健康的关系分析

长期滥用冰毒会引起多种躯体并发症,冰毒依赖者常常要忍受并发症所带来的痛苦,往往通过吸烟、酗酒、滥用药物等消极的应对方式来解除烦恼[13]。相关研究也发现[9],毒品依赖者的消极应对方式与心理健康状况密切相关。消极应对方式对心理健康水平具有正向预测作用,积极应对方式对心理健康水平具有负向预测作用[14]。应对方式是影响个体心理健康的重要因素,调整和改变应对方式,即增加积极应对方式和减少消极应对方式对提高个体的心理健康水平有重要作用。

(五)戒毒人员社会支持与心理健康的关系分析

有学者认为,良好的社会关系有利于身心健康,而不良的社会支持状况会有损健康。药物成瘾者复吸率居高不下,除与自身因素有关外,与社会支持系统缺乏密切相关。大量研究表明,社会支持与许多身体疾病和心理障碍有关,缺少社会支持不利于健康人格的塑造,易于导致不良行为的发生。因此,在对冰毒依赖者进行戒断干预的过程中,应充分发挥家庭和社会支持系统的功能,同时还要鼓励戒毒人员参加社会交往,以改善其社会功能,巩固戒毒的疗效和预防复吸。

综上所述,冰毒依赖者多采用消极的应对方式来解决问题,缺乏家庭温暖和社会支持,其心理健康水平较低,常伴有焦虑、抑郁、敌对等负性情绪。因此,戒毒所在对他们进行教育和矫治的同时,呼吁家庭和社会给予冰毒依赖者应有的人文关怀，特别是给予他们尊重和关爱，多跟他们进行心灵沟通和交流，避免冷漠和歧视，积极给予有效的心理干预，尽力提供有益的社会支持和关怀，有利于改善他们的生理和心理健康状况，帮助他们早日摆脱毒瘾，回归社会。

参考文献

［1］United Nations Office on Drugs and Crime. World Drug Report 2012［M］. Vienna：United Nations publication，2012.

［2］中国国家禁毒委员会办公室. 中国禁毒报告［R］. 北京：中国国家禁毒委员会办公室，2014.

［3］夏国美，杨秀石，李骏，等. 新型毒品滥用的成因与后果［J］. 社会科学，2009（3）：3-81.

［4］LAWS K R，KOKKMIS J. Ecstasy（MDMA）and memory function：a metaanalytic update［J］. Hum Psycho. pharmacol，2007，22：381-388.

［5］SCHIH T，WIN M M，JAGER G，et al. Specific of ecstasy and other illicit drugs on cognition in poly. substance users［J］. Psycho Med，2008，38：1309-1317.

［6］刘新民，赵方乔，韦克诚，等. 男女强制隔离戒毒者心理健康与社会支持的比较［J］. 中国药物依赖性杂志，2012，21（5）：382-385.

［7］张丞，邹韶红，董红斌. 有家庭暴力行为酒依赖患者社会支持与应对方式的研究［J］. 四川精神卫生，2014（5）：443-445.

［8］韩丹. 海洛因依赖者社会支持、应对方式与心理健康的相关分析［J］. 中国药物滥用防治杂志，2007（6）：333-335.

［9］李遵清，吴玉秋，武之强，等. 海洛因依赖者社会支持与自测健康状况相关性研究［J］. 中国药物依赖性杂志，2008，17（5）：373-376.

［10］姚斌，韩卫，吴朝俊，等. 毒品依赖者社会支持与心理健康的相关分析［J］. 中国临床心理学杂志，2005，13：219-222.

［11］罗旭，刘雄文. 吸食新型毒品戒毒人员心理行为特征分析与矫治对策研究［J］. 社会心理科学，2013（7）：62-68.

［12］孙秋生，李冠军，李娜，等. 强制隔离戒毒人员心理健康状况分析

[J]. 中国药物依赖性杂志, 2009 (4): 318-321.

[13] 席巧真, 刘丽华. 苯丙胺类兴奋剂滥用者心理健康状况及应对方式分析 [J]. 中国药物依赖性杂志, 2014, 23 (5): 389-391.

[14] 何佩佩, 刘新民, 李秀. 213例新型毒品依赖者心理健康与个性特征、应对方式的关系 [J]. 中国当代医药, 2013, 20 (28): 165-169.

第三节 音乐治疗对戒毒青少年的心理干预研究

目的：分析青少年戒毒人员心理健康状况，探索音乐治疗对青少年戒毒人员的心理干预作用。方法：从四川某强制隔离戒毒所随机选取64名青少年戒毒人员，并将其随机分为实验组和对照组，实验组接受6次音乐治疗，对照组不做任何处理。戒毒人员在实验前后分别进行问卷测量，采用量表有症状自评量表、陈会昌气质量表以及自编一般信息调查表。结果：（1）青少年戒毒人员SCL-90评定结果在躯体化、强迫症状、抑郁、焦虑、敌对、偏执、精神病性与全国青年常模比较差异显著，且具有统计学意义（$t=2.69, 2.6, 2.20, 2.93, 3.67, 3.84, 3.93, P_{均}<0.05$）；（2）青少年戒毒人员的SCL-90的人际关系敏感、抑郁、偏执和精神病性因子得分在音乐治疗干预前后差异显著，具有统计学意义（$t=2.14, 1.99, 2.20, 2.21, P_{均}<0.05$）；（3）青少年戒毒人员的教育程度与音乐治疗效果在强迫症状和人际关系敏感上呈正相关（$r=0.57, 0.60, P<0.05$），青少年戒毒人员年龄与音乐治疗效果在人际关系敏感上呈负相关（$r=-0.55, P<0.05$）；（4）抑郁、敌对、偏执因子分变化与多血质青少年戒毒人员有呈正相关趋势（$r=0.04, 0.25, 0.08, P_{均}>0.05$），敌对、恐怖两个因子分变化与黏液质青少年戒毒人员有呈正相关趋势（$r=0.01, 0.07, P_{均}>0.05$），强迫症状、敌对两因子分变化与抑郁质青少年戒毒人员有呈正相关趋势（$r=0.01, 0.25, P_{均}>0.05$），敌对因子分变化与胆汁质青少年戒毒人员有呈正相关趋势（$r=0.18, P>0.05$）。结论：青少年戒毒人员存在一定的心理问题，需要得到心理帮助；音乐治疗能够有效地改善青少年戒毒人员的心理健康状况。

《2016年中国毒品形势报告》显示,截至2016年年底,全国现有吸毒人员250.5万名,同比增长6.8%,随着吸毒人数的不断增加,毒品给社会造成的负面影响在不断扩大。目前我国已经形成了生理戒断的有效方法和相应药物,由于对毒品的心理戒断没有完成,解除强戒后复吸率较高,很多学者提出"生理戒毒易,心理戒毒难"的观点,戒毒的难点已从生理戒毒转向心理戒毒[1]。艺术疗法又称艺术心理疗法,是以艺术活动为中介的一种非语言性的心理治疗,其让患者通过艺术产生自由联想来稳定和调节情绪,消除负性情绪,治愈精神疾病[2]。国内外已经有研究表明,艺术治疗在戒毒人员心理治疗中能发挥积极的作用[3][4][5]。音乐疗法作为艺术疗法的一种形式,是以音乐活动作为治疗的媒介,增进个体身心健康的一种治疗方法;是研究音乐对人体机能的作用,以及如何应用音乐治疗疾病的学科;是一种辅助治疗身心疾病的自然保健疗法[6]。国外László Harmat等人通过音乐对学生的睡眠作用研究发现轻松古典音乐能减轻交感神经系统活性,是一种治疗睡眠问题的有效方法[7],国外研究还表明音乐治疗能够改善肿瘤病人的负面情绪[8]。国内陶惠斯对自愿戒毒人员的研究发现,音乐治疗能对他们的负性情绪起到干预作用,可以帮助他们缓解一定的抑郁和焦虑情绪[9]。本研究将采用音乐治疗对青少年强制戒毒人员进行为期3周(每周2次)的治疗,以观察其疗效,为临床进行戒毒治疗起到一定的指导意义。

一、研究对象与方法

(一)研究对象

选取于2016年7月—2016年12月在四川省某强制隔离戒毒所戒毒康复期的青少年戒毒人员64人。纳入标准:符合DSM-Ⅲ-R精神活性物质所致精神障碍(阿片类物质)的诊断标准,尿液吗啡定性检验阴性;符合WHO专家委员会1964年规定的药物依赖标准;年龄在15~18岁之间;已进行了生理脱毒。排除标准:有严重的躯体疾病史;有明显的精神疾病史。在实验研究前,详细告知所有受试者实验测试的目的、测试流程等。所有受试者均为自愿参加,并且签署了知情同意书。64例戒毒人员在年龄、性别相匹配的原则下随机分为:实验组32人,对照组32人,中途有9人因强制戒毒时间完成而退出,实验组4人,对照组5人。本研究共收集数据55份,其中实验组28

份，对照组 27 份。由于青少年戒毒人员的特殊性，在前后测问卷调查中出现了较多的废卷，经过仔细筛选得到有效的被试数据共 30 份，其中实验组 15 份，对照组 15 份，问卷有效率 54.5%。

（二）研究工具

（1）一般信息调查表：采用自制一般信息调查表收集研究对象的基本情况（包括年龄、性别、受教育水平、家庭情况、兴趣、爱好、性格等）。

（2）症状自评量表（Symptom Checklist 90，SCL-90）：该量表由德若伽提斯于 1975 年编制，量表包括躯体化、强迫症状、人际关系、抑郁、焦虑、敌对、恐怖、偏执、精神病性 9 个因子共 90 个项目，分为 1~5 五级评分，各症状效度系数为 0.78~0.99，$P<0.01$。量表未提出分界值，按全国常模结果，总分超过 160 分，或阳性项目数超过 43 项，或任一因子分超过 2 分，需考虑筛选阳性，需进一步检查。该量表能较准确地评估病人自觉症状特点，从不同侧面反映了各职业对个体心理健康的影响。得分越高，心理健康水平越低。本研究使用的常模为全国青年常模。

（3）气质调查问卷：该问卷是由张拓基、陈会昌根据传统的 4 种气质类型学说编制而成，是目前国内应用较广的一种气质测验工具。问卷共 60 题，在胆汁、多血、黏液、抑郁 4 种传统气质类型上将气质分为 13 种类型。采用 5 级评分法，很符合记 2 分，比较符合记 1 分，介于符合与不符合之间记 0 分，比较不符合记-1 分，完全不符合记-2 分。如果某类气质得分明显高出其他 3 种，均高出 4 分以上，则可定为该类气质；两种气质类型得分接近，其差异低于 3 分，而且又明显高于其他两种，高出 4 分以上，则可定为这两种气质的混合型；3 种气质得分均高于第 4 种，而且接近，则为 3 种气质的混合型。该量表重测信度均在 0.8 以上，总体上比较稳定，可靠性比较强，已被广泛使用。

（三）研究方法

（1）戒毒人员接受系统的脱毒治疗，经过 2 周的脱毒治疗，达到"停止使用阿片类替代药物后 24h 或戒断症状轻微，尿吗啡定性试验和纳洛酮催瘾试验阴性"的脱毒成功标准后，在年龄、性别相匹配的原则下随机分组，分为实验组和对照组。

（2）实验组实施为期 6 次的音乐疗法，具体实施方案为：首先让实验组进行音乐疗法的体验,然后进行 6 次的音乐治疗,每周一和周三上午进行,时间为 1 小时。

(3)治疗方式采取被动团体的音乐疗法。被动音乐疗法主要针对戒毒人员的焦虑、抑郁情绪进行干预,选取具有轻松愉悦、节奏感强、热情奔放的乐曲,包括轻音乐、民乐、世界名曲等,缓解其负面情绪体验。在聆听音乐结束后进行团体心理辅导,对戒毒人员在聆听过程中的感受和体会进行分享,促进被试之间的人际交流。

(四)数据的统计与分析

使用 EXCEL 进行数据的录入和整理。使用 SPSS 进行数据分析,主要分析方法为:独立样本 T 检验和斯皮尔曼等级相关,$P<0.05$。

二、结果

(一)青少年戒毒人员的人口统计学分析

由表 6-9 可知,青少年戒毒人员农村和城镇户口所占比例相似,教育程度较低,单亲家庭较多。戒毒人员吸食毒品的种类为冰毒、麻古、K 粉,其中冰毒吸食者占大多数,吸食场所主要分布在宾馆、KTV、网吧、家里和朋友家。实验组和对照组被试在人数、年龄和性别均不存在显著差异。

表 6-9 人口统计学描述

		实验组	对照组
民族	汉族	14(93.3%)	12(81.8%)
	其他	1(6.7%)	3(18.2%)
年龄	16 岁	3(20%)	1(6.7%)
	17 岁	7(46.7%)	8(53.3%)
	18 岁	5(33.3%)	6(40%)
户籍地	农村	7(46.7%)	9(60%)
	城镇	8(53.3%)	6(40%)
教育程度	小学	2(13.3%)	4(26.7%)
	初中	13(86.7%)	11(73.3%)
单亲家庭	是	8(53.3%)	7(46.7%)
	否	7(46.7%)	8(53.3%)
毒品类型	冰毒	11(73.3%)	12(80.0%)
	其他	4(26.7%)	3(20.0%)

(二) 青少年戒毒人员 SCL-90 测验结果分析

将青少年戒毒人员 SCL-90 结果与全国青年常模进行比较，结果显示（见表 6-10），戒毒人员除人际关系敏感和恐怖两个维度外，其他维度的差异均存在统计学意义。

表 6-10 戒毒人员 SCL-90 各因子与常模比较（x±s）

因子	全国青年常模（n=781）	被试（n=30）	t	P
躯体化	1.34±0.45	1.64±0.62	2.69	0.01**
强迫症状	1.69±0.61	2.03±0.72	2.60	0.02*
人际敏感	1.76±0.67	1.86±0.68	0.80	0.43
抑郁	1.57±0.61	1.85±0.70	2.20	0.04*
焦虑	1.42±0.43	1.95±0.99	2.93	0.01**
敌对	1.5±0.57	2.08±0.86	3.67	0.00**
恐怖	1.33±0.45	1.51±0.59	1.72	0.10
偏执	1.52±0.6	2.03±0.73	3.84	0.00**
精神病性	1.36±0.47	1.82±0.64	3.93	0.00**

注：* $p<0.05$，** $p<0.01$

(三) 音乐疗法对戒毒人员的干预研究

1. 实验组和对照组前测差异性分析

将实验组和对照组 SCL-90 前测数据进行比较，结果显示（见表 6-11），实验组和对照组在各维度差异不存在统计学意义。说明两组在 SCL-90 各维度以及总分上相匹配。

表 6-11 实验组和对照组 SCL-90 各因子前测差异比较（x±s）

因子	实验组	对照组	t	P
总分	167.47±62.02	167.73±52.31	-0.01	0.99
躯体化	1.56±0.60	1.73±0.65	-0.73	0.47
强迫症状	2.05±0.81	2.01±0.66	0.15	0.88
人际关系敏感	1.84±0.78	1.87±0.60	-0.12	0.91
抑郁	1.95±0.87	1.75±0.49	0.76	0.46
焦虑	1.94±0.98	1.95±1.03	-0.04	0.97
敌对	2.02±0.84	2.13±0.92	-0.35	0.73
恐怖	1.58±0.68	1.45±0.49	0.62	0.54
偏执	1.98±0.72	2.09±0.77	-0.41	0.69

续表

因子	实验组	对照组	t	P
精神病性	1.75±0.58	1.88±0.70	-0.54	0.59
其他	2.04±0.74	1.91±0.64	0.49	0.63

注：* 代表 $p<0.05$，** 代表 $p<0.01$

2. 实验组 SCL-90 前后测差异性分析

对实验组 SCL-90 前后测数据进行比较，结果显示（见表 6-12），实验组在人际关系敏感、抑郁、偏执、精神病性和其他维度在音乐治疗后得分下降，差异具有显著统计学意义（$P<0.01$ 或 $P<0.05$）。

表 6-12　实验组 SCL-90 治疗前后测比较（x±s）

因子	前测	后测	t	P
总分	167.47±62.02	147.6±46.53	1.76	0.08
躯体化	1.56±0.60	1.46±0.58	0.82	0.42
强迫症状	2.05±0.81	1.95±0.63	0.71	0.48
人际关系敏感	1.84±0.78	1.56±0.46	2.14	0.04*
抑郁	1.95±0.87	1.65±0.57	1.99	0.05*
焦虑	1.94±0.98	1.71±0.75	1.26	0.21
敌对	2.02±0.84	1.79±0.60	1.56	0.12
恐怖	1.58±0.68	1.50±0.52	0.69	0.49
偏执	1.98±0.72	1.68±0.61	2.2	0.03*
精神病性	1.75±0.58	1.51±0.47	2.21	0.03*
其他	2.04±0.74	1.66±0.56	2.82	0.01**

注：* 代表 $p<0.05$，** 代表 $p<0.01$

3. 对照组 SCL-90 前后测差异性分析

将对照组 SCL-90 前后测数据进行比较，结果显示（见表 6-13），对照组被试在躯体化和恐怖维度得分上升，且差异具有显著统计学意义（$P<0.01$ 或 $P<0.05$）。

表 6-13　对照组 SCL-90 治疗前后测比较（x±s）

因子	前测	后测	t	P
总分	167.73±52.31	181.80±60.34	-1.21	0.23
躯体化	1.73±0.65	2.07±0.77	-2.31	0.02*

续表

因子	前测	后测	t	P
强迫症状	2.01±0.66	2.24±0.65	-1.69	0.10
人际关系敏感	1.87±0.60	2.03±0.72	-1.14	0.26
抑郁	1.75±0.49	1.91±0.76	-1.17	0.25
焦虑	1.95±1.03	1.98±0.83	-0.14	0.89
敌对	2.13±0.92	2.07±0.69	0.40	0.69
恐怖	1.45±0.49	1.85±0.90	-2.68	0.01**
偏执	2.09±0.77	2.07±0.80	0.14	0.89
精神病性	1.88±0.70	1.93±0.66	-0.33	0.74
其他	1.91±0.64	2.10±0.71	-1.38	0.17

注：* 代表 p<0.05，** 代表 p<0.01

4. SCL-90后测实验组和对照组差异分析

将实验组和对照组SCL-90后测数据进行比较，结果显示（见表6-14），实验组较对照组在躯体化和人际关系敏感上得分下降，且差异具有显著统计学意义（$P<0.01$ 或 $P<0.05$）。

表6-14 实验组和对照组SCL-90后测比较（x±s）

因子	实验组	对照组	t	P
总分	147.60±46.53	181.80±60.34	-1.74	0.09
躯体化	1.46±0.58	2.07±0.77	-2.43	0.02*
强迫症状	1.95±0.63	2.24±0.65	-1.25	0.22
人际关系敏感	1.56±0.46	2.03±0.72	-2.11	0.04*
抑郁	1.65±0.57	1.91±0.76	-1.06	0.30
焦虑	1.71±0.75	1.98±0.83	-0.92	0.37
敌对	1.79±0.60	2.07±0.69	-1.18	0.25
恐怖	1.50±0.52	1.85±0.90	-1.31	0.20
偏执	1.68±0.61	2.07±0.80	-1.50	0.15
精神病性	1.51±0.47	1.93±0.66	-1.97	0.06
其他	1.66±0.56	2.10±0.71	-1.92	0.07

注：* 代表 p<0.05，** 代表 p<0.01

（四）人口统计学与 SCL-90 治疗前后变化的相关分析

将人口统计学信息与 SCL-90 治疗前后变化（前测—后测）做斯皮尔曼等级相关分析，结果显示（见表 6-15），教育程度与强迫症状和人际关系敏感呈显著正相关（$r=0.57$，0.60，$P<0.05$），年龄与人际关系敏感呈显著负相关（$r=-0.55$，$P<0.05$）。

表 6-15 人口统计学和前后变化相关分析

因子	年龄	教育程度
总分	-0.45	0.32
躯体化	-0.12	-0.21
强迫症状	-0.48	0.57*
人际关系敏感	-0.55*	0.60*
抑郁	-0.37	0.27
焦虑	-0.44	0.34
敌对	-0.26	0.34
恐怖	-0.37	-0.28
偏执	0.03	-0.14
精神病性	0.04	-0.09
其他	-0.41	0.50

注：* 代表 p<0.05，** 代表 p<0.01

（五）气质类型与 SCL-90 治疗前后变化的相关分析

气质类型与 SCL-90 治疗前后变化（前测—后测）做斯皮尔曼等级相关分析，结果显示（见表 6-16），抑郁、敌对、偏执因子分变化与多血质有呈正相关趋势（$r=0.04$，0.25，0.08，$P_{均}>0.05$），敌对、恐怖两个因子分变化与黏液质有呈正相关趋势（$r=0.01$，0.07，$P_{均}>0.05$），强迫症状、敌对两因子分变化与抑郁质有呈正相关趋势（$r=0.01$，0.25，$P_{均}>0.05$），敌对因子分变化与胆汁质有呈正相关趋势（$r=0.18$，$P>0.05$）。精神病性因子分变化与胆汁质呈负相关（$r=-0.56$，$P<0.05$），躯体化因子分变化与多血质呈显著负相关（$r=-0.66$，$P<0.01$），偏执、精神病性两个因子分的变化与抑郁质呈负相关（$r=-0.53$，-0.64，$P_{均}<0.05$）。

表 6-16 SCL-90 各因子分的变化与气质类型的相关分析

因子	胆汁质	多血质	黏液质	抑郁质
SCL-90 总分	-0.33	-0.29	-0.16	-0.19
躯体化	-0.41	-0.66**	-0.5	-0.44
强迫症状	-0.47	-0.3	-0.13	0.01
人际关系敏感	-0.16	-0.15	-0.21	-0.16
抑郁	-0.03	0.04	-0.01	-0.13
焦虑	-0.23	-0.14	-0.01	-0.02
敌对	0.18	0.25	0.01	0.25
恐怖	-0.26	-0.28	0.07	-0.19
偏执	-0.3	0.08	-0.19	-0.53*
精神病性	-0.56*	-0.3	-0.4	-0.64*

注：*代表 $p<0.05$，**代表 $p<0.01$

三、讨论

（一）青少年戒毒人员的心理健康状况

本研究发现，青少年戒毒人员有明显的心理健康问题，SCL-90 评定结果在躯体化、强迫症状、抑郁、焦虑、敌对、偏执、精神病性等方面的表现高于全国青年常模，尤以敌对、偏执、精神病性三方面表现更为明显。以往研究表示，强制戒毒人员症状自评量表的各因子得分均高于常人，并存在显著性差异[10][11]，与本研究结果相似，这表明戒毒人员普遍存在心理健康问题。这可能是因为戒毒人员存在较多的家庭问题，如家庭矛盾、单亲家庭等，使得个体存在巨大精神压力，再加上药物滥用对神经系统的巨大危害，使得吸毒者的情绪情感体验缺乏稳定，导致心理健康状况也越来越差。同时在本研究中还出现了一些问题，收集调查问卷时，有效问卷率较低，因为问卷填写中存在较多乱填的情况，导致该问题出现的原因可能是：首先，被试在戒毒所内受到太多管教，导致心理防御较强；其次，被试学历普遍较低，不能很好地理解问卷内容；最后，被试为青少年人，在面对测验时可能存在一定的叛逆心理。

（二）音乐治疗对青少年戒毒人员效果讨论

研究结果显示，实验组青少年戒毒人员通过音乐治疗，在 SCL-90 的各项症状表现中均呈现出下降趋势，尤其以人际关系敏感、抑郁、偏执和精神病性等方面症状表现降低明显，音乐治疗的干预效果突出，这表明音乐治疗能够对戒毒人员的心理健康状况进干预，如果对戒毒人员进行长时间的音乐治疗，能够提高青少年戒毒人员的心理健康水平，预防心理问题的产生。本研究的结果与以往研究有相似之处，也有不同的方面。相似之处在于音乐治疗能够对抑郁情绪产生干预作用[12]。不同的是以往研究显示音乐治疗能改善大学生的焦虑情绪[13][14]，同时临床医学研究结果也表示，音乐治疗能够干预临床患者的焦虑情绪[15][16][17][18]；而在本研究中，音乐治疗对戒毒人员的焦虑情绪有一定的干预效果，但作用效果不突出。这可能是因为：第一，本研究进行的时间相对于其他研究较短，导致被试在焦虑的得分上有下降的趋势，但是具体效果不明显；第二，研究对象不同，本研究在活动过程中能够改善被试的焦虑情绪，但由于被关押的强制戒毒人员仍受到外在环境给予的压力，导致焦虑情绪改善不明显。

（三）对照组青少年戒毒人员 SCL-90 前后测差异性讨论

本研究显示，对照组青少年戒毒人员在没有接受任何干预的情况下，SCL-90 的多项症状表现呈上升趋势，其中以躯体化和恐怖两方面表现更为明显，这与对照组青少年戒毒人员在实验前后不存在心理健康状况变化的预期不相符。导致对照组青少年戒毒人员在躯体化症状表现出现差异的原因可能是：本次实验在冬季进行，天气较为寒冷，导致戒毒人员容易出现头晕、头痛和感冒等躯体疾病，使得在后测时得分上升。导致对照组青少年戒毒人员在恐怖症状表现出现差异的原因可能是：参与本研究的青少年戒毒人员在戒毒所有繁重的工作需要完成，而实验组比对照组在工作上的任务会减少，导致实验组和对照组在工作量上存在差异，而这个差异使得对照组的被试精神上负担加重而没有地方进行宣泄，在面对警官时便容易产生恐怖情绪，长此以往便使得恐怖因子得分上升明显。

（四）对实验组和对照组前后测差异性讨论

本研究中，实验组在经过音乐治疗后在 SCL-90 的躯体化和人际关系敏感两方面症状表现与对照组相比下降明显。导致躯体化症状下降的可能原因是：实验组青少年戒毒人员在参加本实验过程中，心理健康状况得到了一定的改善，通过心理健康影响身体健康的方式，提高戒毒人员的身体抵抗力，预防了躯体疾病的产生。而对照组青少年戒毒人员在压力和恐怖等负面情绪下，心理健康状况呈下降趋势，在冬天寒冷的天气条件下，对照组青少年戒毒人员容易出现感冒等躯体疾病。导致人际关系敏感因子得分差异明显的可能原因是：实验组在接受音乐治疗时，使用团体心理辅导的形式进行，在音乐治疗结束后会进行团体分享和交流，从而促进了实验组被试交流沟通能力的提升，并降低了人际交流的焦虑感。以往研究与本研究结果相似[19]，通过团体心理辅导形式进行音乐疗法能有效地改善被试的人际交流能力。

（五）对人口统计学和音乐治疗效果的分析

研究结果发现，在SCL-90的人际关系敏感症状上音乐治疗效果与青少年戒毒人员的年龄有相关关系，随着年龄的上升，音乐治疗效果下降。这可能是因为年龄更大的戒毒人员已经拥有较好的人际关系处理能力，而年龄较小的戒毒人员则能够通过治疗过程提高人际交流能力，克服与他人交流时的不自在感和自卑感。同全国青年常模比较结果也显示，青少年戒毒人员在人际关系敏感症状上与常模无明显差异。在SCL-90的强迫症状和人际关系敏感两个症状上音乐治疗效果与青少年戒毒人员的教育程度有相关关系，随着教育程度的提高，音乐治疗效果越好，这表明音乐治疗效果与个体的文化水平和接受能力有关，音乐治疗更适合于文化水平较高，接受能力较强的人。

（六）对气质类型和音乐治疗效果的分析

在青少年戒毒人员的气质类型与音乐治疗效果的相关研究中可以发现，气质类型与SCL-90的各因子变化较多地存在负相关或存在有负相关的趋势，意味着在某项气质类型上越明显，其治疗效果改变越小，这表明越典型气质的青少年戒毒人员通过音乐治疗在这些因子上的治疗效果越差。但从各气质类型上可以看出，多血质与抑郁、敌对、偏执等因子变化有呈正相关的趋势，黏液质与敌对、恐怖等因子变化有呈正相关的趋势，抑郁质与强迫症状、敌对等因子变化有呈正相关的趋势，胆汁质与敌对因子变化有呈正相关的趋势，意味着在某项气质类型上越典型，其治疗效果改变越大。这表明青少年戒毒人员气质类型能够影响音乐治疗效果，通过治疗心理健康状况能得到一定的改善，其中多血质治疗效果最好，黏液质和抑郁质其次，胆汁质最差。

四、结论

综上所述，青少年戒毒人员存在一定的心理健康问题，需要得到心理帮助。音乐治疗能够对青少年戒毒人员的人际关系敏感、抑郁、偏执和精神病性等方面起到干预作用，对焦虑情绪干预作用不明显；青少年戒毒人员的教育水平对治疗效果有显著的影响；青少年戒毒人员的气质类型对音乐治疗效果有一定影响，但影响效果不显著。在以后的研究中将增加治疗时间和频度，加大研究对象的数量，从而更好地探究音乐治疗对戒毒人员的心理干预作用，为临床进行戒毒治疗提供一定的理论与实践依据。

参考文献

[1] 阎晓丽，王凤兰，郝学敏，等. "6+1"心理戒毒及防复吸干预模式的构建及实践——一项基于山西太原的实证研究 [J]. 中国药物滥用防治杂志，2016，22（1）：38-40.

[2] 闫俊，崔玉华. 艺术疗法 [J]. 临床精神医学杂志，2003，13（4）：240-241.

[3] 赵子慧. 艺术情感治疗法在药物滥用者心理康复中的应用及效果 [J]. 中国药物滥用防治杂志，2005，11（4）：207-209.

[4] 杨秋兰，李遵清. 健康教育和艺术疗法对冰毒滥用者的康复效果研究 [J]. 中国药物依赖性杂志，2012，21（5）：364-368.

[5] 郝学敏，姜峰，王凤兰，等. 绘画疗法在戒毒人员心理康复中的临床应用 [J]. 中国药物滥用防治杂志，2016，22（3）：161-162.

[6] 李铁菊，韶红，游丽莹，等. 音乐疗法的临床应用 [J]. 实用诊断与治疗杂志，2006，20（5）：355-356.

[7] HARMAT L, JOHANNA T, ROBERT B. Music improves sleep quality in students [J]. Journal of Advanced Nursing, 2008, 62（3）：327-335.

[8] AKVILE V, SKAIDRE R, JOLANTA K, et al. The Effects of Music Therapy on Oncological Patients [J]. Vocational Training: Research And Realities, 2016, 27（1）：14-26.

[9] 陶惠斯. 音乐治疗对自愿戒毒人员情绪的影响 [J]. 社科学论，2012（5）：255-256.

[10] 董开莎. 戒毒人员的社会认同状况与心理健康的调查 [J]. 中国药物依赖性杂志，2014，23（3）：224-227.

[11] 刘新民,赵方乔,韦克诚,等.男女强制隔离戒毒者心理健康与社会支持的比较 [J].中国药物依赖性杂志,2012,21 (5):382-385.

[12] 季迪,范尧,张勇,等.音乐疗法对大学生抑郁情绪干预效果的系统评价 [J].中国健康心理学杂志,2015,23 (4):588-593.

[13] LABBE E, SCHMIDT N, BABIN J, et al. Coping with Stress: The Effectiveness of Different Types of Music [J]. Applied Psychophysiology and Biofeedback, 2007, 32 (3-4): 163-168.

[14] 孙爱雪,周雪雪,程淑英.音乐疗法对缓解大学生考研焦虑的作用 [J].中国健康心理学杂志,2012,20 (2):320-321.

[15] MAGILL L, BERENSON S. The conjoint use of music therapy and reflexology with hospitalized advanced stage cancer patients and their families [J]. Palliative & Supportive Care, 2008, 6 (3): 289-296.

[16] EBNESHAHIDI A, MOHSENI M. The effect of patient-selected music on early postoperative pain, anxiety, and hemodynamic profile in cesarean section surgery [J]. Journal of Alternative & Complementary Medicine, 2008, 14 (7): 827-831.

[17] 朱凌云,邓若云,徐娟.音乐放松疗法对乳腺癌患者术后焦虑的治疗研究 [J].中国医学工程,2011,19 (10):38.

[18] 胡静,李翠,徐晶晶.音乐疗法缓解种植牙患者焦虑、抑郁与疼痛的效果观察 [J].临床合理用药,2015,8 (7):42-43.

[19] 李晓芸,班永飞.团体心理辅导效果及治疗因素研究 [J].中国健康心理学杂志,2013,21 (2):211-214.

第四节 作业疗法对戒毒青少年的心理干预研究

目的:分析青少年戒毒人员心理健康状况,探讨作业疗法对青少年戒毒人员的心理干预作用。方法:本研究在成都市某强制隔离戒毒所随机匹配选取 30 名男性青少年戒毒人员为实验对象,实验组 15 名,对照组 15 名,进行为期 1 个月(8 次)的作业治疗(绘画),采用量表有症状自评量表、功能失调性态度问卷、陈会昌气质量表以及自编一般信息调查表。结果：（1）SCL-90前后测结果中，实验组除躯体化因子得分不存在显著差异外，其余各因子得分均存在显著性差异（$t=4.88$，3.16，3.75，4.75，4.74，2.70，3.51，2.42，3.47，3.60，$P_{均}<0.05$）；（2）功能失调性态度问卷前后测结果中，实验组的完美化、寻求赞许、自主性态度、总分4个因子均存在显著性差异（$t=2.95$，3.45，2.42，2.54，$P_{均}<0.05$）；（3）青少年戒毒人员气质类型与SCL-90测试结果变化的关系中，胆汁质与精神病性、其他2个因子均存在显著负相关（$r=-0.432$，-0.397，$P_{均}<0.05$），抑郁质与精神病性存在显著负相关（$r=-0.464$，$P<0.05$）；（4）在青少年戒毒人员气质类型与功能失调性态度差异的关系中，黏液质与吸引和排斥存在显著负相关（$r=-0.429$，$P<0.05$），抑郁质与吸引和排斥、认知哲学2个因子均存在显著负相关（$r=-0.527$，-0.374，$P_{均}<0.05$）。结论：青少年戒毒人员存在一定的心理问题，需要得到心理帮助；作业治疗（绘画）对青少年戒毒人员的心理干预有一定效果；作业治疗可以矫正青少年戒毒人员的不良认知，提高其心理健康水平。

  毒品问题和恐怖活动、艾滋病并称为当今世界的三大祸害。联合国国际麻醉品管制局（INCB）近几年的年度报告指出，目前社会上使用较为广泛的毒品种类有海洛因、甲基苯丙胺、大麻、可卡因、麦角酰二乙胺和甲喹酮等[1]，吸毒人员为了追求毒品带来的快感和新奇感，使用新型毒品和多药滥用的形势也越来越严峻[2]。作业疗法是现代康复治疗五大技术之一，也是临床康复必不可少的一部分，在国外发展多年，通过多种途径（如开办高等教育，培育专业人才，加强理论运用等），已取得非常丰富的实践经验[3][4][5]。作业疗法是以各种不同的作业活动作为治疗的媒介，以促进个体身心健康的一种治疗方法，与艺术疗法具有同样的治疗效果[6]。而绘画疗法则是运用绘画的符号表征功能，来了解那些无法言表的内心世界，进而通过外化、宣泄和认知等过程进行身心治疗的一种方法，其本质上是对个体心理、人格、情感、文化和社会影响等方面进行外化符号表征的过程[7]。绘画作为作业疗法的一种独特作业方式，同时作为一种评价和测量手段，在我国戒毒领域的应用已有多年。最早在2004年李仁鸿等人就探讨过运用自由绘画的方式对海洛因依赖者的绘画符号的象征内涵，通过对333幅绘画作品的分析评估，提取出 70 多种象征符号,其结果发现绘画治疗可起到有效了解戒毒人员心理状况,促进心理治疗的作用[8]。在 2007 年易春丽等人通过主题绘画的方式探讨药物滥用者在人际关系中存在的问题[9]。通过查阅文献资料发现,目前国内将作业疗法这一治疗技术作为戒毒人员主要心理治疗方法的研究还相对较少。而作业治疗对改善人们的情绪及认知行为矫正能发挥积极的作用。因此,本研究旨在探讨在现有戒毒方式下,将通过作业治疗中的绘画作业治疗对戒毒人员进行心理干预研究,以改变其不良认知,为其提高心理健康水平、回归社会后预防复吸打下良好的心理健康基础。

一、研究对象与方法

(一)研究对象

选取于 2016 年 12 月在成都市某强制隔离戒毒所戒毒康复期的青少年戒毒人员 30 例。纳入标准:符合精神活性物质所致精神障碍(阿片类物质)的诊断标准,尿液吗啡定性检验阴性;符合 WHO 专家委员会最新规定的药物依赖标准;年龄在 15~60 岁之间;已进行了生理脱毒。排除标准:有严重的躯体疾病史;有明显的精神疾病史。

在实验研究前,详细告知所有受试者本次作业治疗的目的、操作流程、注意事项等。所有受试者均为自愿参加本研究,并且将签署知情同意书。30 例男性青少年戒毒人员在年龄相匹配的原则下分为:实验组为 15 例,对照组为 15 例。被试平均年龄为:实验组 17.57±0.79 岁,对照组 17.33±0.62 岁。

(二)研究工具

(1)一般信息调查表:采用自制一般信息调查表收集被试人员的基本情况(包括年龄、性别、受教育水平、家庭经济情况、兴趣爱好、监护人、吸食毒品种类、吸食时间、戒毒时间、是否复吸等)。

(2)症状自评量表(Symptom Checklist 90,SCL-90):是由德若伽提斯(L. R. Derogatis)于 1975 年编制。该量表包括躯体化、强迫症状、人际关系、抑郁、焦虑、敌对、恐怖、偏执、精神病性 9 个因子共 90 个项目,分为 0~4 五级评分,其各症状效度系数为 0.78~0.99,$P<0.01$。量表按全国常模结果,总分超过 160 分,或阳性项目数超过 43 项,或任一因子分超过 2 分,需考虑筛选阳性,需进一步检查。该量表能较准确地评估病人自觉症状特点,

从不同侧面反映了各职业对个体心理健康的影响。得分越高，心理健康水平越低。

（3）功能失调性态度问卷（Dysfunctional Attitudes Scale，DAS）：采用功能失调性态度问卷（DAS）评定戒毒人员认知水平。该问卷属于自评问卷，共有40个条目组成，用以评估人们较深层的认知结构，按个体对这些功能性态度的同意程度来评分，从完全不同意到完全同意，采用1～7级评分。DAS包括8个因子，分别是脆弱性、吸引和排斥、完美化、强制性、寻求赞许、依赖性、自主性态度、认知哲学。分值越高，表明被试者认知障碍（歪曲认知）越严重。国内陈远岭报告该量表的分半信度为0.84，Cronbach的α系数为0.87，量表总体和量表的各个条目组都有较好的效度。

（4）气质量表：陈会昌气质量表，又称"陈会昌六十气质量表"。是由山西省教科院陈会昌等编制，共60题，每种气质类型15题，测量出4种气质类型：胆汁质、多血质、黏液质和抑郁质。他们的研究结果表明，多数人的气质是或两种气质的混合型，典型气质和三种气质混合型的人很少。问卷采用5级评分法，很符合记2分，比较符合记1分，介于符合与不符合之间记0分，比较不符合记-1分，完全不符合记-2分。该量表重测信度均在0.8以上，总体上比较稳定，可靠性比较强，已被广泛使用。

（三）研究方法

（1）治疗前戒毒人员接受系统的脱毒治疗，经过2周的脱毒治疗，达到"停止使用阿片类替代药物后24h或戒断症状轻微，尿吗啡定性试验和纳洛酮催瘾试验阴性"的脱毒成功标准后即开始初测和匹配分组。分为实验组和对照组。

（2）分组后，实验组在此基础上，实施一个月共8次作业治疗（绘画作业），具体为：每周三和周五下午各一次，每次治疗时间为1h。入组治疗第一次和最后一次绘画作业主题均为房树人，中间6次治疗过程主要包括家人、朋友、未来的工作生活三个绘画主题。其中，房树人绘画不给予任何治疗性的引导，其余每次在绘画过程中不断给被试以鼓励和具体辅导，启发被试进行绘画，故绘画作业治疗的重点不在于审美。对照组不实施。

（3）治疗师要特别向被试强调整个过程绘画技巧不是治疗的关键，关键是从命题提示中思考自己的过去、现在和将来，并用不定形式的图画方式表达出来，且不与他人讨论，独立完成。当被试的绘画作品完成后，治疗师就作品本身进行团体辅导分享和针对性一对一的咨询治疗，让其讲述自己作品的内容、意义和自己在完成作品时的所思、所感。治疗师在整个咨询阶段，更多的是做倾听和引导工作，持非评判、非批判和不解释的态度鼓励被试自我表达。

（4）8次作业治疗全部结束后进行问卷重测，数据分析。

（四）统计方法

采用SPSS20.0进行数据的描述性统计分析、独立样本T检验、单样本T检验、皮尔逊相关等。

二、结果

（一）青少年戒毒人员SCL-90前测结果与常模比较，详见表6-17。

表6-17 被试SCL-90前测结果与常模比较（x±s）

SCL-90	被试（n=30）	常模n=（1388）	t	P
总分	183.82±46.82	129.96±38.76	7.63	0.00**
躯体化	1.81±0.60	1.37±0.48	4.90	0.00**
强迫症状	2.34±0.59	1.62±0.58	7.98	0.00**
人际关系敏感	2.01±0.56	1.65±0.51	4.26	0.00**
抑郁	2.07±0.66	1.50±0.59	5.76	0.00**
焦虑	2.20±0.76	1.39±0.43	7.06	0.00**
敌对	2.17±0.81	1.48±0.56	5.62	0.00**
恐怖	1.70±0.54	1.23±0.41	5.75	0.00**
偏执	2.06±0.64	1.43±0.57	6.51	0.00**
精神病性	1.95±0.65	1.29±0.42	6.74	0.00**
其他	2.12±0.67	1.45±0.44	6.65	0.00**

注：* 在0.05水平上差异显著，** 在0.01水平上差异显著，下同。

表6-17结果表明：被试在前测中各因子得分均高于全国常模，每个因子分都与常模存在显著性差异，说明被试的心理健康状况低于正常水平，有必要进行作业治疗。

（二）实验组与对照组 SCL-90 前测结果比较，详见表 6-18。

表 6-18　实验组与对照组 SCL-90 前测结果比较（$x\pm s$）

SCL-90	实验组	对照组	t	P
总分	188.93±38.95	177.47±57.15	0.64	0.53
躯体化	1.80±0.54	1.86±0.72	-0.27	0.48
强迫症状	2.45±0.48	2.18±0.75	1.45	0.10
人际关系敏感	2.06±0.54	1.94±0.62	0.65	0.62
抑郁	2.19±0.65	1.89±0.66	0.96	0.44
焦虑	2.33±0.57	2.00±1.02	0.42	0.26
敌对	2.13±0.78	2.29±0.91	-0.60	0.24
恐怖	1.79±0.52	1.55±0.55	0.44	0.49
偏执	2.05±0.56	2.13±0.79	-0.41	0.09
精神病性	1.97±0.62	1.96±0.73	0.05	0.32
其他	2.18±0.64	2.05±0.73	0.61	0.61

表 6-18 结果表明：实验组和对照组在 SCL-90 各因子分中无显著差异，说明治疗前两组被试心理健康状况基本一致，匹配性较好。

（三）实验组 SCL-90 前后测结果比较，详见表 6-19。

表 6-19　实验组 SCL-90 前后测结果比较（$x\pm s$）

SCL-90	前测	后测	t	P
总分	188.93±38.95	145.96±35.18	4.88	0.00**
躯体化	1.80±0.54	1.69±0.56	1.84	0.08
强迫症状	2.45±0.48	1.87±0.64	3.16	0.00**
人际关系敏感	2.06±0.54	1.59±0.53	3.75	0.00**
抑郁	2.19±0.65	1.56±0.40	4.75	0.00**
焦虑	2.33±0.57	1.50±0.47	4.74	0.00**
敌对	2.13±0.78	1.76±0.59	2.70	0.01**
恐怖	1.79±0.52	1.30±0.25	3.51	0.00**
偏执	2.05±0.56	1.69±0.56	2.42	0.02*
精神病性	1.97±0.62	1.60±0.41	3.47	0.00**
其他	2.18±0.64	1.76±0.52	3.60	0.00**

表 6-19 结果表明：SCL-90 前后测结果中，实验组在除了躯体化因子得分不存在显著差异外，其余各因子得分均存在显著性差异（$t=4.88$，3.16，3.75，4.75，4.74，2.70，3.51，2.42，3.47，3.60，$P_{均}<0.05$），说明作业治疗对被试心理健康状况改善有较好的效果。

（四）对照组 SCL-90 前后测结果比较，详见表 6-20。

表 6-20 对照组 SCL-90 前后测结果比较（$\bar{x}\pm s$）

SCL-90	前测	后测	t	P
总分	177.47±57.15	187.80±63.78	-0.47	0.59
躯体化	1.86±0.72	2.07±0.77	-0.80	0.57
强迫症状	2.18±0.75	2.31±0.67	-0.52	0.71
人际关系敏感	1.94±0.62	2.09±0.74	-0.62	0.63
抑郁	1.89±0.66	1.99±0.78	-0.41	0.23
焦虑	2.00±1.02	2.07±0.87	-0.17	0.73
敌对	2.29±0.91	2.13±0.71	0.52	0.22
恐怖	1.55±0.55	1.90±0.94	-1.26	0.07
偏执	2.13±0.79	2.11±0.80	0.08	0.70
精神病性	1.96±0.73	2.02±0.78	-0.22	0.80
其他	2.05±0.73	2.19±0.78	-0.52	0.52

表 6-20 结果表明：SCL-90 前后测结果中，对照组各因子分无显著性差异。

（五）实验组与对照组功能失调性态度问卷前测结果比较，详见表 6-21。

表 6-21 实验组与对照组功能失调性态度问卷前测结果比较（$\bar{x}\pm s$）

功能失调性态度问卷	实验组	对照组	t	P
脆弱性	16.82±4.02	16.00±3.65	0.66	0.94
吸引和排斥	15.50±5.13	15.33±5.96	0.10	0.72
完美化	17.57±3.75	15.80±4.36	1.40	0.43
强制性	18.50±2.91	17.40±4.67	0.95	0.08
寻求赞许	18.93±3.05	18.00±4.00	0.85	0.18
依赖性	17.14±3.95	16.87±3.56	0.23	0.81
自主性态度	18.89±3.69	15.60±5.84	2.27	0.01**
认知哲学	17.79±4.18	20.73±5.35	-1.99	0.13
总分	141.14±17.53	135.73±19.47	0.93	0.56

表 6-21 结果表明：在功能失调性态度问卷前测结果中，实验组与对照组除了自主性态度因子存在显著差异外（$t=2.27$，$P<0.01$），其他各因子分均不存在显著性差异，说明两组被试认知功能状况基本一致，匹配性较好。

（六）实验组功能失调性态度问卷前后测结果比较，详见表6-22。

表6-22 实验组功能失调性态度问卷前后测结果比较（$\bar{x}\pm s$）

功能失调性态度问卷	前测	后测	t	P
脆弱性	16.82±4.02	16.68±4.88	1.26	0.22
吸引和排斥	15.50±5.13	13.86±4.07	1.73	0.10
完美化	17.57±3.75	15.00±4.90	2.95	0.00**
强制性	18.50±2.91	17.46±4.40	0.76	0.45
寻求赞许	18.93±3.05	16.25±3.46	3.45	0.00**
依赖性	17.14±3.95	16.00±3.68	1.98	0.06
自主性态度	18.89±3.69	16.64±6.83	2.42	0.02*
认知哲学	17.79±4.18	20.11±6.72	-1.88	0.07
总分	141.14±17.53	131.47±18.82	2.54	0.02*

表6-22 结果表明：在功能失调性态度问卷前后测结果中，实验组的完美化、寻求赞许、自主性态度、总分4个因子均存在显著差异（$t=2.95$，3.45，2.42，2.54，$P<0.05$ 或 $P<0.01$），说明作业治疗有助于促进被试自我接纳水平提高，改变不良自我认知。

（七）对照组功能失调性态度问卷前后测结果比较，详见表6-23。

表6-23 对照组功能失调性态度问卷前后测结果比较（$\bar{x}\pm s$）

功能失调性态度问卷	前测	后测	t	P
脆弱性	16.00±3.65	15.13±5.15	0.53	0.69
吸引和排斥	15.33±5.96	15.93±4.56	-0.31	0.37
完美化	15.80±4.36	14.67±4.52	0.69	0.72
强制性	17.40±4.67	16.73±2.12	0.24	0.81
寻求赞许	18.00±4.00	18.13±4.77	-0.08	0.53
依赖性	16.87±3.56	17.00±4.75	-0.09	0.30
自主性态度	15.60±5.84	17.33±6.94	-0.74	0.90
认知哲学	20.73±5.35	22.13±6.05	-0.67	0.44
总分	135.73±19.47	137.07±21.27	-0.18	0.53

表6-23 结果表明：在功能失调性态度问卷前后测结果中，对照组各因子

分均不存在显著性差异。

（八）青少年戒毒人员气质类型与 SCL-90 测试结果变化（后测—前测）的相关分析，详见表 6-24。

表 6-24　气质类型与 SCL-90 变化相关分析

	胆汁质	多血质	黏液质	抑郁质
总分变化	-0.360	-0.237	0.155	-0.236
躯体化	-0.315	-0.203	0.208	-0.209
强迫症状	-0.210	-0.175	0.254	-0.096
人际关系敏感	-0.319	-0.153	0.034	-0.330
抑郁	-0.231	-0.198	0.155	-0.147
焦虑	-0.139	-0.070	0.203	-0.118
敌对	-0.367	-0.267	0.119	-0.053
恐怖	-0.295	-0.237	0.050	-0.077
偏执	-0.050	0.185	0.293	0.123
精神病性	-0.432*	-0.354	-0.069	-0.464*
其他	-0.397*	-0.284	-0.100	-0.341

表 6-24 结果表明：在青少年戒毒人员气质类型与 SCL-90 测试结果变化的关系中，胆汁质与精神病性、其他 2 个因子均存在显著负相关（$r=-0.432$，-0.397，$P<0.05$），抑郁质与精神病性存在显著负相关（$r=-0.464$，$P<0.05$）。

（九）青少年戒毒人员气质类型与功能失调性态度差异（后测—前测）的相关分析，见表 6-25。

表 6-25　气质类型与功能失调性态度差异相关分析

	胆汁质	多血质	黏液质	抑郁质
脆弱性	0.061	0.088	0.145	0.239
吸引和排斥	-0.202	-0.281	-0.429*	-0.527**
完美化	0.214	0.173	0.196	0.169
强制性	0.225	0.248	0.171	0.143
寻求赞许	0.088	0.102	-0.123	0.103
依赖性	0.056	-0.053	-0.180	-0.293
自主性态度	0.068	0.021	-0.056	-0.004
认知哲学	-0.213	-0.200	-0.348	-0.374*
总分	0.035	0.019	-0.241	-0.223

表6-25结果表明：在青少年戒毒人员气质类型与功能失调性态度差异的关系中，黏液质与吸引和排斥存在显著负相关（$r=-0.429$，$P<0.05$），抑郁质与吸引和排斥、认知哲学2个因子均存在显著负相关（$r=-0.527$，-0.374，$P<0.05$ 或 $P<0.01$）。

三、讨论

（一）青少年戒毒人员一般情况调查结果分析

当前社会，青少年吸毒呈现出新的发展趋势，由于多种原因，复吸比例不断增加，对社会产生了重大影响。本研究结果表明，在被试一般情况调查结果中，30例被试都是未成年的男性，实验组为15例，对照组为15例；被试平均年龄为：实验组 17.57 ± 0.79 岁，对照组 17.33 ± 0.62 岁；以汉族居多；以农村户籍居多；以初中生居多；家庭经济为一般居多；吸食毒品以冰毒为主；复吸比例较小。这些基本情况结果与已有研究的未成年青少年吸毒现状结果相一致，如青少年吸毒人数不断增加，低龄化趋势明显，吸食以新型毒品为主等。而与有研究的复吸率高达90%存在一定差异[10]，可能是本研究的样本量较少和被试所在地区经济发展状况不同等原因所致。单亲家庭比例少于半数，而有关研究结果显示，目前吸毒的青少年超过70%来自单亲家庭[11]，二者存在一些差异。监护人为父亲的比例都大于监护人为母亲及父母共同的比例。这一结果可能与中国传统家庭文化有关，父亲一般对孩子比较严格，长期约束了孩子的自由和天性，让他们内心非常压抑，孩子就会想尽办法去释放自己、解放自己。所以，面对毒品时，他们抵制能力不强，反而好奇心加重，想去尝试它。

（二）青少年戒毒人员心理健康状况前后测的结果分析

SCL-90测试结果能很好地反映个体各因子得分及个体心理健康水平状况。本研究发现，SCL-90前后测的结果中，实验组各因子分数都呈下降趋势，并除了躯体化因子差异不显著外，其余各因子分均呈现出显著性差异，而对照组各因子分没有显著性差异，且后测的因子分数多比前测分数高，这与已有的研究结果保持一致[12][13][14]。这说明没有参加作业治疗的被试，其心理健康水平不但不会提高，反而还会有不同程度的下降。其原因可能是由于吸毒人员存在较多的家庭问题，如家庭矛盾、单亲家庭等，使得个体存在巨大精神压力,再加上药物滥用对神经系统的巨大危害,使得吸毒者的情绪情感体验缺乏稳定性,导致心理健康状况也越来越差。但有所不同的是,有研究得出的躯体化因子分无论实验组还是对照组,其前后测得分都会降低,因为戒毒人员的生理脱毒治疗效果两组都能取得良好效果[15],而本研究的躯体化因子分在对照组后测中呈上升趋势,二者存在一定差异,这可能与所里的戒毒人员每天的额外工作量有关,导致身心疲惫,躯体状况不佳。

(三)青少年戒毒人员认知水平前后测结果分析

功能失调性态度问卷(DAS)能有效评定戒毒人员认知水平状况。本研究结果表明,在功能失调性态度问卷前后测结果中,实验组的完美化、寻求赞许、自主性态度、总分4个因子均存在显著差异,除了认知哲学外其余各项因子分均有所下降,但总分仍然高于正常人水平(低于130分),这与国内陈远岭[16]和许坤[17]的研究结果一致。但有所不同的是,本研究实验组与对照组前测的自主性态度因子存在显著差异,而已有的研究没有得出此差异结果[18],所以本研究的这个因子分结论代表性可能不佳。本研究作业治疗的中心主题是画房树人,每次绘画独立自主完成,发挥自己的自由联想,然后通过对作品内容进行针对性分析,可以让戒毒人员重新认识自我,定位自我,在治疗师的引导下,改变不良认知,培养自控力,形成自主性。所以实验组的完美化、寻求赞许、自主性态度、总分4个因子差异显著,具有统计学意义,作业治疗效果明显。

(四)青少年戒毒人员不同气质类型对心理健康和认知水平改善的影响

本研究相关分析发现,青少年戒毒人员气质类型与心理健康水平测试结果变化的关系中,胆汁质与精神病性、其他2个因子均存在显著负相关,抑郁质与精神病性存在显著负相关。这说明胆汁质气质越典型的被试,其精神病性、其他2个因子得分会在后测中得分降低,抑郁质气质越典型的被试,其精神病性因子会在后测中得分降低,改变会更明显。在青少年戒毒人员气质类型与功能失调性态度差异的关系中,黏液质与吸引和排斥存在显著负相关,抑郁质与吸引和排斥、认知哲学2个因子均存在显著负相关,这与以往的研究结果相似[19],结合之前挪威[20]、日本[21]等国研究者的研究结果,遭遇更高水平应激的个体表现出更明显的抑郁症状,认知水平越高的个体抑郁症状水平也越高。这说明青少年戒毒人员黏液质气质越典型,其吸引和排斥因子得分会在后测中降低，青少年戒毒人员抑郁质气质越典型，其吸引和排斥、认知哲学2个因子得分会在后测中降低，改变会更明显。作业治疗对于黏液质的人来说，其吸引和排斥能得到较好改善，作业治疗对于抑郁质的人来说，可以有效改善其吸引和排斥、认知哲学因子得分。

综上所述，戒毒人员存在一定的心理健康问题和不良认知，针对青少年戒毒人员这一特殊被试群体，经过系统的作业治疗（绘画）后，可以有效了解被试群体的总体情况，被试的心理健康状况和认知水平的改善取得了良好的效果，并探讨了个体气质类型与心理健康状况、认知水平改变的关系，丰富和发展了作业治疗对戒毒人员心理干预这一领域的理论与实际运用成果，并对未来发展提出自己的展望。希望在以后的研究中将增加治疗时间和频度，加大研究对象的数量，从而更好地探究作业治疗对戒毒人员的心理干预作用，为临床进行戒毒治疗提供一定的理论与实践依据。

四、结论

青少年戒毒人员存在一定的心理问题，需要得到心理帮助；作业治疗（绘画）对青少年戒毒人员的心理干预有一定效果，可以有效干预其强迫症状、人际关系敏感、抑郁、焦虑、恐怖、偏执和精神病性等症状；青少年戒毒人员的气质类型对其心理健康和认知水平改善有一定影响，作业治疗可以矫正青少年戒毒人员的不良认知，提高其心理健康水平。

参考文献

[1] 杨雪龙，童辉杰. 艺术疗法述评［J］. 社会心理科学，2012，18（70）：128-129.

[2] LARSEN I F. The Human Face of Medicine–The Visual Art［J］. Tidsskr Nor Laeqeforen，2000，120（30）：3762-3764.

[3] 刘沙鑫，赵丹，谭海宁，等. 探讨作业疗法在地震康复治疗中发挥的作用［J］. 华西医学，2009，24（8）：2218.

[4] BRUGGEN H V. European network of occupational therapy in Higher Education：A five year review［J］. ccupational Therapy International，2001，8（2）：132-138.

[5] SANTOSDEL R S. Terapia occupational: del siglo XIX al XXI. History concept deoccupation [J]. ehabilitacion, 2005, 39 (4): 179-184.

[6] 陈小梅. 临床作业疗法学（第二版）[M]. 北京：华夏出版社, 2013：2-5.

[7] 邱鸿钟, 梁瑞琼, 陈琳莹, 等. 绘画治疗在心理康复中的作用研究进展 [J]. 中国健康心理学杂志, 2015, 23 (5): 787-792.

[8] 李仁鸿, 罗俊明, 吕明春. 绘画治疗在海洛因依赖者心理康复中的临床应用 [J]. 中国药物依赖性杂志, 2004 (2): 124-126.

[9] 易春丽. 从绘画中看药物滥用者人际关系的损害 [J]. 中国药物依赖性杂志, 2007 (5): 363-366.

[10] 胡江. 未成年人吸毒的心理分析及防治对策 [J]. 云南警官学院学报, 2015, 3 (3): 92-94.

[11] 赖兰芳, 陈森林. 青少年吸毒现象的思考 [J]. 湖北科技学院学报, 2013, 8 (4): 31.

[12] 郑秀娟, 赵淑娟. 男性吸毒人员心理健康状况研究 [J]. 黑龙江教育学院学报, 2009, 28 (11): 22-23.

[13] 董开莎. 戒毒人员的社会认同状况与心理健康的调查 [J]. 中国药物依赖性杂志, 2014, 23 (3): 224-227.

[14] 刘新民, 赵方乔, 韦克诚, 等. 男女强制隔离戒毒者心理健康与社会支持的比较 [J]. 中国药物依赖性杂志, 2012, 21 (5): 382-385.

[15] 柴萌, 唐宏宇, 韩素霞, 等. 北京市新入监罪犯人格特点及心理卫生状况 [J]. 中国心理卫生杂志, 2004, 18 (15): 333-335.

[16] 陈远岭, 张大千, 朱跃华, 等. 抑郁症患者的功能失调性认知初探 [J]. 中华精神科杂志, 2002, 2 (3): 166-168.

[17] 许坤, 曾昭祥, 王贵山. 抑郁症患者的自动思维、功能失调性认知及应付方式的调查 [J]. 中国临床康复, 2004, 8 (18): 3454-3455.

[18] MCCLACHY. Over 60 percent Former Drug Users Return to Addiction [J]. Tribune Business News Washington, 2009: 12.

[19] 郑昕, 月玄莉, 杨露露, 等. 大学生功能失调性态度与抑郁症状的关系：日常应激的调节作用 [J]. 中国临床心理学杂志, 2014, 22 (5):

808-810.

[20] CHIOQUETA A P, STILES T C. Psychometric properties of the Norweigian version of the Dysfunctional Attitude Scale (Form A) [J]. Cognition Behavior Therapy, 2004, 33 (2): 83-86.

[21] TANAKA N, UJI M, HIRAMURA H, et al. Cognitive patterns and depression: Study of a Japanese university student population [J]. Psychiatry Clin Neurosci, 2006, 60 (3): 358-364.

第七章

冰毒依赖青少年社会学相关研究

第一节 冰毒依赖青少年家庭功能特征分析

目的：探讨青少年冰毒依赖者的家庭功能特点。方法：以成都市某强制隔离戒毒所100名冰毒依赖青少年作为戒毒组，以100名健康志愿者作为对照组，两组在年龄、民族上相匹配，采用自编一般信息问卷、父母教养方式量表、家庭关怀度指数、领悟社会支持量表对两组被试进行施测。结果：（1）两组在被试的文化程度、父母是否健在、父母是否离异及是否为独生子女因素上的差异均有统计学意义（$t=8.164, 5.207, 5.674, 7.715, 6.490$，$P_{均}<0.05$）；（2）戒毒组父母教养方式在情感温暖、理解、惩罚、严厉、拒绝、否认因子方面与对照组相比差异有统计学意义（$t=-3.510, -4.584, 3.264, 2.132, 1.765, 2.677$，$P_{均}<0.05$）；戒毒组的家庭关怀度、家庭内支持得分明显低于对照组，且差异存在统计学意义（$t=-5.262, -3.029$，$P_{均}<0.01$）。结论：对于青少年来说，家庭结构不完整，父母教养方式不良，家庭关怀欠缺均是引起吸毒的主要原因，所以，除了对青少年进行毒品管制的同时，加强父母的责任感也至关重要。

冰毒，即兴奋剂甲基苯丙胺，因其原料外观为纯白结晶体，晶莹剔透，故被吸毒者、贩毒者称为"冰"。由于它的毒性剧烈，人们便称之为"冰毒"。冰毒作为一种新型毒品，相对于鸦片、海洛因等传统毒品而言，是人工合成的致幻剂、兴奋剂类毒品，由国际禁毒公约和我国法律法规所管制。冰毒直接作用于人的中枢神经系统，使人产生兴奋或抑制，连续使用可产生依赖性[1]。青少年身心发展尚未成熟，对丰富而复杂的世界充满着求知与探险的欲望，对新奇事物尤为关注，在好奇、从众、寻求刺激等心理驱使下，越来越多的青少年出现吸毒行为[2]。大量研究表明：吸食冰毒后可造成吸食者出现一系列的心理和生理健康问题[3][4]。而家庭作为青少年成长过程中的重要场所，在青少年行为习惯养成等方面起着重要的作用。本文通过分析青少年冰毒依赖者家庭情况，以期找到青少年吸毒的根源所在。

一、研究对象与方法

（一）研究对象

戒毒组：选取2014年6—8月份成都市强制隔离戒毒所内生理脱毒后处于康复戒毒期的青少年冰毒依赖者100例，符合美国《精神疾病诊断与统计手册》第4版（DSM-IV）关于苯丙胺类兴奋剂依赖的诊断标准，无明显躯体戒断症状。对照组：招募年龄、性别等与戒毒组相匹配的健康志愿者100例。排除有精神系列疾病患者及近期服用抗精神药物者。两组被试均自愿参加本研究，并且签署知情同意书。

（二）研究方法

（1）自编的一般信息调查问卷：该问卷主要包括年龄、民族、受教育程度、居住地、父母文化程度、家庭收入、父母关系、父母是否健在、父母是否离异、是否独生子女、吸毒时间、吸毒种类、复吸情况等信息。

（2）家庭关怀度指数（Family apgar index）：该问卷是由美国西雅图华盛顿大学的Srailkstein医生设计的，由5个项目组成：适应度、合作度、成长度、情感度和亲密度，采用3级计分方式。判断家庭功能的标准为：0~3分为家庭功能严重障碍，4~6分为家庭功能中度障碍，7~10分家庭功能良好。该问卷经汉化后再测信度相关系数为0.80~0.83，且具有良好的效度。

（3）父母教养方式量表（Egna Minnen av Barndoms Uppfostran – own memories of parental rearing practices in childhood. EMBU)：该量表包括父亲分量表和母亲分量表，其中父亲分量表包括父亲情感温暖、理解（FF1），父亲惩罚、严厉（FF2），父亲过分干涉（FF3），父亲偏爱被试（FF4），父亲拒绝、否认（FF5）及父亲过度保护（FF6）6个因子，母亲分量表包括母亲情感温暖、理解（MF1），母亲过分干涉、过度保护（MF2），母亲拒绝、否认（MF3），母亲惩罚、严厉（MF4）及母亲偏爱被试（MF5）5个因子。

（4）领悟社会支持量表（Perceived social support scale，PSSS）：该量表由Blumenthal 介绍 Zimet 等编制，姜乾金等引入并做了一定的修订。PSSS 共含12个自评项目，每个项目采用（1~7）7级计分法，即分为极不同意、很不同意、稍不同意、中立、稍同意、很同意、极同意7个级别。作者在国内经过因素分析将12个条目分成"家庭内支持"和"家庭外支持"两类。前者由3、4、8、11条目分累计，后者由其余各条目分累计。其内部一致性系数为0.88，重测信度为0.85。

（三）统计分析

采用SPSS19.0软件进行统计分析，对于计数数据的差异性分析用χ^2检验，对于连续性测量数据的差异性分析用t检验。

二、结果

（一）戒毒组与对照组的家庭基本情况（见表7-1）

表7-1　戒毒组和对照组家庭基本情况比较

项目	分类	戒毒组（n=100）	对照组（n=100）	χ^2值	P值
年龄（岁）	16~18	52	48	0.860	0.651
	19~22	27	33		
	23~25	21	19		
民族	汉族	92	95	2.381	0.304
	彝、羌族	8	5		
文化程度	小学	45	4	8.164	0.000**
	初中	36	29		
	高中及以上	19	67		
居住地	城市	27	39	3.259	0.196
	乡镇	38	32		
	农村	35	29		
父亲文化程度	小学	45	34	6.040	0.110
	初中	36	32		
	高中及以上	19	34		
母亲文化程度	小学	52	41	2.750	0.432

续表

项目	分类	戒毒组（n=100）	对照组（n=100）	χ^2值	P值
	初中	29	33		
	高中及以上	19	26		
家庭收入/月	3000以下	4	3	0.748	0.862
	3000~5000	12	11		
	5000~7000	71	69		
	7000以上	13	17		
父母关系	非常融洽亲密	22	27	7.871	0.096
	比较融洽亲密	23	35		
	关系一般	32	26		
	不太融洽亲密	6	5		
	关系紧张疏远	17	7		
父亲是否健在	是	87	96	5.207	0.022*
	否	13	4		
母亲是否健在	是	90	98	5.674	0.017*
	否	10	2		
父母是否离异	是	29	13	7.715	0.005**
	否	71	87		
是否独生子女	是	39	57	6.490	0.011*
	否	61	43		

注：*表示 P<0.05，**表示 P<0.01

由表7-1可知，两组被试人员在年龄、民族、居住地、家庭收入、父母亲文化程度及父母关系是否融洽因素上差异无统计学意义。而在文化程度、父母是否健在、父母是否离异及是否独生子女因素上差异有统计学意义。

（二）戒毒组与对照组家庭教养方式比较（见表7-2）

表7-2 戒毒组与对照组家庭教养方式的差异分析（$\bar{X}\pm S$）

因子	戒毒组	对照组	t值	P值
父亲情感温暖、理解（FF1）	42.25±9.60	59.72±7.50	-3.510	0.001**
父亲惩罚、严厉（FF2）	20.68±5.54	17.51±4.99	3.264	0.001**
父亲过分干涉（FF3）	21.58±4.63	21.40±2.81	0.180	0.758
父亲偏爱被试（FF4）	10.95±3.90	10.40±2.77	0.454	0.549
父亲拒绝、否认（FF5）	10.45±3.76	9.15±2.55	1.765	0.050*

续表

因子	戒毒组	对照组	t 值	P 值
父亲过度保护（FF6）	11.03±3.34	11.31±2.43	-0.278	0.767
母亲情感温暖、理解（MF1）	46.09±9.65	53.26±8.73	-4.584	0.001**
母亲过分干涉、保护（MF2）	36.28±7.62	37.92±5.89	-0.742	0.484
母亲拒绝、否认（MF3）	15.47±5.61	12.15±4.35	2.677	0.012*
母亲惩罚、严厉（MF4）	16.12±5.17	14.25±4.94	2.132	0.030*
母亲偏爱被试（MF5）	10.65±3.76	10.32±3.04	-0.612	0.573

注：*表示 P<0.05，**表示 P<0.01

由表 7-2 可知，戒毒组父母亲教养方式在情感温暖、理解，惩罚、严厉，拒绝、否认因子方面与对照组相比差异有统计学意义。

（三）戒毒组与对照组家庭关怀度的比较（见表 7-3）

表 7-3　戒毒组与对照组家庭关怀度的差异分析（$\bar{X}\pm S$）

因子	戒毒组	对照组	t 值	P 值
家庭关怀度	4.38±2.45	6.84±1.76	-5.262	0.000**

注：*表示 P<0.05，**表示 P<0.01

由表 7-3 可知，戒毒组的家庭关怀度得分低于对照组，且差异存在显著统计学意义。

（四）戒毒组与对照组领悟社会支持的比较（见表 7-4）

表 7-4　戒毒组与对照组领悟社会支持的差异分析（$\bar{X}\pm S$）

因子	戒毒组	对照组	t 值	P 值
家庭内支持	17.82±5.28	20.40±4.36	-3.029	0.003**
家庭外支持	34.39±8.49	40.57±6.64	-4.605	0.000**

注：*表示 P<0.05，**表示 P<0.01

由表 7-4 可知，戒毒组的家庭内支持与家庭外支持得分均低于对照组，且差异有统计学意义。

三、讨论

家庭是个体生活的主环境之一，它不仅为个体的发展提供物质上的保障，而且为个体的发展提供重要的心理和情感支持。所以家庭成员的人文素质以及家庭完满程度直接影响个体的身心发展。本研究发现：在家庭基本情况方面，戒毒人员的文化程度普遍偏低，有81%的人员文化程度在初中水平以下，其中小学文化程度占调查人数的45%，初中文化程度占36%。这说明青少年发生越轨行为与他们的文化水平偏低、认知能力有限密切相关。文化程度偏低可使青少年对冰毒认识不够深刻，不能充分认识到冰毒的危害，再加上青少年极强的好奇心，面对新型毒品时不能抵制诱惑，导致初次尝试体验及复吸行为的发生。在家庭结构方面，29%的戒毒人员父母离异，10%~13%有母亲或父亲的离世，这说明吸毒人员的家庭结构不够完满，他们生活在单亲或重组家庭中，缺乏应有的关爱和安全感，从而导致心理缺陷而走上吸毒的道路。在是否为独生子女方面，戒毒人员中独生子女占39%，而对照组中独生子女占57%，戒毒组中独生子女数低于对照组，提示独生子女更容易引起父母的关注，发生冲动性越轨行为的概率也比较低。在家庭功能方面，戒毒组家庭功能较差，相关研究也发现家庭功能与问题行为（违法犯罪和物质滥用）存在显著的相关，即家庭功能越差，子女的异常行为程度越高[5][6][7]。戒毒组父母教养方式的一个显著特点是缺少情感温暖和理解，这与李荣琴[8]的研究结果一致，缺少情感温暖和理解会影响儿童社会化的进程，还会使孩子难以进行社会交流，更具有攻击性和挑剔性[9]。同时，戒毒组父母还表现出拒绝、否认和惩罚等不良现象，这可能与家庭结构的不稳定有一定关系，戒毒人员中有29%的父母离异，家庭生活不和谐，可能会把负面情绪迁怒于孩子，拒绝和否认还会减少孩子分辨是非的能力，易导致他们走向违法犯罪道路[10][11]，所以有研究提出，戒毒人员家庭功能的亲密度对社会适应具有正向预测作用[12]。戒毒组的家庭关怀度与支持度也明显较差，家庭是吸毒行为的直接受害者，青少年发生吸毒行为往往会造成家庭成员的亲密度降低，家庭成员可能会有意地与其保持距离[13]。从而使其家庭环境娱乐性、控制性和组织性显著降低[14]。此外，家庭内部的良好支持对促进戒毒康复，降低复吸率也有重要意义[15]。

综上所述，冰毒依赖青少年的家庭功能存在明显障碍，其家庭结构不完善，缺乏温暖和关爱，且父母多采取消极的教养方式。为此，在今后的研究中应从家庭角度出发进行适当的介入与治疗，力求更加有效地帮助青少年摆脱毒品的困扰，迎接美好生活。

参考文献

[1] 王艳芬,刘志民. 我国"新型毒品"的滥用特征及其危害 [J]. 中国药物滥用防治杂志, 2007, 13 (2): 63-65.

[2] CRUICKSHANK C C, DYER K R. A review of the clinical pharmacology of methamphetamine [J]. Addiction, 2009, 104 (7): 1085-1099.

[3] 赵艳明,周延明,张忠明,等. 甲基苯丙胺依赖者在戒断28周内心理状况调查分析 [J]. 中国药物依赖性杂志, 2014 (4): 294-298.

[4] BAO Y P, QIU Y, YAN S Y, et al. Pattern of drug use and depressive symptoms among amphetamine type stimulants users in Beijing and Guangdong province, China [J]. PLoS One, 2013, 8 (4): 60544.

[5] SOENENS B, VANSTEENKISTE M, LENS W, et al. Conceptualizing parental autonomy support: Adolescent perceptions of promotion of independence versus promotion of volitional functioning [J]. Developmental Psychology, 2007, 43 (3): 633-646.

[6] 邓世英,刘视湘,郑日昌. 西方有关父母教养方式与青少年问题行为关系的理论及其研究综述 [J]. 心理发展与教育, 2001 (2): 50-54.

[7] SHEK D T. Family Functioning and Psychological Well-Being, School Adjustment, and Problem Behavior in Chinese Adolescents With and Without Economic Disadvantage [J]. Journal of Genetic Psychology, 2002, 163 (4): 497-500.

[8] 李荣琴,王年生,杨秋兰,等. 海洛因依赖者家庭环境、父母教养方式及亲密度和适应性的研究 [J]. 中国健康心理学杂志, 2006 (6): 647-649.

[9] 景璐石,辜慧,徐科,等. 犯罪青少年家庭教养方式及家庭关怀度分析 [J]. 中国学校卫生, 2011 (12): 1451-1453.

[10] 缪丽珺,张继平. 吸毒男性家庭教养方式与心理健康状况研究 [J]. 教育学术月刊, 2010 (5): 53-54.

[11] 朱小雄,万萍,刘华承. 青少年海洛因依赖患者的行为习惯及人格特征调查 [J]. 中国行为医学科学, 2000 (1): 63-64.

[12] 吕飒飒，李晓红，匡仪，等. 戒毒人员的家庭功能与社会适应 [J]. 中国药物依赖性杂志, 2016, 119 (3): 305-310.

[13] 徐韩，张晨，陆光华，等. 自愿戒毒海洛因依赖者家属的家庭功能研究 [J]. 中国临床心理学杂志, 2009 (5): 647-648.

[14] 黄航，吴小云，温达民，等. 海洛因依赖者家庭环境及心理健康状况的对照研究 [J]. 中国药物依赖性杂志, 2006 (6): 449-450, 477.

[15] 徐韩，张晨，陆光华. 自愿戒毒海洛因依赖者家属的家庭功能研究 [J]. 中国临床心理学杂志, 2009 (5): 647-648.

第二节 冰毒依赖青少年家庭教养方式及家庭关怀度分析

目的：分析青少年冰毒依赖者父母教育方式和家庭关怀度的特点，为从家庭因素方面来预防、治疗冰毒依赖者提供依据。方法：以成都某戒毒所52名男性青少年作为戒毒组，抽取成都市52名在校大学生作为对照组，与戒毒组在性别、年龄、地区上匹配。采用父母教养方式评价量表、家庭关怀度指数和自编的一般情况问卷进行问卷调查。结果：戒毒组父亲教养方式在情感温暖、理解、惩罚、严厉方面与对照组比较有统计学意义（$t_1=-3.925$，$t_2=4.1669$，$P_{均}=0.000$）。相比对照组，戒毒组的父亲表现出更少的情感温暖、理解，更多的惩罚、严厉；戒毒组母亲教养方式在情感温暖、理解、拒绝、否认，惩罚、严厉方面与对照组比较差异有统计学意义（$t_1=-6.171$，$t_2=2.588$，$t_3=2.647$，$P_1=0.000$，$P_2=0.020$，$P_3=0.009$）。相比对照组，戒毒组的母亲表现出更少的情感温暖、理解，更多的拒绝、否认和惩罚、严厉。戒毒组与对照组在适应度、合作度、成才度、情感度、亲密度和家庭关怀度方面差异均有显著的统计学意义，戒毒组各项目的得分均低于对照组。结论：青少年冰毒依赖者父母教养方式和家庭关怀度与正常家庭存在较大差异，其家庭缺少情感温暖，同时存在严厉惩罚的负性教育，改善其家庭的人文环境有利于吸毒青少年的心理回归。

毒品在全球日趋泛滥，已成为各国关注的热点，吸毒人员呈逐年上升的趋势，对人类的生存和发展构成严重的威胁。截至 2015 年年初，我国累计登记吸毒人员达到 295.5 万名[1]。有研究显示家庭教育方式不当会使孩子形成倾向于吸毒的潜在人格，容易染上毒瘾[2]。冰毒作为一种新型的毒品，其毒性剧烈，纯度高达 95% 以上。吸食后，极易导致出现精神病状态，表现出活动过度、情感冲动、妄想和幻觉。对于青少年而言，家庭对他们的抚养教育至关重要，父母是子女行为典范、是子女社会化的主要教化者[3]。家庭教养方式如若存在问题，就可能导致更多的青少年吸食毒品。家庭关怀度反映了个别家庭成员对家庭功能的主观满意度，它由 5 个因子组成，其中适应度反映个体在遇到困难或危机时，能从家庭获得哪些资源，能否帮助其解决问题；合作度反映家庭成员间相互分担责任，解决问题和做决定的方式；成长度反映家庭成员在身心发展上得到其他成员支持与引导的程度；情感度反映家庭成员之间的相互关心、爱护的情感程度；亲密度反映家庭成员在时间、空间、金钱等方面的共享程度[3]。本研究将通过对吸毒青少年与普通青少年父母教养方式及家庭关怀度的调查，探索冰毒依赖者的父母教养方式及家庭关怀度的特点，为预防和治疗冰毒依赖者提供家庭层面的依据。

一、对象与方法

（一）研究对象

以四川省成都市某戒毒所 52 名，年龄在 18~23 岁的男性强制戒毒人员作为戒毒组进行调查，同时在成都市 1 所职高和 1 所大学中选取 52 名学生作为对照组。戒毒组和对照组在性别、年龄、地区等方面相匹配。

（二）研究方法

1. 调查方法

采用问卷调查的方法，在戒毒所工作人员的协助下对被试进行调查。对照组学生进行自填式问卷调查。

2. 调查工具

（1）青少年一般情况调查问卷。该问卷为自编问卷，包括基本情况因素和家庭基本情况因素。基本情况包括年龄、民族、文化程度、吸毒时间、戒毒时间、居住地、复吸次数等。家庭基本情况包括家庭人均收入、父母文化程度、父母是否健在、父母是否离异等。

（2）家庭教养方式评价量表（Egma Minnen av Bardndosnauppforstran, EM—BU）[4]，该量表是1980年由瑞典Umea大学精神医学系Perris等人共同编制用以评价父母教养态度和行为的问卷。中国医科大学岳冬梅等根据中西方文化的差异，结合我国父母教养方式的实际情况对此量表进行了修订。修订后包括父亲分量表6个因子和母亲分量表5个因子，分别是父亲情感温暖、理解（FF1），父亲惩罚、严厉（FF2），父亲过分干涉（FF3），父亲偏爱被试（FF4），父亲拒绝、否认（FF5），父亲过度保护（FF6），母亲情感温暖、理解（MF1），母亲过度干涉、过度保护（MF2），母亲拒绝、否认（MF3），母亲惩罚、严厉（MF4），母亲偏爱被试（MF5）。该量表信效度良好。

（3）家庭关怀度指数（Family APGAR index）[5]，该问卷是由美国西雅图华盛顿大学的Srailkstein医生设计的，由5个项目组成：适应度、合作度、成长度、情感度和亲密度，采用3级计分方式。判断家庭功能的标准为：0~3分为家庭功能严重障碍，4~6分为家庭功能中度障碍，7~10分为家庭功能良好。该量表汉化后再测信度相关系数为0.80~0.83，且具有良好的效度。

（三）统计分析

运用SPSS17.0进行统计分析，主要采用的是描述性分析、t检验、相关分析。

二、结果

（一）戒毒组与对照组两组家庭基本情况描述（如表7-5）

表7-5 戒毒组与对照组家庭基本情况比较（%）

家庭基本情况		戒毒组（52人）	对照组（52人）	X^2	P
青少年受教育程度	小学 初中 高中及以上	42.3 55.8 1.9	0.0 25.0 75.0	64.195	0.000**
父亲文化程度	小学 初中 高中及大专 大学	46.2 36.5 17.3 0.0	21.2 42.3 23.1 13.5	12.477	0.006**

续表

家庭基本情况		戒毒组（52人）	对照组（52人）	X^2	P
母亲文化程度	小学	42.3	34.6	2.943	0.401
	初中	44.2	38.5		
	高中及大专	9.6	19.2		
	大学	3.8	7.7		
兄弟姐妹情况	独生子	36.5	38.5	0.684	0.711
	两个	57.7	51.9		
	两个以上	5.8	9.6		
家庭经济情况	较好	9.6	0.0	8.715	0.033*
	一般	76.94	80.80		
	较差	9.6	19.20		
	很差	3.8	0.0		
父亲是否健在	是	88.5	100.0	6.367	0.012*
	否	11.5	0.0		
母亲是否健在	是	88.5	100.0	6.367	0.012*
	否	11.5	0		
父母是否离异	是	36.5	32.7	0.170	0.680
	否	63.5	67.3		
父母教育方式	民主的	28.8	63.5	13.548	0.004**
	专制的	13.5	5.8		
	宠爱的	13.5	11.5		
	放任的	44.2	19.2		

注：*表示 $P<0.05$，**表示 $P<0.01$

由表7-5可知：戒毒组与对照组相比在受教育程度、父亲文化程度、家庭经济情况、父母是否健在、父母教育方式方面差异有统计学意义。

（二）戒毒组与对照组父母教养方式各因子比较（如表7-6）

表7-6 戒毒组与对照组父母教养方式各因子比较

因子	戒毒组（52人）	对照组（52人）	t	P
父亲情感温暖、理解（FF1）	43.50±10.80	50.96±8.43	-3.925	0.000**
父亲惩罚、严厉（FF2）	22.10±5.62	17.68±5.21	4.162	0.000**
父亲过分干涉（FF3）	21.86±4.58	21.73±2.94	0.168	0.867

续表

因子	戒毒组（52人）	对照组（52人）	t	P
父亲偏爱被试（FF4）	10.65±3.75	10.35±2.86	0.468	0.641
父亲拒绝、否认（FF5）	10.46±3.33	9.31±2.75	1.961	0.058
父亲过度保护（FF6）	11.67±4.58	11.71±2.33	-0.053	0.958
母亲情感温暖、理解（MF1）	44.10±11.10	55.80±7.97	-6.171	0.000**
母亲过度干涉、保护（MF2）	37.06±7.42	40.04±5.29	-2.359	0.454
母亲拒绝、否认（MF3）	15.67±6.19	12.87±4.18	2.588	0.020*
母亲惩罚、严厉（MF4）	16.00±5.71	13.16±5.23	2.647	0.009**
母亲偏爱被试（MF5）	10.46±3.84	11.19±3.01	-1.066	0.289

注：*P<0.05，**P<0.01

由表7-6可知：戒毒组父亲教养方式在情感温暖、理解，惩罚、严厉方面与对照组比较差异有统计学意义。相比对照组，戒毒组的父亲表现出更少的情感温暖、理解，更多的惩罚、严厉。

戒毒组母亲教养方式在情感温暖、理解，拒绝、否认，惩罚、严厉方面与对照组比较差异有统计学意义。相比对照组，戒毒组的母亲表现出更少的情感温暖、理解，更多的拒绝、否认和惩罚、严厉。

（三）戒毒组与对照组家庭关怀度得分比较（如表7-7）

表7-7 戒毒组与对照组家庭关怀度得分比较

项目	戒毒组（52人）	对照组（52人）	t	P
适应度	0.79±0.75	1.29±0.50	-4.004	0.000**
合作度	0.56±0.61	1.17±0.52	-5.579	0.000**
成长度	0.85±0.77	1.54±0.54	-5.274	0.000**
情感度	0.83±0.81	1.25±0.59	-3.045	0.003**
亲密度	0.87±0.79	1.67±0.51	-6.166	0.000**
家庭关怀度	3.88±2.63	6.88±1.70	-6.905	0.000**

注：*表示P<0.05，**表示P<0.01

由表7-7可知：戒毒组与对照组在适应度、合作度、成才度、情感度、亲密度和家庭关怀度方面差异均有显著统计学意义，戒毒组各项目的平均分均低于对照组，存在家庭功能严重障碍和家庭功能中度障碍。

（四）戒毒组父母教养方式与家庭因素相关分析（如表7-8）

表7-8 戒毒组父母教养方式各因子与家庭因素的相关系数（R值）

因素	FF1	FF2	FF3	FF4	FF5	FF6
父母关系	0.025	−0.023	−0.114	−0.068	−0.116	−0.055
兄弟姐妹人数	0.012	−0.149	−0.125	−0.185	−0.035	−0.231
父亲文化程度	0.018	0.178	0.200*	−0.022	0.179	0.366**
母亲文化程度	−0.257**	0.010	0.128	−0.009	−0.103	0.357**
家庭经济情况	0.055	0.086	−0.047	0.003	0.002	−0.085
父母教育方式	−0.200*	0.091	0.117	−0.132	0.097	0.130
父亲是否健在	0.023	0.072	0.082	−0.115	0.105	0.107
母亲是否健在	0.011	−0.296**	0.175	−0.018	0.123	0.001
父母是否离异	0.028	−0.067	0.068	−0.058	−0.141	0.169
居住地	−0.024	−0.140	−0.236**	−0.003	0.020	−0.274**
因素	MF1	MF2	MF3	MF4	MF5	
父母关系	−0.368**	−0.115	−0.078	0.118	−0.155	
兄弟姐妹人数	−0.557**	−0.051	0.120	0.374**	−0.396**	
父亲文化程度	0.293**	0.338**	−0.198*	0.050	0.082	
母亲文化程度	0.322**	0.150	−0.093	−0.256**	0.315**	
家庭经济情况	−0.112	−0.083	0.066	0.118	0.032	
父母教育方式	0.325**	−0.043	−0.379**	−0.431**	0.177	
父亲是否健在	0.184	0.142	−0.236**	−0.107	0.124	
母亲是否健在	0.162	0.142	0.049	−0.192*	0.124	
父母是否离异	0.099	−0.008	0.099	−0.090	0.007	
居住地	−0.012	−0.216*	−0.258**	−0.199*	−0.138	

由表7-8可知：戒毒组父亲教养方式因子惩罚、严厉与母亲是否健在存在显著负相关；过分干涉与居住地存在显著负相关；过度保护与父母亲文化程度显著正相关，与居住地呈显著负相关。

戒毒组母亲教养方式因子情感温暖、理解与父母关系、兄弟姐妹人数显著负相关，与父母亲文化程度、父母教育方式存在显著正相关；过分干涉、保护与父亲文化程度显著正相关；拒绝、否认与父母教育方式、父亲是否健在呈显著负相关；惩罚、严厉与兄弟姐妹人数呈显著正相关，与母亲文化程度和父母教育方式呈显著负相关；偏爱被试与兄弟姐妹人数呈显著负相关，与母亲文化程度呈显著正相关。

(五)戒毒组家庭关怀度与家庭因素相关分析(如表7-9)

表7-9 戒毒组家庭关怀度与家庭因素的相关系数(R值)

因素	适应度	合作度	成长度	情感度	亲密度	家庭关怀度
居住地	0.282**	0.111	0.142	0.233**	0.164	0.254**
兄弟姐妹人数	0.044	0.015	-0.079	0.130	0.145	0.067
父母关系	-0.228**	-0.369**	-0.446**	-0.285**	-0.391**	-0.514**
父亲文化程度	0.103	0.174	0.095	0.062	0.001	0.087
母亲文化程度	0.044	0.112	0.071	-0.076	0.083	0.066
家庭经济情况	0.031	-0.089	-0.063	0.004	-0.122	-0.050
父母教育方式	-0.200*	-0.256**	-0.315**	-0.257**	-0.278**	-0.359**
父亲是否健在	0.196*	0.349**	0.167	0.124	0.248**	0.261**
母亲是否健在	0.096*	0.073	0.027	0.067	0.165	0.166
父母是否离异	-0.043	-0.163	-0.158	-0.146	-0.084	-0.148

由表7-9可知：居住地与适应度、情感度、家庭关怀度显著正相关；父母关系与适应度、合作度、成长度、情感度、亲密度、家庭关怀度呈显著负相关；父母教育方式与适应度、合作度、成长度、情感度、亲密度、家庭关怀度呈显著负相关；父亲是否健在与适应度、合作度、亲密度、家庭关怀度呈显著正相关。

三、讨论

(一)冰毒依赖青少年家庭因素分析

家庭环境是青少年吸毒的一种客观因素[6]。通过本研究可知：首先，导致青少年吸毒的重要原因是家庭的完整程度。父亲或母亲的离世，家庭的不完整，无法满足其基本的爱的需求，导致青少年更容易受到社会的不良诱惑。在李善共的研究中发现，家庭关系紧张，动荡不定，经常发生激烈冲撞和矛盾的家庭以及成员关系松懈，或已经分裂为残缺的家庭，成员之间漠不关心的家庭中青少年吸毒率最高[7]。张应立的研究也表明家庭问题的增多是我国吸毒对象尤其是青少年吸毒现象上升的重要诱因[8]。其次，导致青少年吸毒的原因有父亲文化程度。本研究表明，父亲文化程度越低，可能造成其生活压力越大，进而与子女相处时间较短，对子女的照顾局限于生活方面，没有时间、能力和精力真正关注子女的心理需求。再加上文化程度也可能导致父母教育中存在更多的溺爱和放任，更使得青少年放任自由，无法辨别是非对错，无法适度控制自己的行为，于是很容易走上歪路。再次，造成青少年吸毒的原因与个体的文化程度有关，本研究结果显示青少年吸毒人群受教育程度较低，与很多研究者的研究结果一致[9][10]。这可能因为青少年受教育程度越低，对社会行为对错的辨识能力越弱，好奇心强，这样就导致更多的青少年染上毒瘾。因此从根本上控制青少年吸毒人群数量，可以从家庭关系、家庭教育方式上改进，建立良好的家庭关系，并运用合适的教育方式让青少年远离毒品。同时，提高青少年的文化程度也不容忽视。

（二）冰毒依赖青少年父母教养方式及影响因素分析

家庭教养方式是指父母在教育儿童、养育儿童的活动中形成的一系列稳定的教养行为的概括[11]。父母对子女的理解、关心、尊重及恰当的指导、管教可以促进子女健康人格的发展；而父母对子女缺乏关心、放任或过分严厉、处罚不当，则影响子女健康人格的形成[12]。本研究显示在教养方式方面，冰毒依赖青少年父母亲缺乏更多的情感温暖和理解，并且存在更多惩罚和严厉，同时冰毒依赖青少年的母亲也存在更多的拒绝、否认。这与邵海英的研究[13]"父母情感温暖和理解的缺乏是影响子女问题行为的首要因素，而母亲的负向教养方式对子女问题行为的形成有着更消极的影响"一致。还有文献显示，童年负性经历，如童年期被虐待、家境贫困、家庭冲突频繁、目睹家庭暴力等，是个体发生物质滥用与成瘾的重要危险性因素[14][15]。所以，足够的家庭情感温暖、理解，正确的管教方式对青少年的健康成长有很大的作用。

当然，冰毒依赖青少年的父母教养方式还受到一系列因素的影响，而从本研究可以发现冰毒依赖青少年的父亲教养方式因子中的惩罚和严厉及过度保护受母亲是否健在、居住地、父母亲文化程度的影响。冰毒依赖青少年的母亲教养方式因子情感温暖和理解、过分干涉和保护、拒绝和否认、惩罚和严厉以及偏爱被试受父母关系、兄弟姐妹人数、父母亲文化程度、父母教育方式、父亲是否健在的影响。从中可以看出，父母亲教养方式主要受其文化程度及另一半是否健在的影响。因此，家庭的完整性、父母亲良好的关系、父母亲有更高的文化程度都会影响家庭父母教养方式，进而影响青少年的健康成长。另外，兄弟姐妹过多，也可影响母亲对孩子的关注和教育，从而忽略青少年成长中出现的不良行为，如攻击行为和物质依赖。

(三) 冰毒依赖青少年家庭关怀度及影响因素分析

家庭关怀度反映了个别家庭成员对家庭功能的主观满意度。本研究显示冰毒依赖青少年家庭关怀度较低,表明冰毒依赖青少年从家庭成员之间得到的帮助和支持明显不足,进而冰毒依赖青少年会从其他途径取得关注与帮助,而且这时青少年很可能结交社会不良青年,从而染上不良嗜好。本研究也显示冰毒依赖者在适应度、合作度、成才度、情感度和亲密度得分都很低,反映了青少年对家庭功能不满意,也表明冰毒依赖青少年的家庭存在家庭功能严重障碍和家庭功能中度障碍。家庭的基本功能是为家庭成员生理、心理、社会性等方面的健康发展提供一定的环境条件[16]。有研究者表明家庭治疗方法虽然不是唯一的,但是很有效。因此,构建和谐的家庭氛围,有助于冰毒依赖青少年回归正常生活。

家庭是青少年的健康发展的根本,本研究显示家庭适应度、合作度、成长度、情感度、亲密度、家庭关怀度受居住地、父母关系、父母教育方式、父亲是否健在的影响,从本研究可知冰毒依赖青少年在遇到困难或危机时,没有得到足够的家庭成员的帮助、爱护、关心,青少年在身心发展上没有得到其他成员支持与引导,家庭成员之间沟通不良,缺少足够的相互理解,这些都有可能导致更多的青少年吸毒。所以,适宜的教育方式、良好的父母关系、正向的家庭环境并且给予冰毒依赖青少年更多的关心、爱护和帮助都能从根本上帮助其远离毒品。

四、结论

综上所述,冰毒依赖青少年父母教养方式存在三点不足之处:一是父母缺少情感温暖、理解;二是父母对其更多的惩罚、严厉;三是母亲对其更多的拒绝、否认。而居住地、父母关系、父母是否健在又影响家庭教养方式和家庭关怀度。此外,冰毒依赖青少年的家庭存在家庭功能障碍。所以,为了从根本上减少吸毒青少年的人群,我们需要从家庭层面,号召更多的家庭关注孩子,理解孩子,让其生活在有爱的家庭里面。

参考文献

[1] 封欢欢. 脸盘儿禁毒委公布《2015 中国禁毒报告》[EB/OL]. 人民

网, 2015-03-25.

[2] 霍婷菊. 当前广东青少年吸毒原因及预防教育对策 [J]. 山东青年政治学院学报, 2004 (5): 42-44.

[3] 张作记. 行为医学量表手册 [M]. 北京: 中国行为医学科学编辑部, 2001: 110.

[4] 岳冬梅, 李鸣杲, 金魁和, 等. 父母养育方式: EMBU 的初步修订及其在神经症患者的应用 [J]. 中国心理卫生杂志, 1993 (3): 97-101, 143.

[5] 张作记. 行为医学量表手册 [M]. 中国行为医学, 2001, 10 (特刊): 111-113, 131-132.

[6] 郭蕾. 青少年吸毒的家庭因素分析 [J]. 社会发展, 2013 (12): 63-64.

[7] 李善共. 浅谈青少年吸毒原因及学校预防毒品措施 [J]. 方法交流, 2010 (5): 173.

[8] 张应力. 当前我国吸毒问题的特点、原因及对策 [J]. 河南警察学院学报, 2014, 23 (6): 39.

[9] 练维, 熊海平, 汤敏, 等. 南通市 372 例吸毒人员梅毒、HCV 和 HIV 感染状况分析 [J]. 中国卫生检验杂志, 2014, 24 (19): 2860.

[10] 罗小华, 陈庆良, 吴根容, 等. 2012 年广州市黄埔区吸毒人群艾滋病、梅毒知信行及感染状况调查 [J]. 预防医学论坛, 2014, 20 (10): 721.

[11] 蒋索, 何珊珊, 邹泓. 家庭因素与青少年犯罪的关系研究述评 [J]. 心理科学进展, 2006, 24 (3): 394-400.

[12] 刘玉梅. 家庭教养方式对青海省青少年吸毒行为的影响 [J]. 海南医学院学报, 2009, 15 (12): 1468.

[13] 邵海英. 父母教养方式对中学生问题行为的影响 [J]. 中国健康心理学杂志, 2014, 22 (3): 439-441.

[14] MCLAUGHLIN K A, GREIF G J, et al. Childhood adversities and first onset psychiatric disorders in a national sample of US adolescents [J]. Archives of General Psychiatry, 2012, 69 (11): 1151-1160.

[15] HARRINGTON M, ROBINSON J, et al. A longitudinal study of risk

factors for incident drug use in adults: Findings from a representative sample of the US population [J]. Canadian Journal of Psychiatry, 2011, 56 (11): 686-695.

[16] SKINNER H, STEINHAUER P. Family assessment and process model of family functioning [J]. Fam Therap, 2000, 22 (2): 190-210.

第三节 冰毒依赖青少年吸毒行为与社会支持、应对方式相关性研究

目的：探讨冰毒依赖青少年的社会支持、应对方式的特点，并且分析吸毒行为与社会支持、应对方式之间的相关性。方法：从四川省某强制戒毒所抽取年龄在15~24岁的冰毒依赖者57例为冰毒依赖组，并抽取与冰毒依赖组年龄、民族、性别相匹配的正常青少年57例为健康对照组，运用一般信息调查问卷、领悟社会支持量表（PSSS）、特质应对方式问卷（TCSQ）进行测评。结果：冰毒依赖组的家庭内支持得分低于健康对照组，且差异有统计学意义（$t=-2.71$；$P<0.01$）；冰毒依赖组的家庭外支持得分低于健康对照组，且差异有统计学意义（$t=-3.84$；$p<0.01$）；冰毒依赖组消极应对方式得分高于健康对照组，且差异有统计学意义（$t=2.56$；$p<0.05$）；冰毒依赖组复吸次数和吸毒时间与社会支持、应对方式没有显著性相关（$r_1=-0.02$；$r_2=0.10$；$r_3=-0.05$；$r_4=-0.11$；$r_5=0.06$；$r_6=-0.01$；$r_7=-0.11$；$r_8=-0.11$；$P_{均}>0.05$）。结论：冰毒依赖青少年获得的社会支持较低，社会和家庭应给吸毒者更多的关心和帮助。在处理应激事件时，冰毒依赖青少年采取消极应对会较多。

毒品危害已经成为当今国际社会关注的焦点之一，《2014年中国禁毒报告》显示，截至2013年年底，全国累计登记吸毒人员共247.5万名，滥用冰毒（含片剂）人员84.7万名，同比上升42.1%。冰毒依赖者从无到有，从少数到多数迅速增加，并且青少年是冰毒的主要吸食者，冰毒滥用已严重影响青少年的成长，也对社会造成极大危害。当前戒毒工作中的主要难题是高复吸率，这与目前的戒毒治疗多局限于针对躯体戒断症状的单纯药物戒毒有密切联系。因为导致吸毒行为的因素有：个人因素、家庭因素和社会因素。所

以了解冰毒依赖青少年吸毒的易患因素和复吸的原因，并采取针对性的心理干预措施，将为临床戒毒工作提供重要帮助。应对方式是个体以一种特定方式处理应激事件的一般习性[1]。社会支持是指个体来自社会各方面的精神上和物质上的帮助和支援，是应激过程中个体可利用的外部资源[2]。大量研究显示，与普通人员相比，毒品依赖者的社会支持状况不良[3][4]。对应对方式的研究也表明，毒品依赖者与普通人员相比，其积极应对得分较低，而消极应对得分较高[5]，并且社会支持与应对方式具有一定相关性[6]。以往众多关于吸毒行为观测指标信、效度检验的研究证明，复吸次数和吸毒时间是描述吸毒行为的两个重要的有效测量指标[7]。所以本文中用复吸次数和吸毒时间作为吸毒行为的观测指标，对吸毒行为进行量化。本研究重点分析社会支持和应对方式对戒毒次数、吸毒时间的影响，了解青少年冰毒依赖者的应对方式类型、社会支持的获得情况，完善和补充了毒品心理戒断的干预理论，为青少年脱毒后的社会功能恢复及回归社会创造完好的心理和社会环境。

一、研究对象与方法

（一）研究对象

冰毒依赖组：联系四川省某强制戒毒所，争得院方同意和支持，选取59名被试，并告知冰毒依赖者调查目的及意义且争得知情同意后作为调查对象。纳入因素：青少年（16~25岁），界定为冰毒依赖者，男性。排除因素：文盲，有严重躯体、精神疾病的患者。发放问卷57份，有效问卷为45份（问卷有效率为78%）。

健康对照组：收集59例样本为对照组，均无精神活性物质滥用史，排除严重躯体疾病。健康对照组在性别、年龄、民族与冰毒依赖组相匹配。发放问卷57份，有效问卷为46份（问卷有效率为80%）。

（二）研究方法

1. 一般情况问卷：该问卷主要包括冰毒依赖者年龄、民族、家庭收入、文化程度、父母婚姻状况、复吸次数与吸毒时间等一般基本信息。

2. 领悟社会支持量表[8]（Perceived Social Support Scale，PSSS）：PSSS由Blumenthal介绍，Zimet等编制，姜乾金等引入并做了一定的修订。PSSS是一种强调个体自我理解和自我感受的社会支持量表，分别测定个体领悟到的各种社会支持，如家庭、朋友和其他人的支持程度，同时以总分反映个体感受到的社会支持总程度。该量表分成"家庭内支持"和"家庭外支持"两类，前者由3、4、8、11条目分累计，后者由其余各条目分累计。每个项目采用（1~7）7级计分法，即分为极不同意、很不同意、稍不同意、中立、稍同意、很同意、极同意七个级别。并且该量表的信效度良好，均大于0.7。

3. 特质应对方式问卷[9]（Trait Coping Style Questionnaire，TCSQ）：是由姜乾金编制，包括两个因子，即消极应对（NC）和积极应对（PC），各包括10个条目。积极应对题项包括：条目1，3，5，8，9，11，14，15，18，20，共10条。消极应对题项包括：条目2，4，6，7，10，12，13，16，17，19，共10条。各项答案从"肯定不是"到"肯定是"，采用1，2，3，4，5级评分标准，所有条目在各自因素上的负荷均大于0.45，NC和PC的α系数分别为0.69和0.70，重测系数分别为0.75和0.65。显示问卷有较好的信度和效度支持，是目前国内较为经典的应对方式量表。

4. 分析方法

将所有数据输入计算机，应用SSPS 17.0在计算机上完成数据的统计处理，采用t检验、相关分析方法和单因素方差分析等。

二、结果

（一）冰毒依赖组基本信息资料（见表7-10）

表7-10 冰毒依赖者人口统计学资料和吸毒相关资料

项目	范围	n	%
年龄（岁）	16~20	35	77.80
	20~24	10	22.20
文化程度	小学	16	35.60
	初中	28	62.20
	高中及以上	1	2.20
家庭经济情况	良好	7	15.60
	一般	33	73.30
	较差	5	11.10
父母是否离异	是	14	31.10
	否	31	68.90

续表

项目	范围	n	%
兄弟姐妹情况	独生子女	17	37.80
	非独生子女	28	62.20
居住地	城市	16	35.60
	乡镇	16	35.60
	农村	13	28.90
父亲文化程度	小学	20	44.40
	初中	17	37.80
	高中及以上	8	17.80
母亲文化程度	小学	15	33.30
	初中	22	48.90
	高中及以上	8	17.80
父亲是否健在	否	6	13.30
	是	39	86.70
母亲是否健在	否	4	8.90
	是	41	91.10
父母的教育方式	民主型	13	28.90
	专制型	6	13.30
	宠爱型	6	13.30
	放任型	20	44.40
父母关系	非常融洽亲密	11	24.40
	比较融洽亲密	10	22.20
	一般融洽亲密	17	37.80
	不太融洽亲密	2	4.40
	关系紧张疏远	5	11.10
吸毒时间（月）	<15	19	42.22
	15~30	16	35.56
	30~45	6	13.33
	45~60	4	8.89
复吸次数	0	33	69.90
	1	11	24.40
	>2	3	6.60

（二）冰毒依赖者背景变量与吸毒行为的相关分析

结果发现：分别对不同年龄、文化程度、家庭经济情况、父母婚姻状况、居住地等冰毒依赖者进行复吸次数、吸毒时间的比较，发现母亲文化程度与复吸次数有显著性影响，其差异有统计学意义（$P<0.05$），具体表现为母亲小学文化程度上的复吸次数大于母亲初中文化程度上的复吸次数和母亲高中文化程度上的复吸次数，母亲初中文化与高中文化程度上在复吸次数上也没有差异；父母教育方式与复吸次数有显著性影响，其差异有统计学意义（$P<0.05$），具体表现为专制型的教育方式在复吸次数上大于民主型、放任型和宠爱型的教育方式的复吸次数，民主型、放任型和宠爱型的教育方式在复吸次数上没有差异；年龄与吸毒时间有显著性影响，其差异有统计学意义（$P<0.05$），年龄为16~20岁的青少年的吸毒时间小于年龄为20~24岁的青少年的吸毒时间；除此之外的其他差异均无显著性，在统计学上没有意义（$P>0.05$）（见表7-11、表7-12）。

表7-11 定性因素与复吸次数、吸毒时间的差异检验（t值/F值）

项目	复吸次数	吸毒时间
年龄	0.27	7.22**
文化程度	0.52	1.33
家庭经济情况	0.86	1.86
父母是否离异	1.49	1.76
兄弟姐妹情况	0.10	0.72
居住地	0.84	0.64
父亲的文化程度	0.60	0.19
母亲的文化程度	3.35*	2.62
父亲是否健在	0.73	1.35
母亲是否健在	0.01	0.89
父母的教育方式	2.92*	2.04
父母关系	0.28	1.73

注：*代表 $P<0.05$；**代表 $P<0.01$

表7-12 定性因素与复吸次数的事后检验

项目	事后检验（LSD）
母亲文化程度	小学>初中=高中
父母教育方式	专制型>民主=放任=宠爱

（三）社会支持、应对方式与吸毒行为的相关分析

结果发现，复吸次数和吸毒时间与社会支持相关不显著，其相关都没有统计学意义（$P>0.05$）（见表7-13）。复吸次数和吸毒时间与应对方式相关不显著，其相关都没有统计学意义（$P>0.05$）（见表7-14）。

表7-13　复吸次数、吸毒时间与社会支持的相关分析（r值）

项目	家庭内支持	家庭外支持
复吸时间	-0.02	0.10
吸毒时间	0.06	-0.01

注：＊代表 $P<0.05$；＊＊代表 $P<0.01$

表7-14　复吸次数、吸毒时间与应对方式的相关分析（r值）

项目	积极应对方式	消极应对方式
复吸次数	-0.05	-0.11
吸毒时间	-0.11	-0.11

注：＊代表 $P<0.05$；＊＊代表 $P<0.01$

（四）冰毒依赖者社会支持状况（见表7-15）

表7-15显示：冰毒依赖组在家庭内支持、家庭外支持与健康对照组相比，其差异有非常显著统计学意义（$P<0.01$），冰毒依赖组的家庭内支持评分、家庭外支持评分都低于健康对照组，其差异有显著统计学意义（$P<0.01$）。

表7-15　冰毒依赖组与健康对照组 PSSS 评分比较

项目	冰毒依赖组	健康对照组	t 值
家庭内支持	17.44±5.46	20.26±4.39	-2.71＊＊
家庭外支持	34.38±8.78	40.48±6.11	-3.84＊＊

注：＊代表 $P<0.05$；＊＊代表 $P<0.01$

（五）冰毒依赖者应对方式状况（见表7-16）

表7-16显示：与健康对照组相比，冰毒依赖组在消极应对方式上有差异，其差异有显著统计学意义（$P<0.05$），且消极应对评分高于健康对照组；冰毒依赖组在积极应对方式上与健康对照组差异无统计学意义（$P>0.05$）。

表 7-16　冰毒依赖组与健康对照组 TCSQ 评分比较

项目	冰毒依赖组	健康对照组	t 值
消极应对	31.56±7.11	27.89±6.55	2.56*
积极应对	33.80±5.81	33.65±5.50	0.125

注：*代表 P<0.05；**代表 P<0.01

三、讨论

（一）冰毒依赖青少年背景变量特点分析

本研究得出，冰毒依赖者的文化程度、家庭经济情况和父母婚姻状况等背景变量与吸毒行为没有显著相关，而年龄与吸毒时间有显著性影响，年龄越大吸毒时间越长。母亲的文化程度、父母教育方式是导致复吸的诱导因素，母亲小学及以下的文化程度、父母专制型的教育方式不利于冰毒依赖青少年成功戒掉毒品。可能文化程度较低的母亲由于安全知识的匮乏，很少向孩子传播毒品安全知识，专制型的父母很少注重和孩子的交流，难以给予冰毒依赖青少年情感上的呵护和关爱，而积极的正向关怀有利于毒品的心理戒断。而国内学者王洁心的研究却发现，年龄、婚姻、职业、文化程度对吸毒行为没有显著性影响[6]。这种差异可能是因为研究对象不同，王洁心选的研究对象是海洛因依赖者，包括各种年龄段；而本文的研究对象是冰毒依赖青少年。虽然本研究中冰毒依赖者的文化程度、家庭经济情况和父母婚姻状况等背景变量在数据上与吸毒行为没有显著差异，但是这并不能说明冰毒依赖者的文化程度、家庭经济情况和父母婚姻状况等不是导致吸毒行为发生的诱发因素。因为本文是在他们都是冰毒吸食者的前提条件下，考察这些变量与复吸次数、吸毒时间的关系。并且我们可以清楚地看到这 97.8%的冰毒依赖者是小、初中文化程度，家庭条件好的都不高于 16%、非城市人口占了 64.5%、青少年冰毒依赖者父母离异占了 31%等。这在一定程度上可以说明，受教育水平低下是导致病毒依赖青少年对毒品危害认识和防范不足的原因之一，父母离异、家庭条件差等给吸毒者带来强烈的负性情绪体验，在处理和应对日常生活负性事件的过程中更可能倾向于回避和幻想，借助毒品来逃避现实。

（二）冰毒依赖青少年吸毒行为与社会支持、应对方式的相关性分析

吸毒行为是指个体从开始吸食毒品到对毒品形成心理依赖的整个行为过程。本研究中用复吸次数和吸毒时间作为吸毒行为的观测指标，研究结果显

示，吸毒时间、吸毒次数对社会支持和应对方式都没有显著差异，这与韩丹的研究相同[10]。这反映出某些吸毒者虽然生理上曾经过多次脱毒治疗也长期忍受冰毒的折磨，但应对方式和社会支持状况无实质性改进，始终难以摆脱毒品的诱惑，另外本研究对象为青少年，他们吸食毒品的时间不是很长，另外复吸情况也较少，这也可能是出现社会支持、应对方式与吸毒行为不相关的主要因素。但有学者认为吸毒行为与应对方式[7]、社会支持密切相关[3][4]。这种差异可能与研究对象、吸食毒品种类以及研究选取的问卷不同有关，需进一步研究证实。

（三）冰毒依赖青少年社会支持、应对方式的特点分析

社会支持的研究始于 20 世纪 60 年代，1976 年首次被作为专业概念由 Cassel 和 Cobb 使用。Cohen[11]等指出，社会支持是指保护人们免受压力事件不良影响的有益人际交往，它作为个体对其人际关系密切程度及质量的一种认知评价，是人们适应各种人际环境的重要影响因素；Cullen[12]认为，社会支持是个体从社区、社会网络或从亲戚朋友那里获得的物质或精神帮助。本研究结果得出，在冰毒依赖组社会支持中，家庭内支持和家庭外支持评分都低于健康对照组。这与已有的研究结果一致[13]。说明毒品依赖者受到的社会支持较少，也不能很好地利用支持，突出表现为吸毒者感到在社会中被支持、被尊重、被理解的满意程度比对照组低得多。这与毒品依赖者大多离群居住，其行为不能被社会接受有关。且有研究者发现社会支持与健康水平成正相关[14]，社会支持还作为复吸的预示因素[15][16]。因而家庭和社会应更多关注毒品依赖者，对他们提供一定的客观支持，并培养毒品依赖者对社会支持的利用能力，加强戒毒治疗效果。

应对是指个体对生活事件以及因生活事件而出现不平衡状态所采取的认知和行为措施[17]。它是心理应激过程中一种重要的中介调节因素，个体的应对方式影响着应激的性质和程度，并调节着应激与应激结果的关系。相关研究表明，戒毒人员与普通人员相比，其积极应对得分较低，而消极应对得分较高[5][10]，也有研究表明戒毒者的积极与消极应对得分都高于健康人群[6]。本研究发现，冰毒依赖组的积极应对方式得分与健康人群相同，而消极应对方式得分高于健康人群。这说明吸毒劳教人员在应对上存在一定的障碍，可能难以有效处理生活中所遇到的应激事件，冰毒依赖者遇到应急刺激会更倾

向于使用消极的方式,如回避、忍让等消极行为。虽然多采取消极应对方式,但是也会采取积极的应对方式。这与前人的研究结果有些差异,这可能是因为依赖者是青少年,在戒毒所里会比中老年容易接受科学的理念、保持积极的心态,所以积极应对方式上与普通人员没有差异。

四、结论

1. 冰毒依赖者获得的社会支持较低,社会和家庭应给予青少年戒毒者更多的关心和帮助。

2. 冰毒依赖者遇到应急刺激时,与正常人相比,较多采取消极应对,所以改善其应对方式有利于戒毒的成功。

参考文献

[1] 刘永有,曾岳峰,崔伊薇,等. 复吸预防的综合干预措施对吸毒者应对方式的影响 [J]. 中国药物依赖性杂志,2005,14(3):229-232.

[2] 姜乾金. 医学心理学 [M]. 北京:人民卫生出版社,2002:89-90.

[3] 冯怡,胡惠萍,杨金娣. 海洛因依赖者戒毒中社会支持的测评分析 [J]. 中国药物滥用防治杂志,2002,36(1):16-17.

[4] 姚斌,韩卫,吴朝俊,等. 毒品依赖者社会支持与心理健康的相关分析 [J]. 中国临床心理学杂志,2005,13(2):190-239.

[5] 吴小勇,郑丽军,罗洪,等. 吸毒劳教人员特质应对方式和焦虑情绪的调查研究 [J]. 保健医学研究与实践,2008,5(4):17-19.

[6] 王洁心,谢文婷,李婷,等. 海洛因依赖者心理压力、应对方式、社会支持的相关性研究 [J]. 中国药物依赖性杂志,2008,17(2):133-137.

[7] 李鹏程. 吸毒者自尊水平、应对方式与吸毒行为的相关研究 [J]. 中国社会医学杂志,2006,23(4):234-237.

[8] 姜乾金. 领悟社会支持量表 [J]. 中国行为医学科学,2001(10):41-42.

[9] 姜乾金. 特征应对方式问卷 [J]. 中国行为医学科学,2001(10):36-37.

[10] 韩丹. 海洛因依赖者社会支持、应对方式与心理健康的相关分析 [J]. 中国药物滥用防治杂志, 2007, 13 (6): 333-335.

[11] COHEN R E, AHEARN F L. Handbook for Mental health care of disaster victims [M]. Baltimore: The Johns Hopkins University Press, 1980.

[12] CULLEN F T. Social support as an organizing concept for criminology: presidential Address to the Academy of Criminal Justice Sciences [J]. Justice Q, 1994, 11: 527-560.

[13] 周萍, 何良艳. 吸毒者的社会支持及与心身健康水平的相关分析 [J]. 中国临床心理学杂志, 2002, 10 (4): 314-315.

[14] 李遵清, 吴玉秋, 武之强, 等. 海洛因依赖者社会支持与自测健康状况相关性研究 [J]. 中国药物依赖性杂志, 2008, 17 (5): 373-376.

[15] 赵敏, 郝伟, 杨德森, 等. 海洛因依赖者复吸相关因素的前瞻性研究 [J]. 中国临床心理学杂志, 2001, 9 (2): 81-83.

[16] MCMAHON R C. Personality, stress, and social support in cocaine Relapse prediction [J]. Journal of Substance Abuse Treatment, 2001, 21: 77-87.

[17] 胡雁. 正确认识循证护理, 推动护理实践发展 [J]. 中华护理杂志, 2005, 40 (9): 714-717.

第八章

冰毒依赖青少年情商的相关研究

第一节 冰毒依赖对青少年情商的影响研究

目的：通过对照研究分析冰毒依赖青少年情商的特点及其影响因素。方法：采用巴昂情绪智力量表对80名冰毒依赖青少年（其中男性40名，女性40名）和80名普通青少年（其中男性40名，女性40名）进行问卷调查。结果：实验组女性情商维度中压力管理、一般心境及总情商在年龄上呈显著正相关（$r_1=0.700\sim0.836$；$P_{均}<0.05$），其情商因子中情绪自我意识、自我实现、移情、问题解决、现实检验、压力容忍、幸福感7个因子与年龄呈显著正相关（$r=0.348\sim0.836$；$P_{均}<0.05$）；实验组男性情商维度中压力管理、一般心境、适应成分及总情商在年龄上呈显著正相关（$r_1=0.379\sim0.809$；$P_{均}<0.05$），其情商因子中压力容忍、幸福感2个因子与年龄呈显著正相关（$r=0.377\sim0.609$；$P_{均}<0.05$）；实验组男性在自我实现、自尊、人际成分、移情、责任感、适应成分、现实检验、压力管理、冲动控制、一般心境、幸福感的得分上低于对照组男性的得分，且差异有统计学意义（$t=-4.727\sim-2.138$；$P_{均}<0.05$）。实验组女性在自我实现、自尊、问题解决、灵活性得分上低于对照组女性，且差异有统计学意义（$t_1=-2.517\sim-2.084$；$P_{均}<0.05$）；实验组女性在表达情绪、移情、人际关系、责任感、适应成分、现实检验、压力管理、冲动控制、总情商得分上高于实验组男性的得分，且差异有统计学意义（$t=1.669\sim4.894$；$P_{均}<0.05$）。结论：冰毒依赖青少年与普通青少年情商随年龄的增长而增长；冰毒依赖青少年情商受冰毒危害大，其中男性受影响程

度大于女性。

根据2012年联合国毒品与犯罪问题办公室报告,冰毒又称甲基苯丙胺,属苯丙胺类兴奋剂,已成为世界上仅次于大麻的第二类滥用毒品[1]。冰毒的危害涉及每一个器官系统,慢性冰毒使用者前额叶纹状体多巴胺通路遭受损坏,会影响多种认知过程和精神运动过程的基础[2]。青少年由于缺乏对毒品的正确认知,已成为冰毒滥用的主要人群,吸食毒品会导致其生理免疫功能的改变以及身体各方面健康的损害,同时会引起情商的改变[3]。现代心理学研究证实,情商是一个人成功、成才和幸福的必备素质,直接影响人的整个心理健康[4]。近年来,培养控制情绪、战胜挫折、与人相处能力的情商教育,受到了社会的关注[5]。研究发现,情商与文化程度无关,但与父母的教养方式以及家庭成长环境密切相关;另外,情商也与年龄密切相关,随着年龄的不断增长,情商也会愈加完善。进一步研究还发现,情商的下降会在一定程度上增加青少年的攻击行为,从而使青少年的不良行为频发[6]。青少年的情商与问题行为和犯罪行为存在密切关系[7],通过有效的情绪管理和控制,能够使青少年积极地应对压力[8]。目前对普通青少年和犯罪青少年的情商研究较多,但对冰毒依赖青少年的情商研究尚比较缺乏。本研究将通过探究冰毒依赖青少年与普通青少年的情商差异,并分析其影响因素,为改善青少年的情商,减少青少年的犯罪及不良行为,提高青少年的自我认同,实现自我价值提供理论依据。

一、研究对象与方法

(一)研究对象

1. 实验组

在四川省某男子强制戒毒所抽取40名男性冰毒依赖青少年,同时在四川省某女子强制戒毒所抽取40名女性冰毒依赖青少年,共同纳入实验组。纳入标准:年龄为16~25岁;符合DSM-Ⅳ关于苯丙胺兴奋剂依赖的诊断标准;无明显躯体戒断症状;无精神障碍;无烟酒等其他物质成瘾。

2. 对照组

在四川省某学校抽取就读学生80名,其中男性40名,女性40名,纳入对照组,该组青少年在人数、性别、年龄上与实验组相匹配(由于情商与文化程度无关,所以两组未考虑文化程度的匹配)。纳入标准:年龄 16~25 岁;身体健康;无吸烟酗酒等不良嗜好;无其他身心疾病。

本次研究均在被试知情同意情况下自愿参与,并对其测验结果保密。

(二)研究方法

1. 自编一般信息问卷

该问卷主要采集研究对象的一般人口学信息和相关调查信息。内容包括姓名、年龄、性别、文化程度、吸毒情况等信息。

2. 巴昂情绪智力量表

该量表由 133 个题目组成,内容结构与巴昂的情绪智力结构模型相一致,五大维度为 5 个成分量表(个人成分、人际成分、适应成分、压力管理、一般心境),15 个因素为 15 个分量表,此外还包括严格的效度指标:积极印象成分、消极印象成分、缺失指数、非一致性指标和一般效度指标等。各分量表相关平均数为 0.50,不同分量表的内部一致性都较高,从 0.69 到 0.86 不等,而所有量表的平均内部一致性为 0.76。量表采用自陈法,以 5 点计分,最后可得出四个效度量表分数、一个总 EQ 分数、五个成分量表分数和十五个分量表分数。

3. 统计方法

使用 SPSS 20.0 软件进行统计分析,两组情商得分采用独立样本 t 检验,实验组情商与其人口学因素上的相关性分析用皮尔逊积差相关法,检验水准 α 设定为 0.05。

二、结果

(一)影响实验组情商的人口学因素分析

1. 实验组情商与其年龄的相关性分析

表 8-1 实验组情商与其年龄的相关性分析(r)

项目		1 个体成分	情绪自我意识	表达情绪	自尊	自我实现	独立性	2 人际成分
年龄	女性	0.110	0.528**	-0.119	0.099	0.348**	0.144	-0.097
	男性	0.072	0.008	0.184	0.100	0.139	0.036	0.054

续表

	项目	移情	人际关系	责任感	3 适应成分	问题解决	现实检验	灵活性
年龄	女性	0.321 *	0.066	0.18	0.096	0.864 **	0.558 **	0.048
	男性	0.044	-0.017	0.145	0.636 **	0.143	0.213	0.239
	项目	4 压力管理	压力容忍	冲动控制	5 一般心境	幸福感	乐观感	总情商
	女性	0.700 **	0.727 **	0.121	0.836 **	0.516 **	0.072	0.772 **
	男性	0.379 **	0.609 **	0.053	0.809 **	0.377 **	0.128	0.737 **

注：**表示 $p<0.01$，*表示 $p<0.05$

由表 8-1 可知，在总情商方面，两组的总情商均与年龄呈显著正相关。在情商维度方面，女性的压力管理、一般心境维度与年龄呈显著正相关，男性的压力管理、一般心境和适应成分维度与年龄也呈显著正相关。从情商各因子方面来看，女性的情绪自我意识、自我实现、移情、问题解决、现实检验、压力容忍、幸福感 7 个因子与年龄呈显著正相关，实验组男性的压力容忍、幸福感 2 个因子与年龄呈显著正相关。

2. 实验组情商与其文化程度相关性分析

表 8-2 实验组情商与其文化程度相关性分析（r）

	项目	1 个体成分	情绪自我意识	表达情绪	自尊	自我实现	独立性	2 人际成分
文化程度		0.047	0.004	0.016	0.202	0.202	-0.066	0.185
	项目	移情	人际关系	责任感	3 适应成分	问题解决	现实检验	灵活性
		0.248 *	0.079	0.22	0.029	0.02	0.146	-0.088
	项目	4 压力管理	压力容忍	冲动控制	5 一般心境	幸福感	乐观感	总情商
		-0.064	-0.007	-0.088	0.083	0.142	-0.015	0.069

注：**表示 $p<0.01$，*表示 $p<0.05$

由表 8-2 可知，实验组总情商与各维度与文化程度不存在显著相关性，在情商因子方面，移情因子与文化程度有相关性。

（二）不同性别对实验组情商的影响

表 8-3 实验组男性与实验组女性情商差异分析（X±S）

项目	1 个体成分	情绪自我意识	表达情绪	自尊	自我实现	独立性	2 人际成分
女性	139.15±14.05	24.85±3.65	24.93±4.26	30.8±3.03	39.2±3.82	25.65±5.63	111.38±12.98
男性	136.98±11.86	24.38±2.83	23.15±3.36	30.45±3.46	34.43±4.45	26.98±4.02	100.83±12.88
t	0.748	0.650	2.069	0.481	5.148	-1.211	3.649
p	0.457	0.517	0.042 *	0.632	0.632	0.23	0.23

续表

项目	移情	人际关系	责任感	3 适应成分	问题解决	现实检验	灵活性
女性	30.2±3.01	41.98±9.83	39.2±3.82	94.15±11.19	27.13±4.73	38.1±4.93	28.93±5.28
男性	27.5±3.46	38.9±6.25	34.43±4.45	89.03±14.37	28.75±9.12	32.9±4.57	27.38±6.86
t	3.728	1.669	4.894	1.780	-1.001	4.894	1.133
p	0.000 **	0.099 **	0.000 **	0.079 **	0.320	0.000 **	0.261
项目	4 压力管理	压力容忍	冲动控制	5 一般心境	幸福感	乐观感	总情商
女性	57.9±10.09	26.68±5.53	31.23±6.30	58.23±7.58	32.7±4.85	25.53±3.83	104.13±12.61
男性	53.73±7.98	27.7±3.99	26.03±5.40	56.73±7.32	31.13±4.64	25.6±4.17	97.05±12.25
t	2.053	-0.950	3.963	0.900	1.483	-0.084	2.545
p	0.043 *	0.345	0.000 **	0.371	0.142	0.933	0.013 *

注：**表示 $p<0.01$，*表示 $p<0.05$

由表8-3可知，在总情商方面，女性总情商高于男性，其差异具有显著统计学意义。在情商维度方面，女性在适应成分、压力管理两个维度上与男性存在差异，并具有统计学意义。在情商各因子方面，女性在表达情绪、移情、人际关系、责任感、现实检验、冲动控制上高于男性，且差异具有统计学意义。

（三）实验组与对照组情商差异分析

1. 实验组男性与对照组男性情商差异分析

表8-4　实验组男性与对照组男性情商差异分析（X±S）

项目	1 个体成分	情绪自我意识	表达情绪	自我实现	自尊	独立性	2 人际成分
实验组	136.98±11.86	24.38±2.83	23.15±3.36	34.43±4.45	32.03±0.69	26.98±4.02	100.83±12.88
对照组	141.93±14.82	25.58±2.71	23.7±3.71	37.32±4.13	33.46±0.74	26.1±4.94	108.38±9.74
t	-1.65	-1.936	-0.695	-3.02	-3.598	0.868	-2.958
p	0.103	0.056	0.489	0.003 **	0.001 **	0.388	0.004 **
项目	移情	人际关系	责任感	3 适应成分	问题解决	现实检验	灵活性
实验组	27.5±3.46	38.9±6.25	32.9±4.57	89.03±14.36	28.75±9.12	32.9±4.57	27.38±6.86
对照组	29.83±2.61	41.23±4.99	36.35±4.58	94.6±8.08	29.63±2.90	36.35±4.58	28.63±4.01
t	-3.395	-1.838	-3.372	-2.138	-0.579	-3.372	-0.996
p	0.001 **	0.07	0.001 **	0.036 *	0.565	0.001 **	0.322
项目	4 压力管理	压力容忍	冲动控制	5 一般心境	幸福感	乐观感	总情商
实验组	53.73±7.98	27.7±3.99	26.03±5.40	56.73±7.32	31.13±4.64	25.6±4.17	97.05±12.25
对照组	61.43±9.15	29.55±4.95	31.88±5.67	60.88±6.26	34.18±3.93	26.7±3.49	102.03±11.82
t	-4.01	-1.842	-4.727	-2.726	-3.17	-1.279	-1.848
p	0.001 **	0.069	0.001 **	0.008 **	0.002 **	0.205	0.068

注：**表示 $p<0.01$，*表示 $p<0.05$

由表 8-4 可知，在总情商方面，实验组男性情商低于对照组，但差异不存在统计学意义。在情商维度方面，实验组男性在人际成分、适应成分、压力管理和一般心境 4 个维度上低于对照组，且差异具有统计学意义。在情商因子方面，实验组男性在自我实现、自尊、移情、责任感、现实检验、冲动控制、幸福感 7 个因子上低于对照组，且差异具有统计学意义。

2. 实验组女性与对照组女性情商差异分析

表 8-5　实验组女性与对照组女性情商差异分析（X±S）

项目	1 个体成分	情绪自我意识	表达情绪	自我实现	自尊	独立性	2 人际成分
实验组	139.15±14.05	24.85±3.65	24.93±4.26	37.35±2.95	30.8±3.03	25.65±5.63	111.38±12.98
对照组	140.85±14.14	25.98±2.45	24.5±4.01	39.2±3.82	32.55±3.19	25.4±4.54	108.78±9.26
t	−0.539	−1.618	0.459	−2.423	−2.517	0.219	1.031
p	0.591	0.11	0.647	0.018*	0.014*	0.828	0.306
项目	移情	人际关系	责任感	3 适应成分	问题解决	现实检验	灵活性
实验组	30.2±3.01	41.98±9.83	38.1±4.93	94.15±11.19	27.13±4.73	38.1±4.93	26.53±3.99
对照组	30.48±2.77	40.95±5.66	37.03±4.15	92.5±7.68	28.95±2.88	37.03±4.15	28.93±5.28
t	−0.425	0.571	1.055	0.769	−2.084	1.055	−2.293
p	0.672	0.569	0.295	0.444	0.04*	0.295	0.025*
项目	4 压力管理	压力容忍	冲动控制	5 一般心境	幸福感	乐观性	总情商
实验组	57.9±10.09	26.68±5.53	31.23±6.30	58.23±7.58	32.7±4.85	25.53±3.83	104.13±44.20
对照组	58.725±8.01	27.4±4.38	31.33±5.42	60.3±6.42	34.23±3.92	26.1±3.64	104.03±36.75
t	−0.405	−0.65	−0.076	−1.321	−1.521	−0.688	0.037
p	0.687	0.518	0.94	0.19	0.132	0.493	0.97

注：**表示 $p < 0.01$，*表示 $p < 0.05$

由表 8-5 可知，在总情商以及各维度方面，实验组女性与对照组女性的差异均不具有统计学意义。在因子方面，实验组女性在自我实现、自尊、问题解决、灵活性 4 个因子分上低于对照组女性，且差异有统计学意义。

三、讨论

情商，即情绪智商，指的是评价人的情绪智力发展水平高低的一项指标[9]。情商与生活各层面都息息相关，是各人在情绪方面的整体管理能力，具体表现在：认识自身情绪的能力、妥善管理自己情绪的能力、自我激励的能力、认识他人情绪的能力、人际关系的管理能力[10]。根据已有研究，冰毒对认知功能和执行功能有一定的危害，对情商同样有一定的影响。

(一)冰毒依赖青少年情商与年龄相关性分析

本研究发现,冰毒依赖青少年情商与年龄呈显著正相关,无论是男性还是女性,其情商中压力管理和一般心境两个维度都与年龄呈显著正相关。表明随着年龄的增长,情商也随之提高,这与余彩云[11]等人的研究一致。随着年龄的增长,青少年所面临的环境越来越复杂,他们处理问题及看待事情的角度也逐渐变得更加全面,抗压能力和保持积极心态的能力也随之增长。青少年逐渐成为一个独立的个体,开始进行自我思考,同时他们对自身情绪的管理更具有自觉性和独立性[12]。

本研究进一步显示,女性冰毒依赖青少年的情绪自我意识、自我实现、移情、问题解决、现实检验的能力更容易受到年龄的影响,这与前人的研究有相似之处[13]。女性和男性相比,女性更容易受到周围环境的影响,拥有较强的社会责任感,这导致在自我认识、自我实现、解决问题、评估客观经验时女性更容易受到外界的影响。在男性冰毒依赖青少年中,其压力容忍与感知幸福感的能力更容易受到年龄影响,这与李辛茹等人的研究一致[14]。在青少年时期,同龄女性比男性在心理年龄上略成熟,男性往往在对自我认识,接受、理解自我,以及克服消极环境的能力上发展较为缓慢。但随着年龄的增长,接触到不同的环境时,男性的抗压能力以及自我感知能力会随着环境的改变而改变,这种改变的发展速度不亚于女性[15]。

(二)冰毒依赖青少年情商与文化程度相关性分析

本研究通过对实验组情商与其文化程度的相关分析发现,文化程度仅与情商中的移情因子有一定的相关性,其余因子和各个维度均与文化程度无关。这与2016年王小亚等人的研究结果一致[16],情商的发展主要与后天因素有关,是个体在社会化过程中形成并不断提高的。而根据王小亚等人的研究,对情商影响更大的是其家庭因素和成长环境,文化程度对情商的影响相对较小。移情代表的是意识、理解和欣赏他人的感受,而这种能力更多的是通过与周围人的接触不断习得的[17],根据已有的研究,移情受家庭教养方式的影响更多,而并非文化程度所决定。本研究在选择研究对象时,考虑到前期研究的结论,即文化程度对情商影响不大,所以两组匹配时,仅仅考虑到年龄、性别和人数的匹配,而未考虑文化程度的匹配。通过本次实验的验证,再次证明了文化程度对情商的影响是微乎其微的。

（三）不同性别对冰毒依赖青少年情商的影响

本人的前期研究发现，不同性别普通青少年的总情商以及五个维度方面差异均无统计学意义，仅仅表现在男性的灵活性、压力容忍两个因子高于女性。这与Justine和Downey等人的研究结果一致[18][19]，Justine等人通过对青少年的不良行为的研究发现，在同等条件下，男性在面对压力性事件以及处理自己的负性情绪的能力远远高于同龄女性，而女性在表达情绪、移情和冲动控制的能力上高于同龄男性[20]。本研究针对冰毒依赖青少年情商进行研究，发现男性的情商明显低于女性的情商，证明男性的情商受到了严重的损害，具体表现在适应成分和压力管理两个维度方面，以及表达情绪、移情、人际关系、责任感、现实检验、冲动控制六个因子方面，这与前人的研究结果相似[21]。本来普通男性的压力管理和适应灵活性方面要稍好于女性，但由于吸食冰毒，反而导致其压力管理能力和适应性急剧降低，另外冰毒依赖对身心的危害也导致了其情绪的错误表达、冲动控制的欠缺、责任感的缺失以及人际关系的破坏。这一研究进一步验证了前人的研究结论，在冰毒依赖的条件下，更容易造成青少年的自我控制、决策能力的下降[22]，而男性与女性相比，更容易受到冰毒的影响，因而男性冰毒依赖者情商与女性相比，更容易受到波动。

（四）冰毒依赖青少年与普通青少年情商差异分析

本研究发现，冰毒依赖青少年与普通青少年的情商存在一定的差异。由于冰毒依赖，青少年情商受到极大危害，冰毒在影响青少年的认知功能和执行功能的同时，也更容易影响青少年的自我表达和行为判断[23]。而情商对个体社会适应的意义尤为突出地表现在对生活中的困难与挫折的应对以及个体理解和表达自己的感受的能力上[24]，无论是男性还是女性，冰毒依赖青少年的情商显著低于普通青少年的情商。在本研究中，男性冰毒依赖青少年情商低于普通男性青少年，主要表现在人际成分、适应成分、压力管理和一般心境4个维度上，其情商因子自我实现、自尊、移情、责任感、现实检验、冲动控制、幸福感7项显著低于普通男性青少年；女性冰毒依赖青少年的情商较高于男性，与普通女性青少年相比，仅仅在自我实现、自尊、问题解决、灵活性4个因子分上低于普通女性青少年。从这些数据可以看出，冰毒对青少年情商造成了严重的影响，男性冰毒依赖青少年损伤尤为突出，由于吸毒，他们丧失了自尊、缺乏了责任感和幸福感，难以克制的冲动使得他们出现了一系列不良行为和伤害行为，甚至是难以克制的复吸行为。已有研究表明，高情商的青少年其不良行为发生的概率远低于低情商的青少年[25]。正是这些不良行为和对自己的放弃导致了自我实现的丧失，没有了人生目标更加剧青少年的不良行为发生，继而恶性循环，难以回归社会。

综上所述，冰毒依赖青少年的情商与文化程度无关；但年龄对情商的影响较大，随着年龄的增长，情商也随之增长；另外不同性别的冰毒依赖青少年情商差异较大；与正常青少年相比，冰毒依赖对男性情商损伤较大。关注冰毒依赖青少年，劝诫其远离毒品，不仅仅是戒毒所的事情，全社会都应该行动起来。因为青少年身心健康不仅受到个体因素的影响，家庭、学校、社会各方面的影响也不容忽视，保护青少年心身健康发展，是全社会应尽的责任和义务。

参考文献

[1] 翁传波，钱若兵，傅先明. 甲基丙苯胺成瘾机制的研究进展 [J]. 国际神经病学神经外科学杂志，2012，39（1）：65-69.

[2] VAN G M, KOTEN R V, SCHOFFELMEER ANM. Critical involvement of dopaminergic neurotransmission in impulsive decision making [J]. Biological Psychiarty, 2006, 60 (1): 66-73.

[3] 赵明，周延明，张忠明，等. 甲基苯丙胺依赖者在戒断28周内心理状况调查分析 [J]. 中国药物依赖性杂志，2014，23（4）：294-298.

[4] 张玉平，韦光珍. 浅谈学生智商和情商的培养 [J]. 科学咨询（科技管理），2017（11）：66.

[5] 何苏. 大学生情商教育双边培养体系的初探 [J]. 中国成人教育，2013（6）：64-66.

[6] 景璐石，吴燕，徐涛，等. 男性犯罪青少年的生活事件、社会支持和应对方式的对照研究 [J]. 中国健康心理学杂志，2014，22（8）：1264-1266.

[7] 王小亚，景璐石，王铮，等. 犯罪青少年情商与智商的相关性研究 [J]. 成都医学院学报，2015，10（3）：383-386.

[8] NOORBAKHSH S N, BESHARAT M A, ZAREI J. Emotional intelligence

and coping styles with stress [J]. Procedia-Soc Behav Sci, 2010, (5): 818-822.

[9] 张勖. 大学生情商状况调查报告 [J]. 中国青年研究, 2010 (9): 88-91.

[10] 马洁. 大学生情商教育现状及培养对策分析 [J]. 时代教育, 2018 (5): 64-65.

[11] 余彩云. 国内高职大学生情商研究综述 [J]. 济南职业学院学报, 2012 (4): 24-26.

[12] 陈治芳. 高职院校学生情商教育刍议 [J]. 四川劳动保障, 2017 (S2): 94-96.

[13] 伍业光, 韦晓楠, 李桂梅, 等. 广西高校学生情商和主观幸福感、自尊的相关分析 [J]. 中国健康心理学杂志, 2016, 24 (2): 244-247.

[14] 李辛茹, 景璐石, 吴燕, 等. 男性犯罪青少年情商的影响因素 [J]. 中国健康心理学杂志, 2015, 23 (7): 996-1000.

[15] 郭智慧, 韩志红. 高职院校医学生情商教育探索 [J]. 中国健康教育, 2014, 30 (1): 93-95.

[16] 薛芬, 阎锴娟, 李亚琼, 等. 冰毒依赖者的行为决策 [J]. 中国健康心理学杂志, 2014, 22 (8): 1152-1153.

[17] 赵景会. 情商培养对大学生成长成才的影响探析 [J]. 经济师, 2018 (3): 203-204.

[18] JUSTINE L, CON S, KAREN H. Downey. Emotional intelligence, victimisation and bullying in adolescents [J]. Journal of adolescence, 2012, 35 (1): 207-211.

[19] DOWNEY L A, JOHNSTON P J, HANSEN K, et al. Investigating the mediating effects of emotional intelligence and coping on problem behaviours in adolescents [J]. Australian Journal of Psychology, 2010, 62 (1): 20-29.

[20] DAVIS S K, HUMPHREY N. Ability versus trait emotional intelligence: Dual influences on adolescent psychological adaptation [J]. Journal of Individual Differences, 2014, 35 (1): 54-62.

[21] 吴锡改, 郝宗英. 论青少年情商素质与心理健康 [J]. 长江大学学报, 2010 (2): 88-94.

[22] 靳净, 程翠翠, 闫亚飞, 等. 大学新生情绪智力与适应的关系 [J]. 中国健康心理学杂志, 2014, 22 (7): 1111-1113.

[23] 王小亚. 青少年甲基苯丙胺依赖者执行功能特征研究 [D]. 成都: 成都医学院, 2016 (13): 53-56.

[24] 韩伟. 新时期大学生情商问题与情商教育探究 [J]. 中国成人教育, 2011 (14): 70-72.

[25] 董雪. 新时期大学生情商培养探析 [J]. 山东省青年管理干部学院学报, 2010 (2): 144.

第二节 冰毒依赖青少年情绪面孔识别的实验研究

目的：通过对照实验，探究冰毒依赖青少年情绪面孔识别能力的特点及其影响因素。方法：使用情绪面孔识别功能实验，对86名青少年冰毒依赖者（实验组）与85名健康志愿者（对照组）共171例被试进行施测。实验材料为自编一般信息调查问卷、情绪识别功能实验。结果：采用相关分析发现，实验组男性和实验组女性情绪面孔识别能力与其年龄、文化程度、吸毒时间无显著相关（$P_{均}>0.05$）；采用独立样本t检验分析发现，实验组男性和实验组女性两组对于正性、中性、负性情绪面孔的判断准确性和反应时无显著差异（$P_{均}>0.05$）。对照组男性对于正性、中性、负性情绪面孔的判断反应时均显著慢于对照组女性（$t_1=-2.28$，$t_2=-2.18$，$t_3=-2.04$，$P_{均}<0.05$），两组在正性、中性、负性情绪的判断准确率上则无显著差异（$P_{均}>0.05$）；实验组男性对于正性、负性情绪的判断准确率显著低于对照组男性（$t_1=-2.42$，$t_2=-3.73$，$P<0.01$ 或 $P<0.05$），反应时显著慢于对照组男性（$t_1=2.48$，$t_2=2.45$，$P_{均}<0.05$），两组对于中性情绪的判断准确率和反应时差异不显著（$P_{均}>0.05$）；实验组女性对于中性、负性情绪的判断准确率显著低于对照组女性（$t_1=-2.24$，$t_2=-5.17$，$P<0.01$ 或 $P<0.05$），对于正性、负性情绪的判断反应时显著慢于对照组女性（$t_1=3.60$，$t_2=3.47$，$P_{均}<0.01$），而两组对于正性情绪的判断准确率和对中性情绪的判断反应时差异不显著（$P_{均}>0.05$）。结论：冰毒依赖损害了青少年情绪面孔识别能力，其正性、负性情绪识别能力均存在加工缺陷。冰毒依赖青少年情绪面孔识别能力不受年龄、文化程度和吸毒时间的影响。

冰毒（Methamphetamine），又名甲基苯丙胺，因其具备令人产生兴奋感、欣快感的功效，备受青少年的青睐和追捧，青少年滥用冰毒者在我国非法药物使用者总体中所占比例正逐年上升。冰毒依赖通常被定义为强迫性的药物寻求和药物摄入的行为模式。截至2015年年底，我国登记在册吸毒人员已达234.5万人，新增的吸毒人员中，冰毒滥用者占73%，其中35岁以下青少年占绝大多数[1]，青少年滥用毒品这一形势日益严峻并已成为突出的社会问题。以往研究表明不同人群对面部表情的捕捉和识别存在差异，特殊人群较正常人群可能缺乏对与情境相应的面部表情的识别能力[2]。相比成年冰毒吸食者，青少年冰毒吸食者脑区域更容易受到冰毒相关的改变，导致比成年吸食者更严重的抑制控制损伤[3]。此外，相关研究结果表明，青少年冰毒依赖者对于正性和负性情绪刺激均存在加工缺陷，其冲动控制能力较弱，对行为后果缺乏责任感[4]。由于青少年社会认知能力尚未完全成熟，相比成年人而言自我控制能力低，更易在好奇心驱使、追求时髦、同辈压力等社会心理因素影响下吸食冰毒。目前为止，国内很多戒毒机构没有将新型毒品与传统毒品成瘾者区别治疗[3]，也很少有研究深入探讨冰毒依赖对青少年的情绪面孔识别能力的影响。因此，本研究在前人研究的基础上，对冰毒依赖青少年与健康志愿者进行对照研究，探讨冰毒依赖对青少年情绪面孔识别能力的影响，为进一步研究奠定理论基础。

一、研究对象与方法

1. 研究对象

实验组：于2017年在成都市某男性强制隔离戒毒所选取处于生理脱毒后戒毒康复期的43例男性青少年冰毒依赖者，平均年龄为17.81±0.67岁；同时于成都市某女性强制隔离戒毒所选取处于生理脱毒后戒毒康复期的43例女性青少年冰毒依赖者，平均年龄为21.49±1.70岁。

对照组：招募年龄、性别、民族等与实验组相匹配的健康志愿者，其中男性42例，平均年龄为20.59±0.96岁；女性43例，平均年龄为20.52±

0.93岁。

（1）纳入标准：符合美国《精神疾病诊断与统计手册》第四版（DSM-Ⅳ）关于苯丙胺类兴奋剂依赖的诊断标准，无明显躯体戒断症状；所有受试者均为青少年；年龄在16~24岁间；汉族；具有小学及以上文化程度；智力正常；色觉正常；均为右利手。

（2）排除标准：①既往或现患有严重的精神疾病者和情绪障碍者（如精神分裂症、双相情感障碍、重性抑郁症等）；②既往或现患有可能影响认知功能的严重躯体疾病或脑器质性疾病者；③伴有除冰毒之外的其他物质依赖史者。

2. 研究方法

（1）实验设计

本实验采用2（性别：男，女）×2（组别：实验组，对照组）的被试间设计。自变量为性别、组别，因变量为被试对情绪图片的反应时。

（2）研究工具

①一般信息调查表：采用自行编制的一般信息调查表收集研究对象的基本情况，包括社会人口学资料（年龄、性别、受教育水平等）和物质依赖情况（吸毒时间、吸毒种类、每日毒品用量、戒毒时间、复吸情况等）。

②情绪识别功能实验：选用本土化的中国面部表情视频系统（Chinese facial expression video system，CFEVS）共160个视频片段作为刺激材料。CFEVS提供的是一系列的中国汉族人面部表情视频片段，包括生气、悲伤、高兴、无面部表情各40个，每种表情视频片段男女扮演者各20名，每个面部表情视频片段的呈现时间均固定为3秒。

（3）实验程序

①在实验研究前，详细告知所有受试者实验目的、施测流程、注意事项等。所有受试者均为自愿参加本研究，并且签署知情同意书。

②首先根据入组标准筛选被试，采用自制一般信息调查表收集被试信息，然后对符合标准的实验组被试进行逐个实验，同时对符合要求的对照组被试进行预约，逐个进行正式实验。正式实验前先进行预备实验，程序与正式实验完全相同，目的是确保受试者完全明白指导语，按照指导语正确进行实验。

实验在安静、光线充足，避免声、光刺激的环境中进行。程序均在计算机上完成，如图8-1所示，计算机分辨率为1366×768。使用E-prime2.0软件呈现实验材料，材料包含4个block，每个block包含40个trail。在每个trail中，首先在屏幕中央呈现一个红色的"+"注视点以便被试集中注意力，呈现时间为300ms；红色的"+"注视点消失后随即呈现一张刺激图片，呈现时间为800ms；刺激图片消失后呈现1000ms请被试判断的图片界面，要求被试在看到图片后第一时间做出判断并按键，对判断为正性情绪的图片用左手食指按下"F"键，对判断为负性情绪的图片用右手食指按下"J"键，对判断为中性情绪的图片用左手或右手大拇指按下"空格"键，同时电脑自动记录被试的反应数目、反应时，如果被试没有按键，则在显示1000ms后消失，认为其反应错误；2000ms空屏后开始下一个trail。刺激呈现顺序随机以排除练习效应。

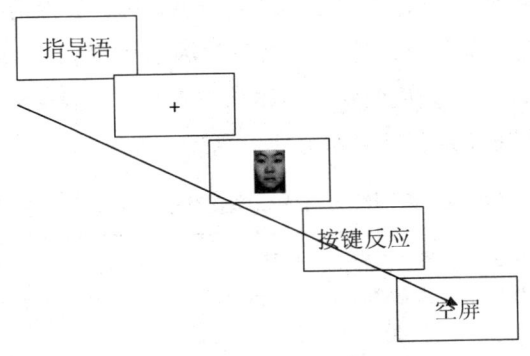

图8-1 正式实验流程示意图（1个trail）

（4）统计处理

先使用E-prime软件收集实验数据，再使用Excel2007对数据进行进一步的筛选和处理，最后将数据导入SPSS 21.0软件进行统计分析。

采用Pearson相关比较实验组情绪面孔识别能力与其年龄、吸毒时间的相关程度，采用Spearman相关比较实验组情绪面孔识别能力与其学历的相关程度。实验组与对照组间的情绪面孔识别能力差异采用独立样本t检验。$P<0.05$被认为有统计学意义。

二、结果

1. 实验组男性情绪面孔识别能力与人口学资料、吸毒情况的相关分析实验组男性情绪面孔识别能力与人口学因素各变量、吸毒时间的相关系数均不显著（$P_{均}$>0.05），说明男性冰毒依赖青少年情绪面孔识别能力与其年龄、学历、吸毒时间没有明显的相关性。见表8-6。

表8-6 实验组男性情绪面孔识别能力与人口学资料、吸毒时间的相关分析结果（r值）

	正性情绪正确反应数目（个）	正性情绪判断反应时间（ms）	中性情绪正确反应数目（个）	中性情绪判断反应时间（ms）	负性情绪正确反应数目（个）	负性情绪判断反应时间（ms）
年龄	-0.13	-0.02	0.02	-0.11	0.05	0.03
学历	0.04	0.23	0.17	0.25	0.09	0.18
吸毒时间	0.17	0.01	0.09	0.01	0.21	0.14

注：*表示在0.05水平（双侧）上显著相关，**表示在0.01水平（双侧）上显著相关

2. 实验组女性情绪面孔识别能力与人口学资料、吸毒情况的相关分析

实验组女性情绪面孔识别能力与人口学因素各变量、吸毒时间的相关系数均不显著（$P_{均}$>0.05），说明女性冰毒依赖青少年情绪面孔识别能力与其年龄、学历、吸毒时间没有明显的相关性。见表8-7。

表8-7 实验组女性情绪面孔识别能力与人口学资料、吸毒时间的相关分析结果（r值）

	正性情绪正确反应数目（个）	正性情绪判断反应时间（ms）	中性情绪正确反应数目（个）	中性情绪判断反应时间（ms）	负性情绪正确反应数目（个）	负性情绪判断反应时间（ms）
年龄	0.21	0.02	0.16	0.09	0.08	0.05
学历	0.04	0.19	-0.02	0.02	0.06	0.07
吸毒时间	0.08	0.08	0.09	0.07	0.05	0.02

注：*表示在0.05水平（双侧）上显著相关，**表示在0.01水平（双侧）上显著相关

3. 实验组与对照组情绪面孔识别能力差异分析

以性别、组别为自变量，情绪正确反应数目和情绪判断反应时为因变量进行独立样本t检验。$P<0.05$被认为有统计学意义。

实验组男性和实验组女性两组在对于正性、中性、负性情绪面孔的正确判断反应数目和判断反应时上无显著差异（$P>0.05$）；对照组男性对于正性、中性、负性情绪的判断反应时均显著慢于对照组女性（$P<0.05$），两组在正性、中性、负性情绪的正确反应数目上则无显著差异（$P>0.05$）；实验组男性对于正性、负性情绪的正确判断反应数目均显著少于对照组男性（$P<$

0.05），实验组男性对于正性、负性情绪的判断反应时间均显著慢于对照组男性（$P<0.05$），两组对于中性情绪的正确判断数目和判断反应时差异不显著（$P>0.05$）；实验组女性对于中性、负性情绪的正确判断反应数目均显著少于对照组女性（$P<0.05$），实验组女性对于正性、负性情绪的判断反应时间均显著慢于对照组女性（$P<0.05$），两组对于正性情绪的正确判断反应数目和对中性情绪的判断反应时差异不显著（$P>0.05$）。见表8-8。

表8-8 实验组与对照组情绪面孔识别能力差异结果（$\bar{X}\pm S$）

情绪识别功能实验	实验组		对照组		t_1	t_2	t_3	t_4
	男	女	男	女				
正性情绪正确反应数（个）	32.21±8.54	32.95±8.66	35.67±3.59	35.61±4.24	0.40	-0.07	-2.42*	-1.80
正性情绪反应时（ms）	427.90±182.49	374.73±165.30	334.94±162.30	267.50±104.37	-1.42	-2.28*	2.48*	3.60**
中性情绪正确反应数（个）	33.07±7.76	32.44±8.42	35.35±4.38	35.58±3.63	-0.36	0.26	-1.67	-2.24*
中性情绪反应时（ms）	424.05±173.15	377.76±174.19	393.37±175.75	320.83±127.67	-1.24	-2.18*	0.81	1.73
负性情绪正确反应数（个）	55.95±21.35	56.61±18.90	69.29±9.14	72.72±7.82	0.15	1.86	-3.73**	-5.17**
负性情绪反应时（ms）	533.44±179.05	470.72±205.97	423.29±233.11	337.55±145.67	-1.51	-2.04*	2.45*	3.47**

注：t_1表示实验组男性与实验组女性的情绪识别功能测验差异结果，t_2表示对照组男性与对照组女性的情绪识别功能测验差异结果，t_3表示实验组男性与对照组男性的情绪识别功能测验差异结果，t_4表示实验组女性与对照组女性的情绪识别功能测验差异结果；**表示$P<0.01$，*表示$P<0.05$

三、讨论

与健康志愿者相比，冰毒依赖青少年的吸毒经历破坏了个体对情绪面孔的认知加工能力，长期吸食冰毒对青少年身心发展有严重负面影响。以下将从两个方面对本研究结果进行讨论：第一，冰毒依赖青少年情绪面孔识别能力与人口学资料、吸毒情况的相关分析；第二，冰毒依赖青少年与健康志愿者情绪面孔识别能力的差异分析。

1. 冰毒依赖青少年情绪面孔识别能力与人口学资料、吸毒情况的相关分析

实验组情绪面孔识别能力与其人口学资料、吸毒情况的相关分析结果表

明，冰毒依赖青少年的情绪面孔识别能力与其年龄、文化程度、吸毒时间不存在显著相关。青少年时期和成年早期同时是犯罪行为和吸毒行为的高发期，吸食冰毒会造成青少年不同程度的脑损伤，从而干扰个体行为的决策过程，影响冰毒滥用者对自身行为后果的判断[5]。青少年身心发展不平衡，社会认知能力尚未完全成熟，在不能够受到正确教导与指引的情况下，更易在吸食冰毒的影响下走向歧途。由于吸食毒品需要大量毒资支持，从而又会诱发尚未经济独立的冰毒依赖青少年更多的违法犯罪行为。近来有研究者发现毒品成瘾者的情绪加工能力会随着戒断的进行有所恢复[6]，由此可以推测，无论冰毒依赖者处于哪一年龄阶段、文化程度如何、吸食毒品时间多长，冰毒依赖者的情绪面孔识别能力会随着长期戒断的进行有所改观，但这一观点仍有待进一步研究证实。

2. 冰毒依赖青少年与健康志愿者情绪面孔识别能力的差异分析

在排除人口学各因素和吸毒时间对冰毒依赖青少年情绪面孔识别能力的影响下，本研究结果显示，冰毒依赖青少年与健康志愿者相比，对于正性、负性情绪面孔识别的反应时更长，存在注意偏向，这与以往研究结果基本一致。长期的物质滥用导致个体对于不同情绪人脸的识别产生加工异常，冰毒依赖影响了个体情绪面孔识别能力。以往有一些针对特殊个体的面部表情情绪识别研究，如社交焦虑者对面部情绪识别时，表现出对积极表情的加工缺陷和对消极表情的加工偏向，特别是对威胁性面孔的加工偏向，但这一结论仍有争议[7][8]。同时也有针对轻度抑郁者、临床抑郁症患者、童年期心理受虐待者的情绪面孔研究，结果均表明观察到了被试对负性刺激的注意偏向[9][10][11]。就物质依赖的相关科研成果来看，国内已有学者对海洛因成瘾者冲突抑制能力进行探讨，结果显示海洛因成瘾者的冲突抑制能力受到负性情绪刺激的干扰，其冲突抑制能力减弱[12]，即毒品成瘾者对负性情绪具有易感性，长期滥用毒品情绪调节能力变差[13]。Brecht M L 和 Herbeck D M[14]等学者对有暴力攻击性的冰毒成瘾者的研究发现，冰毒的滥用破坏了其认知行为抑制能力。Payer D E 和 Lieberman M D[15]等研究者利用一项面部表情匹配任务发现冰毒依赖者相对于健康被试，对恐惧和愤怒面孔辨别的准确性下降，同时反应时间也更长。

冰毒滥用者情绪面孔加工异常，会对正性、负性情绪产生注意偏向，辨别准确率下降。这反映了冰毒滥用者社会认知能力的受损,从而导致其对社会交往情境的错误解读,影响其对于社会情境的负性认知及负性情绪体验,增加其社会情境压力,使他们处于一种负性情绪状态,不良后果就是会诱发冰毒滥用者的毒品渴求感或产生回避负性情绪的动机[16]。因此,冰毒依赖者会出现不可控的冰毒滥用行为。即冰毒依赖者的负性情绪状态与认知能力损害相互影响,从而进一步促进冰毒依赖者产生复吸行为。

同时,本研究发现男性和女性冰毒依赖青少年与健康志愿者相比,对中性情绪面孔识别的反应时差异不显著,这与以往研究结果基本一致。即冰毒依赖者对中性情绪信息的识别能力不存在损伤,中性情绪信息未引起冰毒依赖者的注意偏向。这可能是因为情绪面孔的编码需要注意资源,而注意资源的容量是有限的。杏仁核是主要的情绪中枢,能增强对正性、负性情绪刺激最初的知觉编码,相对于正性、负性情绪面孔,识别中性情绪面孔需要更多的注意资源,正性、负性情绪面孔较少的依赖于注意资源就能被意识到[17]。

本研究结果显示,男性健康志愿者与女性健康志愿者相比,两组对于情绪面孔识别的准确率不存在显著差异,但女性识别情绪面孔的反应时显著快于男性,说明女性在情绪面孔识别速度方面存在性别优势,这与以往研究结果基本一致。在情绪识别过程中,女性有更多的脑区参与,同时女性比男性有更多的人际交往机会,这使得女性可调用的资源更多,情绪识别能力得到更多锻炼从而提高了加工速度[18]。男性冰毒依赖青少年与女性冰毒依赖青少年相比,两组对于情绪面孔识别的准确率和反应时不存在显著差异,这可能是由于吸食冰毒所造成的情绪识别加工异常的体现。滥用冰毒会对个体中枢神经系统造成长期损伤[19],导致个体与情绪加工的大脑区域功能障碍,影响其情绪面孔识别能力,因此实验组女性与实验组男性相比在情绪面孔识别速度上不存在优势了。

本研究主要针对处于戒毒康复期的冰毒依赖青少年,未来研究中,可进一步区分处于冰毒戒除康复期不同时间阶段的被试,以及不同被试的冰毒滥用程度,继续详细地划分被试以探讨冰毒依赖者情绪面孔识别能力损伤是否可逆,帮助冰毒依赖青少年戒断者增强调控负性情绪的能力以防止复吸行为,改善其心理健康状况,提高戒毒长期效果。

参考文献

[1] 王春光,袁明,罗贵伶,等. 甲基苯丙胺成瘾者情绪加工障碍的机制及其临床干预方法的整合研究进展 [J]. 生物化学与生物物理进展, 2017, 44 (6): 455-465.

[2] 王赟,杨世昌. 情绪面孔识别的研究进展 [J]. 精神医学杂志, 2013, 26 (3): 232-235.

[3] 杨玲,马雪,曹华,等. 冰毒使用者抑制控制的损伤、可逆性及干预策略 [J]. 心理科学进展, 2017, 25 (10): 1769-1779.

[4] 李辛茹,景璐石,王小亚,等. 青少年冰毒依赖者情绪识别与情绪智力的相关性 [J]. 中华行为医学与脑科学杂志, 2016, 25 (3): 248-251.

[5] 郭笑,张卓,刘宇平,等. 毒品滥用与犯罪的关联 [J]. 中国药物依赖性杂志, 2018, 27 (3): 163-170.

[6] 曾宁宁,张萌,李新宇. 药物滥用者的歧视错觉:来自面部表情加工的证据 [J]. 应用心理学, 2017, 23 (1): 68-79.

[7] 刘宏艳,胡治国. 社交焦虑者的面部表情加工 [J]. 心理科学进展, 2013, 21 (11): 1927-1938.

[8] ROSSIGNOL M, PHILIPPOT P, BISSOT C, et al. Electrophysiological correlates of enhanced perceptual processes and attentional capture by emotional faces in social anxiety [J]. Brain Research, 2012, 1460: 50-62.

[9] 李海江,卢家楣,张庆林,等. 阈下抑郁个体对负性情绪刺激的注意解脱困难 [J]. 心理发展与教育, 2016, 32 (5): 513-520.

[10] GOTLIB I H, KRASNOPEROVA E, YUE D N, et al. Attentional biases for negative interpersonal stimuli in clinical depression [J]. Journal of Abnormal Psychology, 2004, 113 (1): 127-135.

[11] 刘爱书,王春梅. 童年期心理虐待对情绪面孔注意偏向的影响 [J]. 心理科学, 2014, 37 (2): 335-341.

[12] 马丽. 负性情绪对毒品成瘾者冲突抑制功能的影响 [D]. 兰州:西北师范大学, 2015: 3-37.

[13] OKITA K, GHAHREMANI D G, PAYER D E, et al. Emotion dysreg-

ulation and amygdala dopamine D2-type receptor availability in methamphetamine users [J]. Drug and Alcohol Dependence, 2016, 161 (4): 163-170.

[14] BRECHT M L, HERBECK D M. Methamphetamine use and violent behavior: User perceptions and predictors [J]. Journal of Drug Issues, 2013, 43 (4): 468-482.

[15] PAYER D E, LIEBERMAN M D, MONTEROSSO J R, et al. Differences in cortical activity between methamphetamine-dependent and healthy individuals performing a facial affect matching task [J]. Drug and Alcohol Dependence, 2008, 93 (1): 93-102.

[16] 杨玲, 马丽, 赵鑫, 等. 毒品成瘾者情绪加工及应对方式的特点: 基于负性情绪的视角 [J]. 心理科学, 2015, 38 (2): 482-489.

[17] 邓晓红, 张德玄, 熊亚萍. 情绪面孔的自动化加工 [J]. 中国临床心理学杂志, 2011, 19 (1): 18-20.

[18] CHAIRLINE G, LAURENCE C, STEPHANIE H, et al. Children Facial Expression Production: Influence of Age, Gender, Emotion Subtype, Elicitation Condition and Culture [J]. Frontiers in Psychology, 2018 (9): 1-11.

[19] KYONGSIK Y, HEE-KWON P, DO-HOON K, et al. Decreased cortical complexity in methamphetamine abusers [J]. Psychiatry Research: Neuroimaging, 2012, 201 (3): 226-232.

第三节 冰毒依赖青少年情绪识别与情绪智力的相关性研究

目的: 探讨青少年冰毒戒断者情绪识别功能及情绪智力的特征, 并分析其情绪识别功能与情绪智力之间的相关性。方法: 采用自编一般信息调查问卷、情绪识别功能实验、巴昂情绪智力测验量表对青少年冰毒戒断者(实验组)与健康志愿者(对照组)各47例进行施测。结果: 青少年冰毒依赖者的正性情绪正确反应数目 [(28.62±10.60) 个] 和负性情绪正确反应数目 [(50.83±18.58)] 均低于健康志愿者 [分别为 (32.91±7.31) 个, (62.47±15.75) 个], 差异均具有统计学意义 ($t = -2.29$, $p < 0.05$; $t = -3.28$,

$p<0.01$);两组情绪智力总分比较差异无统计学意义（$t=-0.66$，$p>0.05$），但在责任感［分别为（33.28±3.79）分，（36.47±4.31）分；$t=-3.81$，$p<0.01$］和冲动控制［分别为（24.81±6.03）分，（30.11±5.65）分；$t=-4.40$，$p<0.01$］差异均有统计学意义；情绪智力维度中的个体成分、一般心境、压力管理以及适应成分与情绪识别功能存在显著相关（$r_1=0.39$，$r_2=-0.33$，$r_3=-0.39$，$r_4=0.32$）。结论：青少年冰毒依赖者情绪识别功能受损，其冲动控制能力较弱，对行为的后果缺乏责任感，情绪智力对情绪识别功能有一定的影响。

近年来，以冰毒为代表的苯丙胺类兴奋剂滥用在国际上迅速蔓延[1]。由于青少年对冰毒滥用的后果缺乏正确的认识，青少年已成为冰毒滥用的主要人群。长期或突然增大剂量使用冰毒会造成滥用者认知功能损害，控制和辨认能力下降，产生强烈的精神依赖和躯体依赖[2]。随着认知神经科学与脑成像技术的发展，已有研究者对药物无关刺激的加工机制[3][4][5]。情绪加工是社会认知的重要组成部分，面孔可以传达丰富的信息，通过正确识别他人面孔，可以了解其基本的情绪状态，推荐其内心的想法、意图和态度，从而指导自身的行为[6][7]。有研究表明，特定的情绪情境会诱发冲动行为，如情绪压力导致物质依赖[8][9]。情绪智力是个体识别和理解自己及他人的情绪状态，并利用这些信息来解决问题和调节行为能力[10]。Barkr等人[11]研究证实，低情绪智力的个体较容易出现酗酒、吸食非法药物等问题行为。因此，情绪智商在某种程度上对吸食毒品有一定的预测作用，本研究在前期研究的基础上，进行对比研究，以探讨青少年冰毒依赖者情绪识别功能与情绪智力的特点及其二者之间的关系，为临床治疗和预防冰毒依赖提供一定参考数据。

一、对象/材料与方法

（一）对象

实验组：选自2014年6—8月某省某市强制隔离戒毒所内生理脱毒后处于康复戒毒期的青少年冰毒依赖者。入组标准：符合美国《精神疾病诊断与统计手册》第4版（DSM-IV）关于苯丙胺类兴奋剂依赖的诊断标准，无明显躯体戒断症状。排除标准：（1）既往或现患有严重的精神疾病者（比如精神分裂症、双相情感障碍、与药物戒断无关的重性抑郁发作等);(2)伴有除冰毒之外的其他物质依赖史者;(3)既往或现患有可能影响认知功能的严重的躯体疾病或脑器质性疾病者。所有受试者均为男性,年龄在 16~25 岁之间,汉族人,具有小学文化程度以上,色觉正常(无色盲、色弱),均为右利手。对照组:招募年龄、性别、民族、视力情况等与实验组相匹配的健康志愿者 47 例。排除有精神系列疾病患者,近期服用抗精神药物者。实验研究前,详细告知所有受试者实验测试的目的、测试流程等。所有受试者均为自愿参加本研究,并且签署知情同意书。

(二)方法

1. 研究工具。(1)自编一般信息调查问卷:该问卷主要包括一般人口学资料(性别、年龄、受教育程度、家庭情况等)和物质依赖情况(吸毒时间、吸毒种类、复吸情况等)。(2)情绪识别功能实验:所有受试对象接受的视频刺激实验材料选自中国面部表情视频系统(Chinese Facial Expression Video System,CFEVS),共包括 160 个视频片断,包括生气、悲伤、高兴、无面部表情各 40 个,每种表情视频片断男女扮演者各 20 个;无面部表情可视为中性表情。采取事件相关设计方案,每个表情视频片断均持续 3s,间隔时间长度不同的灰屏片断交替出现,以排除预期效应。要求所有受试者在看到图片后尽快作出判断,且均用右手按键,不同手指按键在受试者之间进行均衡,正式测试前做一定练习以确保按键操作的准确性。行为学数据通过专用软件采集,评定指标为情绪面孔识别正确反应数目、正确率和判断的反应时间。(3)情绪智力测验:巴昂情绪智力量表(BarOn Emotional Quotient Inventory,简称 EQ-i):EQ-i 是 Baron 1997 年编制的,其内容结构与巴昂的情绪智力结构模型相一致。该量表由 133 个题目组成,包括五个成分量表:个体成分、人际成分、适应成分、压力管理和一般心境,每个成分量表由几个分量表组成,量表采用自陈法,以五点记分。最后可得出四个效度量表分数、一个 EQ 分数、五个成分量表分数和十五个分量表分数。EQ-i 具有内部一致性信度和重测信度,Dawda 和 Hart 使用 EQ-i 在大学生中进行调查,也证明量表具有较高的信度和效度。

2. 测量方法。所有测试者经过培训,测试时使用统一的指导语。测试前向受试者解释测验的目的和要求,向受试者发放自编的一般情况调查问卷,并现场收回。测试需在安静、照明足够、避免声光刺激的环境中进行。

3. 统计处理。采用 spss19.0 进行数据统计分析。两组间比较采用独立样本 t 检验，情绪识别与情绪智力的各维度的关系采用 Pearson 相关分析，以 $P<0.05$ 为差异具有统计学意义。

二、结果

（一）实验组与对照组的情绪识别功能测验结果比较（见表 8-9）

由表 8-9 可知：实验组的正性情绪正确反应数目和负性情绪正确反应数目均低于对照组，并且差异有统计学意义（$P<0.05$）；实验组负性情绪判断的反应时间与对照组相比，差异有统计学意义（$P<0.05$）；而两组在正性情绪判断反应时间、中性情绪正确反映数目和中性情绪判断反应时间上比较差异无统计学意义（$P>0.05$）。

表 8-9 实验组与对照组的情绪识别功能测验结果比较（($\overline{X}\pm S$)）

情绪识别功能测验	实验组	对照组	t	p
正性情绪正确反应数目（个）	28.62±10.60	32.91±7.30	-2.29	0.02*
正性情绪判断的反应时间（秒）	391.24±200.58	335.66±162.88	1.48	0.14
中性情绪正确反应数目（个）	30.26±10.46	32.96±7.51	-1.44	0.15
中性判断的反应时间（秒）	371.29±204.37	363.33±170.42	0.21	0.84
负性情绪正确反应数目（个）	50.83±18.58	62.47±15.75	-3.28	0.00**
负性判断的反应时间（秒）	503.83±246.35	394.51±171.90	2.50	0.01**

注：* 表示 P<0.05，** 表示 P<0.01

（二）实验组与对照组的情绪智力比较（见表 8-10）

由表 8-10 可知：两组情绪智力比较，总情绪智力差异无统计学意义（$P>0.05$），情绪智力五大维度中个体成分、人际成分、适应成分、一般心境四大维度的差异无统计学意义（$P>0.05$）；但在压力管理这一维度上的差异有统计学意义（$P<0.05$），并且两组在责任感和冲动控制两个分量表上的差异有统计学意义（$P<0.05$）。

表 8-10 实验组和对照组的情绪智力比较（ ($\bar{X}\pm S$) ）

情绪智力	实验组	对照组	t	p
一、个体成分	135.51±10.28	133.83±13.54	0.68	0.50
1. 情绪自我意识	23.21±2.99	23.51±3.21	-0.47	0.64
2. 表达情绪	22.64±3.41	21.68±3.10	1.42	0.16
3. 自尊	31.83±4.77	30.89±4.95	0.93	0.35
4. 自我实现	31.66±4.07	32.19±3.52	-0.68	0.50
5. 独立性	26.17±3.92	25.55±4.21	0.74	0.46
二、人际成分	97.83±9.76	101.47±12.04	1.61	0.11
1. 移情	26.94±3.34	28.17±3.19	1.83	0.07
2. 人际关系	37.62±5.23	36.83±6.34	0.66	0.51
3. 责任感	33.28±3.79	36.47±4.31	3.81	0.00**
三、适应成分	86.94±9.10	85.81±9.43	0.59	0.56
1. 问题解决	27.13±3.79	26.09±4.03	1.29	0.20
2. 现实检验	33.19±6.11	34.11±5.44	-0.77	0.45
3. 灵活性	26.62±2.56	25.70±3.32	1.50	0.14
四、压力管理	54.13±8.15	58.85±7.37	-2.95	0.00**
1. 压力容忍	29.32±3.98	28.74±3.44	0.75	0.46
2. 冲动控制	24.81±6.03	30.11±5.65	-4.40	0.00**
五、一般心境	55.19±6.44	54.62±6.35	0.44	0.66
1. 幸福感	30.17±4.63	30.55±4.50	-0.41	0.69
2. 乐观性	25.02±3.41	23.85±3.04	1.76	0.08
情绪智力总分	91.09±9.02	92.53±11.91	-0.66	0.51

注：* 表示 P<0.05，** 表示 P<0.01

（三）实验组情绪识别功能与情绪智力的相关分析（见表 8-11）

由表 8-11 可知：实验组总情绪智力与正性情绪正确反应数目、负性情绪正确反应数目呈正相关；情绪智力中的个体成分、一般心境与正性情绪正确反应数目呈正相关；而适应成分、压力管理与正性情绪判断的反应时间呈负相关。

表 8-11 实验组情绪识别功能与情绪智力的相关分析（r）

反应项目	个体成分	人际成分	适应成分	压力管理	一般心境	情绪智力总分
正性正确反应的数目（个）	0.39*	-0.01	0.27	0.23	0.32*	0.28**
正性判断的反应时间（秒）	0.16	0.03	-0.33*	-0.39**	0.11	-0.06
中性正确反应数目（个）	0.31	-0.04	0.13	-0.01	0.27	0.15
中性判断的反应时间（秒）	0.09	0.22	-0.25	-0.17	0.16	0.06
负性正确反应数目（个）	0.25	0.15	0.20	0.10	0.28	0.23*
负性判断的反应时间（秒）	0.25	-0.01	-0.28	-0.29	0.12	0.03

**表示在 0.01 水平（双侧）上显著相关，*表示在 0.05 水平（双侧）上显著相关

三、讨论

已有研究从情绪的角度探讨成瘾者的心理机制。国外文献显示[13][14][15]，海洛因依赖者情绪加工能力差于对照组，学者 de Arcos 等人[16]让平均戒断半年的海洛因依赖者对情绪性图片进行效价、唤醒度、优势度方面的评价，结果发现戒断者对负性情绪刺激的情感反应高于对照组。周平艳等[17]的相关研究也表明，海洛因成瘾者存在对药物无关正性情绪刺激的加工缺陷，对正性刺激的愉悦感降低。本研究结果发现，青少年冰毒戒断者对正、负性情绪图片的正确判断均差于对照组，表明青少年冰毒戒断者对正性情绪刺激和负性情绪刺激均存在加工缺陷，这与前期的文献结论基本一致。所以，本研究结论进一步证明了冰毒作为一种新型毒品，对青少年的情绪识别造成了很大的损害，而情绪识别的损害又影响着青少年冰毒依赖者情绪控制能力，从而可诱发过激行为和攻击行为。但是，青少年冰毒戒断者的情绪加工能力是否会随着戒断的进行而有所改善还有待进一步的研究。

情绪智力是个体表达和控制自己情绪以及识别他人情绪的能力。李兰花等人[18]认为，情绪智力高的个体能够识别和表达自己的情绪，理解别人的情感，其人际关系、生活满意度和心理健康状况都较好。也有研究表明，低情绪智力的个体较高情绪智力者更容易表现出故意破坏、大量饮酒、物质滥用等不良行为[11]。本研究结果显示，青少年冰毒戒断者情绪智力中责任感和冲动控制两个分量表得分与对照组有明显的差异，由此可以推断，正是由于对行为的后果缺乏责任感和对不良刺激的诱惑缺乏控制力，青少年成为了毒品滥用的高危人群。Herts 等[19]的研究发现，暴露在生活应激事件和同伴欺凌中

的青少年会出现情绪管理失调,而情绪管理失调又会导致问题行为的发生。

从青少年冰毒戒断者情绪智力与情绪识别相关分析的结果可以看出,情绪智力中的个体成分、一般心境与正性情绪正确反应数目呈正相关,提示良好的情绪自我意识、表达情绪、积极乐观的人生态度等可以改善青少年冰毒戒断者情绪识别功能,而提高控制冲动的能力和增强对压力的容忍则有助于提高青少年冰毒戒断者对正性情绪刺激的反应敏感性。

综上所述,青少年冰毒依赖者对正性情绪刺激和负性情绪刺激均存在加工缺陷,其冲动控制能力较弱,对行为的后果缺乏责任感。因此,在对青少年冰毒依赖者进行戒断干预的过程中,应重视对其情商的培养,增强责任感、提高冲动控制能力。本研究的不足之处在于仅探讨了青少年冰毒依赖者情绪识别功能的特点,未来还可以在情绪识别功能的脑机制方面做进一步的研究,为临床治疗提供一定的理论依据。

参考文献

[1] 李传威,赵敏. 苯丙胺类兴奋剂滥用所致认知障碍的治疗 [J]. 中华行为医学与脑科学杂志,2014,23(1):89-90.

[2] KING G, ALICATA D, CLOAK C, et al. Neuropsychological deficits in adolescent methamphetamine abusers. Psychopharmacology (Berl) [J]. 2010, 212(2): 243-249.

[3] CUI Y, VERSACE F, ENGLMANN J M, et al. Alpha oscillations in response to affective and cigaretterelated stimuli in smokers [J]. Nicotine Tob Res, 2013, 15(5): 917-924.

[4] ZHOU Y, ZHU H, JIN X, et al. Biased attention towards negative schematic expression in abstinent heroin abusers [J]. Behav ther Exp Psychiatry, 2012, 43(2): 705-710.

[5] KORNREICH C, BREVERS D, CANIVET D, et al. Impaired processing of emotion in music, faces and voices supports a generalized emotional decoding deficit in alcoholism [J]. Addicion, 2013, 108(1): 80-88.

[6] 胡颖,蒋玉宝,马慧娟,等. 原发性癫痫情绪识别能力的研究 [J]. 中华行为医学与脑科学杂志,2014,23(8):676-679.

[7] 李振涛. 临床医学进步的标示—诊断治疗思维与行为的变革 [J]. 中华诊断学电子杂志, 2015, 3 (2): 102-105.

[8] 杨苏勇, 黄宇霞, 张慧军, 等. 情绪影响行为抑制的脑机制 [J]. 心理科学进展, 2010, 18 (4): 605-615.

[9] 郭宗君, 刘世恩, 高振波, 等. 应用神经决策学方法探讨精神心理相关疾病发病机制的思考 [J]. 中华诊断学电子杂志, 2015, 3 (2): 122-127.

[10] MAYER J D, SALOVEY P, CARUSO DR, et al. Emotional intelligence as a standard intelligence [J]. Emotion, 2001, 1 (3): 232-242.

[11] PARKER D A, TAYLOR G J, BRACKETT M R. The relationship between emotional intelligence and alexithymia [J]. Personality & Individual Differences, 2001, 30 (1): 107-115.

[12] 景璐石, 李翱伶, 张敏, 等. 犯罪青少年情绪识别功能和情绪智力的对照研究 [J]. 中华行为医学与脑科学杂志, 2015, 24 (1): 50-52.

[13] FOISY M L, KORNREICH C, FOBE A, et al. Impaired emotional facial expression recognition in alcohol dependence: do these deficits persist with midterm abstinence? [J]. Alcoholism: Clinical and Experimental Research, 2007, 31 (3): 404-410.

[14] GERRA G, BALDARO B, ZAIMOVIC A, et al. Neuroendocrine responses to experimentally-induced emotions among abstinent opioid-dependent subjects [J]. Drug and Alcohol Dependence, 2003, 71 (1): 25-35.

[15] KORNREICH C, FOISY M L, PHILIPPOT P, et al. Impaired emotional facial expression recognition in alcoholics, opiate dependence subjects, methadone maintained subjects and mixed alcohol-opiate antecedents subjects compared with normal controls [J]. Psychiatry Research, 2003, 119 (3): 251-260.

[16] ARCOS F, VERDEJO-GARCIA A, CEVERINO A, et al. Dysregulation of emotional response in current and abstinent heroin users: negative heightening and positive blunting [J]. Psychopharmacology, 2008, 198 (2): 159-166.

[17] 周平艳, 周仁来, 惠颖, 等. 不同戒断期海洛因戒断者情绪加工的损伤和恢复 [J]. 心理学探新, 2014, 34 (2): 172-178.

[18] 李兰花, 张利平, 刘兆兰. 2009年潍坊某高等学校大学生网络成瘾及情绪智力因素对其影响调查 [J]. 预防医学论坛, 2010, 16 (9): 784-785.

[19] HERTS K L, MCLAUGHLIN K A, HATZENBUEHLER M L. Emotion dysregulation as a mechanism linking stress exposure to adolescent aggressive behavior [J]. Abnom child Psychol, 2013, 40 (7): 1111-1122.